■ "十四五"案例研习系列教材

SHENGTAI HUANJING SUNHAI PEICHANG
DIANXING ANLI YANXI

生态环境损害赔偿

典型案例研习

主　编◎陈　鑫　杨武松

副主编◎刘鸿超　龙建军　李云倩

参编人◎李莎莎　代春莉　李　毅　杨晶晶

　　　　倪　亭　刘凌云　吴靖诗　李文芳

　　　　周善敏　邓朝君

中国政法大学出版社

2024·北京

图书在版编目（ＣＩＰ）数据

生态环境损害赔偿典型案例研习 / 陈鑫, 杨武松主
编. -- 北京 : 中国政法大学出版社, 2024. 12.
ISBN 978-7-5764-1863-7

Ⅰ. D922.683.5

中国国家版本馆CIP数据核字第2024K9R449号

出　版　者	中国政法大学出版社
地　　　址	北京市海淀区西土城路 25 号
邮　　　箱	fadapress@163.com
网　　　址	http://www.cuplpress.com (网络实名：中国政法大学出版社)
电　　　话	010-58908435(第一编辑部) 58908334(邮购部)
承　　　印	北京鑫海金澳胶印有限公司
开　　　本	720mm×960mm　1/16
印　　　张	14.00
字　　　数	267 千字
版　　　次	2024 年 12 月第 1 版
印　　　次	2024 年 12 月第 1 次印刷
定　　　价	56.00 元

序 （一）

　　生态环境损害赔偿制度改革是贯彻落实习近平生态文明思想的重要举措。近年来，生态环境损害赔偿制度改革及其相关内容的研究成果日益丰富，使生态环境法学知识体系越发厚实。然而，国内外学界和实务部门对于该领域的研究多根植于理论认知或经验总结两个层面，还缺乏通过典型案例系统探究生态环境损害赔偿制度法理的研究成果。陈鑫博士、杨武松教授等撰写的《生态环境损害赔偿典型案例研习》，在一定程度上可弥补国内外理论界与实务界在此方面研究的不足。

　　该书以生态环境损害赔偿典型案例为研究对象，采用"案情简介—办理结果—典型意义—核心法理"的结构诠释生态环境损害赔偿案件处理的过程、经验和核心法理，透视生态环境损害赔偿制度改革经验及其对生态文明建设的深刻影响和贡献。该书融合了案例教学与法学理论研究两种模式，是现代案例研习教程的最新成果展现，既可供法学教育教学使用，亦可供生态环境治理工作者实践参考，还具有丰富和深化生态环境损害赔偿制度改革理论研究的价值。

　　我在贵州从事法学教育与理论研究近 40 年，见证了本书作者的学习与工作的成长过程。杨武松教授先后毕业于贵州大学、厦门大学法学院。他在硕士研究生阶段就关注了环境公益诉讼制度建设问题，出版了《环境公害诉讼研究》等合著著作。2016 年从厦门大学法学院博士毕业回到贵州，先后到贵州师范大学法学院、贵阳人文科技学院法学院工作，主持承担了国家社科基金项目、中国法学会部级课题、教育部产学研协同育人课题、贵州省哲学社会科学重大招标课题、后期资助课题、规划课题、贵州省科技基金课题、贵州省生态环境保护省级与地市级地方性立法等 20 余项课题，均与生态环境法治建设有关。陈鑫为重庆大学环境法学在读博士，现就职于贵州省生态环境厅，曾在贵州省仁怀市人民法院担任法官，具有丰富的环境司法、环境执法、环境立法经验，贵州省生态环境损害赔偿诸多典型案例均由其负责办理，是我国生态环境损害赔偿制度改革在贵州实践的见证者之一。其他作者亦具有相关生态环境法理论研究背景。他们志同道合，共同写作该书，努力达成"从典型案例看经验做法，观核心法理"这一目标，是我国生态环境损害赔偿制度改革理论研究与实践经验梳理融合的一次较好尝试，值得肯定。

贵州省是首批国家生态文明试验区，是国家生态文明建设先行区，是践行习近平生态文明思想的重要场域，围绕习近平总书记 2021 年春节前夕视察贵州时"在生态文明建设上出新绩"的重要指示精神的探索实践，需要贵州法学理论界和实务界予以关注。让我感到欣慰的是，杨武松教授等在不同的工作岗位，承担繁重的工作任务之余，仍然不懈努力，不断产出新的研究成果。《生态环境损害赔偿典型案例研习》这本书是他们在创新"案例研习教学模式"的基础上，结合近年我国生态环境损害赔偿制度改革的 48 个典型案例和生态环境损害赔偿制度改革的最新理论发展，经过经验总结、理论梳理后奉献给读者的最新研究成果。应作者的诚意约请，我在他们的集体智慧付梓之际，写下以上简短序文以示祝贺，愿他们再接再厉，在未来生态环境法学教学科研工作中多出成果、多出人才！

是为序！

吴大华
2024 年 5 月 31 日于贵阳

序（二）

贵州省是首批国家生态文明试验区，是国家生态文明建设先行区，是践行习近平生态文明思想的重要场域。贵州在践行习近平总书记重要指示精神的过程中，在生态环境法治建设与实践过程中形成了一系列创新案例与地方性经验，为全面推进美丽贵州建设作出了重要贡献。陈鑫博士、杨武松教授等人撰写的《生态环境损害赔偿典型案例研习》一书，选取全国48个生态环境损害赔偿制度改革典型案例为样本，梳理生态环境损害赔偿制度的核心法理，对我国生态环境损害赔偿制度理论研究和教育教学具有一定的参考意义。

近年来，贵阳人文科技学院法学院在杨武松教授的带领下，以案例研习为教学模式改革抓手，推动课程体系改革。近五年来，该院法学本科生国家法律职业资格考试客观题通过率高达74%，主观题通过率高达34.3%，验证了案例研习在人才培养方面的较好效果。该书采用"案情简介—办理结果—典型意义—核心法理"的结构诠释生态环境损害赔偿案件处理的过程、经验、意义和核心法理，既有生态环境损害赔偿典型案例办理经验总结，还有核心法理剖析，对行政执法实践与司法实践均具有参考价值。

武松是我的研究生！1998年起，随我在贵州大学学习7年有余。在贵州大学法律系求学期间，武松敢为人先，创办《法律系报》，每期来办公室报审，遂逐渐了解其学术之志；随我研读硕士研究生后，开始关注生态环境公益诉讼问题，我们先后合作出版《环境公害诉讼研究》等著作，累积环境司法研究经验。2006年毕业进入贵州师范大学法学院工作，期间到厦门大学法学院攻读经济法学博士研究生，再到贵阳人文科技学院法学院主持工作，近20年来我们之间"学脉"依然相连。更感欣慰的是，武松在繁重的行政事务之余，依然坚持教学改革和学术研究，先后承担了国家社科基金、中国法学会部级课题、贵州省哲学社会科学基金以及省市地方性立法等20余项省部级科研项目；荣获"贵州省普通本科高校金师（教学名师）""贵州省第二届高校哲学社会科学青年学术创新人才"等荣誉。如今邀请我为其与陈鑫博士等人共同撰写的《生态环境损害赔偿典型案例研习》一书作序，特以此序祝贺他们继续勇攀高峰！

是为序！

余贵忠

2024 年 5 月 31 日于花溪

前言

　　构建和实施生态环境损害赔偿制度是贯彻落实习近平生态文明思想的重要举措。党的十八大以来，以习近平同志为核心的党中央站在坚持和发展中国特色社会主义、实现中华民族伟大复兴的战略高度，把生态文明建设摆在治国理政的突出位置，形成了习近平生态文明思想，为推进美丽中国建设、实现人与自然和谐共生的现代化提供了方向指引和根本遵循。党的二十大提出"推动绿色发展，促进人与自然和谐共生""健全现代环境治理体系"。建立完善生态环境损害赔偿制度是现代环境治理体系的重要组成部分，也是解决生态环境问题必不可少的制度安排，为保护生态环境提供重要的制度保障。

　　2015 年 12 月 3 日，中共中央办公厅、国务院办公厅印发《生态环境损害赔偿制度改革试点方案》（以下简称《试点方案》），对生态环境损害赔偿制度改革进行了全面规划和部署。试点方案包括确定赔偿范围、明确赔偿义务人、确定赔偿权利人、建立赔偿磋商机制、完善诉讼规则、加强赔偿和修复的执行和监督、规范鉴定评估、加强资金管理等内容。2016 年 4 月，国务院批准在吉林、江苏、山东、湖南、重庆、贵州、云南 7 省市开展生态环境损害赔偿制度改革试点，授权试点省市政府作为本行政区域内生态环境损害赔偿权利人。2017 年 12 月 17 日，中共中央办公厅、国务院办公厅发布了《生态环境损害赔偿制度改革方案》（以下简称《改革方案》），在全国范围内试行生态环境损害赔偿制度。该方案对《试点方案》进行了补充和调整，主要包括将赔偿权利人由省级政府扩大至市地级政府（包括直辖市所辖的区县级政府），授权地方详细说明启动赔偿的具体情况，将赔偿磋商作为诉讼的前置条件，进一步明确地方政府提起的生态环境损害赔偿诉讼与社会组织、人民检察院等法律机构提起的环境公益诉讼的关系等。该方案要求进一步明确各部门的责任分工，在总结试点经验的基础上，明确各相关部门、单位在推进改革中的责任，细化工作分工，形成相互支持、协同作战的工作格局。

　　生态环境损害赔偿制度改革实行以来，成绩斐然，为生态环境损害赔偿制度理论研究提供了样本经验。本书以生态环境损害赔偿典型案例为研究对象，梳理其诠释的生态环境损害赔偿制度实践经验与核心法理，基本逻辑理路表现为：

第一，以生态环境损害赔偿制度（特别法与司法解释）为基准，梳理每一个案例诠释的核心法理。2018 年公布的《中华人民共和国土壤污染防治法》第 96 条，对生态环境损害赔偿制度做出了原则性规定。新制定或新修订的《中华人民共和国固体废物污染环境防治法》、《中华人民共和国民法典》"侵权责任编"和《中华人民共和国长江保护法》等法律将生态环境损害赔偿制度纳入其中，这些法律一定程度上对生态环境损害赔偿制度实施起到了强有力的促进作用。但总体看，还存在非体系化的问题。最高人民法院 2019 年出台、2020 年修正《最高人民法院关于审理生态环境损害赔偿案件的若干规定（试行）》，2022 年 14 个部委联合出台《生态环境损害赔偿管理规定》，我国生态环境损害赔偿制度以"国策+法律法规+司法解释"的方式实现了体系化的升华，为生态环境损害赔偿案件的处理奠定了法律依据，具有中国特色的生态环境损害赔偿制度法理也逐渐溢渗出来。

第二，以各省市生态环境损害赔偿制度改革地方性经验为样本，梳理每一个案例确立的生态环境损害赔偿案件处理的创新经验与核心法理。《试点方案》出台后，山东、吉林、江苏、湖南、重庆、贵州、云南 7 个地方相继成立了生态环境损害赔偿制度改革工作领导小组，在《改革方案》的基础上制定了各地生态环境损害赔偿实施方案，以及各项涉及生态环境损害赔偿磋商、调查、资金管理等地方性规范文件，指导本辖区生态环境损害赔偿制度实践。近十年的时间，各省市推出了若干生态环境损害赔偿典型案例，积累了一大批可复制可推广的创新经验。截至 2024 年 1 月，生态环境部已公布三批生态环境损害赔偿磋商典型案例（2020 年、2021 年、2023 年），各省份根据当地实践也陆续公布生态环境损害赔偿相关典型案例，如江西省公布了三批生态环境损害赔偿磋商典型案例（2021 年、2022 年、2023 年）、江苏省公布了三批生态环境损害赔偿磋商典型案例（2021 年、2022 年、2023 年）、贵州省公布了四批生态环境损害赔偿改革典型案例（2020 年、2021 年、2022 年、2023 年）等。在创新办理生态环境损害赔偿案件的过程中，诠释了生态环境损害赔偿制度一系列中国特色法理，丰富了生态环境损害赔偿制度理论体系和知识体系。

基于前述逻辑理路的思考，本书采用"案情简介—办理结果—典型意义—核心法理"的结构诠释生态环境损害赔偿案件处理的过程、经验和核心法理。其既反映案件处理的过程和经验，又普及生态环境损害赔偿制度的核心知识点和法理基础。甚至有部分案例分析还会归纳生态环境损害赔偿制度实践中存在的问题，以案例研习教学模式提高法科学生分析、处理和研究生态环境损害赔偿案件的实操能力。

目录

图表目录

生态环境损害赔偿的法理基础

知识概要

    生态环境损害赔偿是指省级、市（地州）级人民政府及其指定的相关部门、机构，或者受国务院委托行使全民所有自然资源资产所有权的部门，针对因污染环境，破坏生态造成大气、地表水、地下水、土壤、森林、草原等环境要素和植物、动物、微生物等生物要素的不利改变，以及上述要素构成的生态系统功能退化等生态环境损害行为，依法定程序追究行为人法定责任的概称。随着最高人民法院颁布《最高人民法院关于审理生态环境损害赔偿案件的若干规定（试行）》（以下简称《若干规定（试行）》，14部委联合制定《生态环境损害赔偿管理规定》等规范后，我国生态环境损害赔偿制度建设已经实现了"国策+法律法规+司法解释"协同推进格局。生态环境损害赔偿的理论体系主要由生态环境损害认定（赔偿适用范围）、责任主体、索赔主体、赔偿责任、赔偿方式等法理内容构成。本章重点通过典型案例解读生态环境损害赔偿具体法理意涵，揭开生态环境损害赔偿制度神秘面纱。

第一节　生态环境损害赔偿案件的适用范围与赔偿范围

    《生态环境损害赔偿制度改革方案》（以下简称《改革方案》）详细规定了生态环境损害赔偿案件的适用范围和赔偿范围。生态环境损害赔偿适用于由环境污染和生态破坏造成的生态环境要素和功能损害，即生态环境本身的损害。而涉及人身伤害、个人和集体财产损失以及海洋生态环境损害赔偿不适用生态环境损害赔偿。生态环境损害赔偿范围（索赔范围）包括清除污染费用、生态环境修复费用、生态环境修复期间服务功能的损失、生态环境功能永久性损害造成的损失以及生态环境损害赔偿调查、鉴定评估等相应的合理费用。生态环境损害赔偿费用确定方式有二：一是依生态环境权利人与生态环境损害赔偿义务人双方委托的鉴定机构鉴定；二是生态环境权利人或其委托代表人与生态环境损害赔偿义务人依生态环境损害事实共同审定。

案例 1

安顺市关岭新牧养殖有限公司水污染环境生态环境损害赔偿案[1]

一、案情简介

2023 年 3 月 23 日，安顺市生态环境局关岭分局接到永宁镇报告，反映位于永宁镇紫山村水体水质异常。经立案调查，安顺市关岭新牧养殖有限公司（以下简称新牧公司）由于不正常运行污染防治设施违法排放水污染物，导致永宁镇紫山村人饮隧洞饮用水水源点水质被污染。安顺市生态环境局与新牧公司共同委托第三方评估机构开展生态环境损害评估工作，经评估，新牧公司造成的生态环境损害赔偿数额总计约为 158.98 万元。

二、办理结果

安顺市生态环境局作为赔偿权利人安顺市人民政府指定的部门与赔偿义务人新牧公司签订了《生态环境损害赔偿协议》，新牧公司共计赔偿人民币 158.98 万元，已赔付人民币 123.89 万元。

三、典型意义

该案系贵州省首例规模化畜禽养殖场水污染事故生态环境损害赔偿磋商成功案件，案件的妥善办理对同类型案件处理有一定借鉴意义，主要体现在：贵州省不仅沿用了《改革方案》中生态环境损害赔偿的适用范围，还对生态环境损害赔偿的适用范围进行细化，一定程度上明晰了生态环境损害赔偿的适用范围，即明确哪些类型的案件可以适用生态环境损害赔偿制度，并启动生态环境损害赔偿追索程序等问题。

四、核心法理

本案在厘清生态环境损害、生态环境损害赔偿等概念的基础上，从法理上阐

---

[1] 参见贵州省生态环境厅官网：《贵州省生态环境保护委员会办公室关于印发〈2023 年贵州省生态环境损害赔偿改革典型案例〉的通知》，载 https://sthj.guizhou.gov.cn/xwzx/tzgg/202312/t20231227_83411904.html，最后访问日期：2024 年 2 月 25 日。

明了生态环境损害赔偿的适用范围。

（一）生态环境损害的含义

依《改革方案》和《若干规定（试行）》的规定，生态环境破坏是指由于环境污染，造成大气、地表水、地下水、土壤、森林等环境要素、动植物、微生物等生物要素发生不良变化，造成生态环境恶化。各试点省（直辖市）在《改革方案》的基础之上，结合本省（市）实际制定了本地的具体实施方案（见表1），从贵州省、山东省、江西省等省市生态环境损害赔偿制度改革相关方案看，均沿用《改革方案》关于生态环境破坏的有关定义，该规定明确了生态环境破坏行为的发生是适用生态环境损害赔偿制度追责的前提，也阐明了生态环境损害赔偿适用范围与非适用范围。

表1：试点省（直辖市）生态环境损害赔偿制度
改革试点工作实施方案内容[1]

试点省市	出台时间	具体内容
贵州省	2016.11	1. 启动条件和管辖职责 2. 明确赔偿范围 3. 确定赔偿义务人和明确赔偿权利人 4. 实施赔偿磋商 5. 完善赔偿诉讼规则 6. 建立健全执行和监督程序 7. 规范生态环境损害鉴定评估程序 8. 建立健全生态环境损害赔偿基金管理使用制度
重庆市	2016.11	1. 明确适用范围、赔偿范围及相关主体 2. 明确严格资金管理相关要求 3. 明确生态环境损害赔偿相关技术队伍的培育与管理要求 4. 明确生态环境损害赔偿工作程序 5. 明确建立生态环境损害赔偿与修复执行监督制度 6. 明确具体工作步骤

---

[1] 参见史会剑主编：《生态环境损害赔偿制度理论与实践研究》，中国环境出版集团2020年版，第20~21页。

续表

试点省市	出台时间	具体内容
云南省	2016.11	1. 明确适用范围、赔偿范围及相关主体 2. 规范生态环境损害鉴定评估 3. 开展赔偿磋商 4. 完善赔偿诉讼规则 5. 加强生态环境修复与损害赔偿的执行与监督 6. 加强生态环境损害赔偿资金管理
湖南省	2016.11	1. 明确适用范围及相关主体 2. 明确生态环境损害赔偿工作程序 3. 建立生态修复管理制度 4. 进行绩效评估 5. 建立赔偿磋商制度和完善赔偿诉讼机制 6. 建立鉴定评估工作制度
江苏省	2016.12	1. 明确赔偿范围及相关主体 2. 健全规章制度及管理体系 3. 加强评估机构培育与建设 4. 开展生态环境损害赔偿案例实践
吉林省	2016.12	1. 明确适用范围、赔偿范围及相关主体 2. 开展生态环境本地调查 3. 建立生态环境损害赔偿专业队伍 4. 建立健全生态环境损害赔偿技术和标准体系 5. 开展生态环境损害赔偿实践探索
山东省	2016.12	1. 明确适用范围、赔偿范围及相关主体 2. 开展赔偿磋商 3. 完善赔偿诉讼规则 4. 加强生态环境修复与损害赔偿的执行与监督 5. 规范生态环境损害鉴定评估 6. 加强生态环境损害赔偿资金管理

（二）生态环境损害赔偿的适用范围

依《改革方案》《若干规定（试行）》的规定，生态环境损害赔偿适用范围主要有三类案件。[1] 与此同时，上述两文件也明确了生态环境损害赔偿的非适用范围：一是涉及人身伤害、个人或集体财产损害的，适用于《中华人民共和国民法典》（以下简称《民法典》）"侵权责任编"等相关法律法规；二是涉及海洋生态环境损害赔偿的，适用《中华人民共和国海洋环境保护法》（以下简称《海洋环境保护法》）等法律及相关规定。以上两类案件之所以排除在生态环境损害赔偿案件适用范围之外，是因为生态环境损害赔偿制度改革推行时我国《民法典》尚未颁布实施，因此依照侵权责任法相关规定处理涉及人身伤害、个人与集体财产损害案件，2021年我国《民法典》施行后，此类案件则适用《民法典》"侵权责任编"进行处理；海洋领域生态环境损害案件，依照《海洋环境保护法》的特殊规定进行处理。《改革方案》明确7个试点省市可以结合试点情况进行相应调整，据此，在先行试点的7个省市中，部分省份对生态环境损害赔偿的适用范围有所具体和细化。[2]

本案中，安顺市关岭新牧养殖有限公司由于不正常运行污染防治设施违法排放水污染物，导致永宁镇紫山村人饮隧洞饮用水水源点水质被污染进而导致水质下降，属《贵州省生态环境损害赔偿制度改革实施方案》（以下简称贵州省《改革方案》）中规定的"饮用水水源地受到严重环境污染或生态破坏导致水质下降的"之情形，是对《改革方案》中规定的生态环境损害赔偿适用三类案件的细化，丰富了生态环境损害赔偿案件的适用范围。

----

〔1〕《生态环境损害赔偿制度改革方案》规定的三类案件包括：一是较大及以上突发环境事件；二是在国家和省级主体功能区规划中划定的重点生态功能区、禁止开发区发生环境污染、生态破坏事件；三是对生态环境造成严重影响的其他情形。《最高人民法院关于审理生态环境损害赔偿案件的若干规定（试行）》中规定的三类案件包括：一是发生较大、重大、特别重大突发环境事件；二是在国家和省级主体功能区规划中划定的重点生态功能区、禁止开发区发生环境污染、生态破坏事件；三是发生其他严重影响生态环境后果的案件。相较《生态环境损害赔偿制度改革方案》的规定而言，《若干规定（试行）》拓展了生态环境损害赔偿案件的适用范围，主要表现为在改革方案规定的较大及以上突发环境事件的基础上，增加了重大、特别重大的突发环境事件，进而拓宽了生态环境损害赔偿案件的适用范围。

〔2〕如本案中《贵州省生态环境损害赔偿制度改革实施方案》细化的适用范围：①自然保护区、森林公园、地质公园、湿地公园、风景名胜区、世界文化和自然遗产地受到严重环境污染或生态破坏的；②饮用水水源地受到严重环境污染或生态破坏导致水质下降的；③擅自在水土保持方案确定的专门存放地以外的区域倾倒沙、石、土、矸石、尾矿、废渣等，造成严重环境污染或生态破坏的；④擅自在城乡建设规划区内采矿、挖沙取土、坑填塘等改变地形地貌等活动，对生态环境造成严重破坏的；⑤石漠化地区造成严重的表土资源破坏的；⑥受到严重环境污染或生态破坏导致省级水功能区水质下降或不达标的；⑦公民、法人和其他组织举报要求提起生态环境损害赔偿，并符合上述情形之一的。

案例 2

贵州某磷化公司生态环境损害赔偿案[1]

一、案情简介

2018 年 3 月 18 日至 19 日，贵州省福泉市马场坪遭遇持续暴雨，导致某公司废水溢流，造成下游重安江和清水江的总磷、氟化物超标。2018 年 6 月，贵州省生态环境厅委托环境科学研究设计院进行评估鉴定，并出具了《发财洞污水处理厂"3.18"废水泄露事件环境损害评估报告》，确认该事件使得从发财洞下游的重安江至展架大桥约 157 公里的地表水受到污染，污染水体总量约为 4209 万立方米。

二、办理结果

2018 年 12 月 25 日，赔偿权利人贵州省生态环境厅与该公司就此事进行协商，达成一致意见：①该事件造成的生态环境损害约为 441.75 万元；②应急处置费用包括应急监测费用和应急行政费用共计 3.285 万元；③鉴定评估费用为 20 万元；④生态环境损害赔偿律师代理费用 2 万元。以上费用总计为 467.035 万元。截至 2019 年 10 月，该公司已投入 518.66 万元用于重安江投放鱼苗，环境污染防治工程，流域信息化监控系统工程，新增吴家河和发财洞监测点项目工程，小摆纪、杨花冲、大路坪雨污分流工程等五项生态环境修复工程。

三、典型意义

本案典型意义在于通过明确生态环境损害赔偿范围，对《民法典》《改革方案》关于生态环境损害赔偿范围的相关规定作出了实践诠释，以协商的方式确定合理的生态环境损害赔偿范围及相关赔偿费用，实现了经济利益与环境利益之间的平衡，有利于更好地修复生态环境和促进经济发展。

---

[1] 参见贵州省生态环境厅官网：《贵州省发布 5 起生态环境损害赔偿改革典型案例》，载 https：//sthj. guizhou. gov. cn/zwgk/zdlyxx/fgybz/fzjs/202006/t20200605_76925626. html？isMobile = true，最后访问日期：2023 年 8 月 20。类似的"某公司向安徽省颍上县跨省倾倒危险废物生态环境损害赔偿案"同为跨省生态环境损害赔偿协同案件，通过对跨界倾倒案件的沟通处置、索赔程序与刑事追责的衔接、多样化承担方式等均有借鉴意义。科学处置与强化风险管控相结合，通过部门联动，有效处置跨省倾倒危险废物及附属物。案发后及时组织专业技术人员查看案件现场，研判环境安全与风险情况。委托专业机构编制应急风险管控方案，及时采取应急清理与风险管控措施。为规范妥善处置涉案危险废物，案发地县级生态环境和公安部门与赔偿义务人所在地生态环境部门、公安机关无缝衔接，监督危险废物的无害化处置。

四、核心法理

本案之所以成为贵州省生态环境损害赔偿典型案例，一是从理论层面明确了生态环境损害赔偿的原则，丰富了生态环境损害的赔偿范围，诠释了新的法理；二是从实践层面诠释了生态环境损害赔偿的范围（即索赔范围），完善了生态环境损害赔偿制度的规范表述。理论与实践互相印证了生态环境损害赔偿的广泛适用性，有利于实现生态环境损害赔偿和生态修复的高效处理。

（一）生态环境损害赔偿的原则

1. 恢复原状。生态环境损害赔偿的目的是使受损的生态环境得到有效修复，恢复原状即指使受损生态环境恢复到原来的状态，赔偿范围的合理与否直接影响受损生态环境的修复，恢复原状的原则应作为确定损害赔偿范围的原则。在我国的法律中恢复原状既作为确定生态环境损害赔偿范围的一项标准，又是一种承担民事责任的方式。从国际公约和各国实践来看，也将生态环境损害的赔偿集中在实际采取或将要采取的恢复原状所需的合理费用上。[1] 除了恢复受损生态环境的直接费用外，其他与生态环境修复有关的费用也应纳入赔偿范围。我国《民法典》以及《改革方案》等相关法律和政策中，也规定了除生态环境修复费用外，其他相关的合理费用也要纳入赔偿范围。

2. 部分赔偿。部分赔偿也叫限制赔偿，是指对生态环境损害赔偿数额进行限制，这主要是出于在一定程度上对责任方的承担能力加以考虑的目的，限制赔偿一般作为全部赔偿的对立面，虽然全部赔偿是损害赔偿的理想性赔偿原则，[2] 但由于生态环境损害赔偿的数额巨大，有时甚至责任方倾其所有都无法赔偿，这在一定程度上不利于社会的稳定；此外，损害赔偿金额中有一部分损害是可以通过经济方法计算得到的，但有些无形损失可能通过经济方法或者目前的经济方法无法计算得到，通过计算得到的赔偿金额可能只是真正损害价值的一部分，即部分赔偿。

（二）生态环境损害赔偿的范围

根据《改革方案》的规定，生态环境损害赔偿范围主要包括以下几个方面：

---

〔1〕 米娜：《环境损害赔偿研究——以公共环境利益的损害为视角》，内蒙古大学 2008 年硕士学位论文。

〔2〕 刘士国：《现代侵权损害赔偿研究》，法律出版社 1998 年版，第 105~108 页。

1. 防止损害的发生和扩大所支出的合理费用。《民法典》第 1235 条[1] 以及《最高人民法院关于审理环境民事公益诉讼案件适用法律若干问题的解释》第 19 条也曾对此内容作出规定[2]。"防止损害的发生和扩大的合理费用",可理解为生态环境损害赔偿义务人采取预防性措施所需要支付的费用。这些费用可能包括应急措施费用、污染治理设施的投资和运行费用、环境事故应急设施如池塘和闸阀的投资费用,以及企业环境管理人员培训和应急演练等日常环境管理支出。由于法律或规章制度并未明确规定具体适用的标准,因此可能会出现尺度不同的情况。尤其是对于何为"合理费用",需要通过相关司法解释或规章制度来明确。

2. 生态环境恢复费用。生态环境恢复费用是指为使受损生态环境恢复到损害发生前的状态而采取措施所发生的费用,或者在受损生态环境无法恢复或重建的情况下,进行替代修复所发生的费用,因此,生态恢复费用可分为基本生态恢复费用、补偿性生态修复费用和补充性恢复费用几种。生态环境恢复费用涉及下几个方面内容:首先,由于生态系统具有复杂性、多样性和动态变化性,因此,所说的恢复原状只是相对的恢复原状,完全恢复至损害前的状态往往是不可能的,相应地,对于恢复原状的认定和评估应该有相应的标准。其次,生态环境恢复原状的费用直接关系到受损生态环境的有效修复、关系到人们的环境利益,因此,即使生态环境恢复费用超过生态环境价值,责任人也要承担恢复费用,而不像其他财产如果恢复原状的费用高于财产价值时,可以选择赔偿损失的财产价值,生态环境恢复原状的费用具有强制性。再次,生态环境恢复费用应保持在一个合理的范围内,应根据原有的生态环境状况以及生态环境保护的基本要求,同时兼顾经济社会维持正常稳定发展的要求,来确定合理的修复目标,选择合理的恢复措施及规模。最后,由于生态环境本身的复杂性和变动性,被破坏的生态环境并非静止于被破坏的状态不变,而是时刻处在变化中,有些生态环境损坏会在短时间内通过污染物消散以及生态环境自我修复能力而得以恢复,如大气环境受到污染,此时,责任人的修复责任不具有可行性,但需承担相应的赔偿,法院审理此类案件时,多数以企业超标排放数量以及污染物单位治理成本计算大气污染治理的虚拟成本作为赔偿依据。

3. 调查、评估等合理费用。主要指生态环境损害赔偿调查、鉴定评估、聘

---

[1] 《民法典》第1235条:"违反国家规定造成生态环境损害的,国家规定的机关或者法律规定的组织有权请求侵权人赔偿下列损失和费用:……(五)防止损害的发生和扩大所支出的合理费用。"

[2] 《最高人民法院关于审理环境民事公益诉讼案件适用法律若干问题的解释》第19条:"原告为防止生态环境损害的发生和扩大,请求被告停止侵害、排除妨碍、消除危险的,人民法院可以依法予以支持。原告为停止侵害、排除妨碍、消除危险采取合理预防、处置措施而发生的费用,请求被告承担的,人民法院可以依法予以支持。"

请律师、修复后评估等合理费用。这些费用是损害发生后由损害程度确定、因果关系确认等直接相关行为所产生的费用，也应纳入生态环境损害赔偿的范围。根据《若干规定（试行）》规定，制定、实施修复方案的费用，修复期间的监测、监管费用，以及修复完成后的验收费用、修复效果评估费用均包含在修复费用中，合理的律师费法院可以酌情予以支持。

4. 生态环境修复期间服务功能的损失、生态环境功能永久性损害造成的损失。我国《改革方案》中规定的赔偿范围包括生态环境修复期间服务功能的损失、生态环境功能永久性损害造成的损失。该部分费用往往无法直接计算，通常是预估，因此，该部分费用的计算方法至关重要。不同学者对该部分费用持有不同的意见，有些学者认为这种损失实际都是概念上的东西，且无实际的衡量，易导致估价过高的现象；而有些学者认为这类损失赔偿是必要的，且随着环境经济学的发展，可以较为准确地计算。

《若干规定（试行）》将"制定实施生态修复方案，修复期间的监测、监管，以及修复完成后的验收、修复效果评估等费用"纳入生态环境损害赔偿诉讼的索赔范围。[1] 事实上，《改革方案》明确提出，各试点地方可根据当地工作之实际需要，进一步调整和细化生态环境损害赔偿的范围。从实践情况看，部分试点地方对生态环境损害的赔偿范围进行了一定程度的细化（见表2）。例如，在本案中，贵州某磷化公司废水溢流，导致下游重安江和清水江的总磷、氟化物超标，赔偿权利代表人（贵州省生态环境厅）与该公司磋商，确定了生态环境损害赔偿费用包括赔偿应急监测费以及律师代理等相关费用等。

表2：试点省份生态环境损害赔偿实施方案中赔偿范围的细化与调整

省份	细化的赔偿范围
吉林	修复方案制定、修复效果评估等合理费用。
江苏	应急处置费用、环境监测费用。
山东	生态环境损害修复后评估等合理费用。

[1]《最高人民法院关于审理生态环境损害赔偿案件的若干规定（试行）》第13条规定："受损生态环境无法修复或者无法完全修复，原告请求被告赔偿生态环境功能永久性损害造成的损失的，人民法院根据具体案情予以判决。"第14条规定："原告请求被告承担下列费用的，人民法院根据具体案情予以判决：（一）实施应急方案、清除污染以及为防止损害的发生和扩大所支出的合理费用；（二）为生态环境损害赔偿磋商和诉讼支出的调查、检验、鉴定、评估等费用；（三）合理的律师费以及其他为诉讼支出的合理费用。"

省份	细化的赔偿范围
重庆	控制和减轻生态环境损害的费用，生态环境损害赔偿调查、监测费用，修复方案的制定费用，修复效果评估等合理费用。
贵州	律师代理、诉讼、第三方监理等合理费用。

（三）生态环境损害赔偿与生态环境行政处罚的关系

1. 生态环境损害赔偿与生态环境行政处罚的关系分析。生态环境行政处罚是一种行政行为，即生态环境行政主体在生态环境行政管理活动中针对企业、社会组织以及公民等实施的尚未构成犯罪的违法行为进行法律制裁的行为，目的是依法对违反行政管理秩序的违法者实施惩戒措施，以维护社会公共利益和合法权益的行为。它由声誉罚、行为罚、财产罚共同构成。

生态环境损害赔偿是指在违反国家规定导致生态环境受损的情况下，由国务院授权的省级、地（市）级人民政府作为赔偿权利人追究责任，并依法要求赔偿。赔偿责任包括：一是对可以修复的生态环境损害，应该修复至受损前的基线水平或可接受的风险水平；二是对无法修复的生态环境损害，赔偿义务人应依法赔偿相关损失和赔偿范围内的费用，或者在符合相关法规政策的前提下，替代修复，以实现生态环境及其服务功能的恢复。[1]

生态环境行政处罚在生态环境领域的适用主要是对尚未构成刑事犯罪的生态环境损害行为进行的一种行政惩罚，生态环境损害赔偿主要是对生态环境损害行为造成的损害后果实施责任追究行为。生态环境损害赔偿与生态环境行政处罚不属于同一行为。前者强调行为法律责任的承担，遵循的原则是"谁违法，谁担责"；后者强调行为后果本身的义务履行，遵循的原则是"谁损害，谁担责"。环境行政处罚毫无疑问属于对违法行为的惩罚，通过惩戒、教育违法行为人，使生态环境得到间接保护；生态环境损害赔偿责任重在赔偿，而非惩罚，损害赔偿责任是一种民事责任，此制度建立的依据并不是以惩罚行为人为初衷。环境行政处罚与生态环境损害赔偿责任的并用类似于刑事责任附带民事责任的承担，刑事

---

[1]《生态环境损害赔偿管理规定》第9条：赔偿权利人及其指定的部门或机构，有权请求赔偿义务人在合理期限内承担生态环境损害赔偿责任。生态环境损害可以修复的，应当修复至生态环境受损前的基线水平或者生态环境风险可接受水平。赔偿义务人根据赔偿协议或者生效判决要求，自行或者委托开展修复的，应当依法赔偿生态环境受到损害至修复完成期间服务功能丧失导致的损失和生态环境损害赔偿范围内的相关费用。生态环境损害无法修复的，赔偿义务人应当依法赔偿相关损失和生态环境损害赔偿范围内的相关费用，或者在符合有关生态环境修复法规政策和规划的前提下，开展替代修复，实现生态环境及其服务功能等量恢复。

责任是国家对行为的否定评价及要求行为人承担其法律责任，而民事责任则注重对受害人利益的填补。生态环境损害赔偿责任与环境行政处罚的并用不仅不会违反"一事不再罚"原则，其协同作用优势也较为明显：

第一，两者的目的保持同一方向。生态环境行政处罚属于行政处罚的一种类型，其目的旨在维护生态环境领域公共管理秩序，保障社会公共利益。生态环境损害赔偿制度设立之目的便是更快修复受损之生态环境，使生态环境保护、修复工作行之有效，尽管生态环境损害赔偿制度带有私法色彩，但由于生态环境其本身之特殊性，保护生态环境即是保护环境公共利益。有学者认为，生态环境损害赔偿制度其实质上是披着私法外衣的公法手段，因此生态环境损害赔偿制度之目的也是保护生态环境公共利益。可见，生态环境行政处罚与生态环境损害赔偿制度的目的是趋同的，这也为两者协同运行共同发挥维护生态环境公共利益的作用打下了坚实基础，在同一目的的引导下，两种制度的融合也是势在必行。

第二，两者的保护范围互为补充。生态环境行政处罚是以惩戒规制环境侵害人的不法行为来对生态环境利益实现间接保护的方式运行的。而生态环境损害赔偿制度则侧重于损害结果已然发生后，行为人对受损环境的修复与赔偿工作。在生态环境救济工作中，生态环境行政处罚重视的是原因，生态环境损害赔偿责任重视的是结果。在实践中，对于违反生态环境行政法规却又未造成严重生态环境损害的行为，生态环境损害赔偿制度便无从适用，但如若对其视而不见又不利于环境公共利益的长期保护，这时就需要运用生态环境行政处罚的手段，将破坏生态环境行为扼杀在恶果诞生前。而对于并未违反生态环境行政法规却切实给生态环境带来了严重损害的行为，生态环境行政处罚的适用于法无据，但如若视若无睹，显然违背朴素正义观，与保护生态环境公共利益的初衷相违背，生态环境损害赔偿制度的设立就对此类行为进行了规制，从结果层面去维护生态环境公共利益。

第三，两者在功能上互相补强。生态环境行政处罚强调惩戒性，直接保护生态环境公共利益功能显得不足，生态环境利益保护实际质效具有不可控性。生态环境损害赔偿虽强调对受损生态环境的直接修复和赔偿，但由于其制度的定位原因，其强制力和威慑力处于弱位，且不论事后是否能震慑住行为人及潜在行为人，减少此类结果的发生，仅是对生态环境的直接修复和赔偿工作都未必能落实到位。以生态环境损害赔偿磋商为例，在民事协议范围内，磋商协议是行政机关与赔偿义务人基于私法自治原则达成的。然而，若赔偿义务人拒绝或未完全履行磋商协议，行政机关常常会选择通过申请人民法院的强制执行和调解，或向仲裁机构申请仲裁的方式来解决。然而，这些方式往往耗时耗力，时间上也不利于及时解决急需修复的生态环境问题。此外，行政机关对赔偿义务人履行磋商协议的监督力度也不足。生态环境损害磋商包括调查评估阶段、磋商阶段和监督实施阶段。一般而言，磋商双方达成协议后，进入监督实施阶段，省市级政府有监督赔偿义务人履行修复义务的责任。然而，如果将磋商协议视为民事合同，省市级政府难以有效实施其本身具备的强力监督手段，从而导致赔偿义务人怠于履行磋商协议的不利结果。行政处罚以权力为轴心，追求的是行政法上的效率、秩序兼顾公正等价值。因此，环境行政处罚固守其公法领域，生态环境损害依托生态环境行政处罚的监管职能的强力支持，两种手段综合协同适用，如此才能最大限度地发挥各自作用，为维护环境公共利益贡献力量。

2. 生态环境损害赔偿行政救济与司法救济的关系。

（1）生态环境损害"行政前置"处理方式。生态环境损害救济方式在改革初期存在行政程序和司法程序的选择争议。[1] 随着实践和理论研究的深入，学界逐渐接受"行政前置"的观点。这种行政优先的理念来源于对生态环境损害法律处理中公权力分工的理性认知。行政程序优先于司法裁决的制度设计主要纠正了过度干预行政监管权的体制性错误。行政程序优先的设计源于生态环境的公益定位，以及行政机关主动促进公益的职责分工。一方面，从利益识别角度看，生态环境具有不特定多数人享有的非排他性属性，与私权中权利人对权利客体的支配、排他利用和自由处分等行使逻辑存在根本冲突。作为典型的公共利益领域，需要通过法律明确规定的公法责任来保障，并通过维护公益的执法行动来实现。[2] 这决定了行政机关是保护生态环境公共利益和行使管理权的适当机构。另一方面，从功能定位角度看，生态环境损害赔偿通过引入"损害赔偿"责任承担方式来消除和修复损害，旨在弥补过去行政处罚责任在补救方面的不足。从本质上来说，仍然属于行政机关在保护生态环境公共利益方面职权行使方式的探索。换句话说，尽管生态环境损害赔偿借用了侵权责任相关法律中有关损害后果、侵权行为、因果关系和减免责任的一般原则，但生态环境损害并非以私权为基础，这决定了赔偿只是外表上具有民事责任的形式，实质上是对公法上行政责任不足的自我完善。基于以上原因，学者们普遍认为生态环境损害责任应以公法救济为主，并形成行政处理优先于司法裁决的职权分配秩序。[3] 只有行政执法无法解决生态环境损害问题时，才可提起损害赔偿诉讼。[4]

（2）生态环境损害行政程序无差别前置的弊端。生态环境损害赔偿制度设

---

〔1〕 黄锡生、谢玲：《环境公益诉讼制度的类型界分与功能定位——以对环境公益诉讼"二分法"否定观点的反思为进路》，载《现代法学》2015年第6期。

〔2〕 巩固：《环境民事公益诉讼性质定位省思》，载《法学研究》2019年第3期。

〔3〕 刘静：《论生态损害救济的模式选择》，载《中国法学》2019年第5期。

〔4〕 刘慧慧：《生态环境损害赔偿诉讼衔接问题研究》，载《法律适用》2019年第21期。

计中，行政救济程序是否无差别前置是一个值得讨论的问题。生态环境损害赔偿责任的确认涉及多个方面的法律判断，包括事实判断和法律责任认定。根据《改革方案》，生态环境损害赔偿制度的核心包括确定赔偿范围、赔偿义务人和权利人。赔偿范围涵盖生态环境修复费用、修复期间服务功能的损失、永久性损害造成的损失以及合理的赔偿调查和评估等费用。这些费用由专业技术判断，由行政机关主导。然而，除此之外，赔偿义务人的确认涉及平衡各方利益和正当性价值判断的法律问题，如行为自由、风险预防等。特别是在法律解释争议、规则竞争和漏洞导致法律问题复杂化时，通过行政程序实现损害救济目标可能超出行政机关的权限和能力。这时，需要直接进入生态环境损害赔偿诉讼救济的司法审判程序，而不是仅在行政程序中进行磋商。

以第三方原因导致的生态环境损害赔偿案件为例。毫无疑问，对于生态环境损害后评估、修复计划和监测数据等技术性和操作性事实的认定应由行政监管部门负责。然而，在生态环境损害赔偿案件中对第三方责任的认定仍存在立法空白。在涉及第三方环境侵权案件中，《民法典》"侵权责任编"第 1233 条规定："因第三人的过错污染环境、破坏生态的，被侵权人可以向侵权人请求赔偿，也可以向第三人请求赔偿。侵权人赔偿后，有权向第三人追偿。"然而，"被侵权人"的表述使得该条款在适用生态环境损害导致的个人财产损失和生态环境修复方面存在解释争议。因为《民法典》"侵权责任编"相关条文将提起生态环境损害赔偿诉讼的主体界定为"国家规定的机关或法律规定的组织"；2017 年的《改革方案》中将此主体界定为"赔偿权利人"，而《若干规定（试行）》从诉讼主体角度界定为"原告"。在生态环境损害赔偿制度中，相关法规并未使用"被侵权人"的表述，因此对于《民法典》第 1233 条涉及第三方原因导致的生态环境损害赔偿问题并不明确。

因此，对于实现生态环境损害赔偿制度的规范目标是否需要通过民事裁判来实现，以及何时进行这样的裁判，不应简单机械地适用行政优先原则，而应基于行政权力和司法权力职能进行适当的论证。在行政管制失效的情况下，应及时通过司法程序解决环境问题。

（3）生态环境损害赔偿由行政前置走向行政程序与司法程序的协同。当前的生态环境损害赔偿制度重视公权配置原则，即"行政优先、司法次之"，与生态环境损害案件特点和公权力机关职责分工相符。[1] 然而，对于某些特殊性生态环境案件，尤其是第三方引起的损害赔偿案件，除了需要确定损害事实外，还涉及复杂的法律判断，形成了法律上的"疑难案件"。因此，根据"行政本质是

---

[1]　吕梦醒：《生态环境损害多元救济机制之衔接研究》，载《比较法研究》2021 年第 1 期。

管理权, 司法本质是判断权" 的职责分工标准, [1] 在确定是否需要进行法律判断的基础上, 限定 "行政前置" 的具体适用条件, 以避免程序浪费阻碍公正解决生态环境损害问题的实现。

首先, 应在行政机关提起生态环境损害赔偿诉讼的法定事由中增加无法通过行政协商解决的法律认定问题 (如因果关系、责任主体等)。《若干规定 (试行)》第 5 条规定的前提条件仅限于行政机关与被告协商无果或因客观原因无法协商。然而, 如果涉及责任主体的确定、法律上的因果关系等法律判断问题, 则应直接进入司法裁判程序。在这种情况下, 生态环境损害赔偿问题已不是环境公共利益保护问题的事实前提, 而是环境公共利益法律治理问题的法律前提。[2] 注重职权的分工与协调, 避免僵化地优先适用行政程序, 导致司法空白。

其次, 对于涉及法律判断问题的生态环境损害赔偿诉讼案件, 虽然没有进行行政协商并直接启动司法程序, 但不得超越行政权力范围。对于案件中涉及的损害赔偿范围、客观事实因果关系的认定等问题, 行政机关仍有权作出结论, 并根据《若干规定 (试行)》第 9 条的规定向法院提供, 作为司法机关进行法律认定的必要依据。

第二节 生态环境损害赔偿的主体

赔偿权利人与赔偿义务人是生态环境损害案件中赔偿权利承担与赔偿义务履行的构成主体。生态环境损害赔偿的主体包括赔偿权利人、赔偿义务人以及第三方机构、社会组织、利益相关的社会公众等。依《改革方案》的规定, 国务院授权省级、地 (市) 级政府 (包括直辖市所辖的区县级政府) 作为本行政区域内生态环境损害赔偿权利人, 可指定相关部门或机构负责生态环境损害赔偿具体工作。

---

〔1〕 章剑生:《现代行政法总论》, 法律出版社 2019 年版, 第 9 页。
〔2〕 王明远:《论我国环境公益诉讼的发展方向: 基于行政权与司法权关系理论的分析》, 载《中国法学》2016 年第 1 期。

案例 3

贵州省遵义市某公司未批先建生态环境损害赔偿案[1]

一、案情简介

2019 年 7 月，遵义市生态环境局在执法检查中发现，某公司在未获得环评变更批复的情况下进行项目建设，违规增加建筑物高度 13.46 米，扩建面积为 11920 平方米，违法使用林地，破坏植被资源，对生态环境造成不良影响。2019 年 11 月，贵州省生态环境厅委托第三方机构进行了生态环境损害鉴定评估，评估结果显示，项目扩建导致水源涵养、水土保持等绿地生态系统服务功能受损，违规增高对景观视觉造成一定影响，并增加了交通运输噪声对周边环境的危害，需承担生态环境损害赔偿责任逾 1000 万元。

二、办理结果

2020 年 3 月 27 日，涉案公司作为赔偿义务人提出生态环境修复意愿，并与赔偿权利人贵州省生态环境厅进行了赔偿协商。经过磋商，双方就损害事实、损害结果和修复方案等达成一致，签署了赔偿协议，约定由该公司进行替代性生态环境修复，预计修复工程费用为 1181.3 万元。公司按照赔偿协议委托具备相应资质的第三方编制了生态修复实施方案，并按计划进行了生态修复工作，取得了良好效果，修复的植被面积达到了 16.35 公顷。经专家现场评估，替代修复工程达到了预期效果。

三、典型意义

依《改革方案》规定，生态环境损害赔偿权利人是指在生态环境损害发生后，可以对生态环境损害请求赔偿的人；违反法律法规，造成生态环境损害的单位或个人为赔偿义务人。本案亮点在于通过生态环境损害赔偿制度的实施，确定了生态环境损害案件的赔偿权利人为贵州省生态环境厅，赔偿义务人为案涉遵义市某公司，同时还在一定程度上明确了两者的权利、义务以及责任，如对生态环境损害赔偿进行磋商、鉴定、修复等。

---

[1]　参见生态环境部官网：《生态环境部公布第二批生态环境损害赔偿磋商十大典型案例》，载 https://www.mee.gov.cn/xxgk2018/xxgk/xxgk06/202112/w020211227585496616654.pdf，最后访问日期：2024 年 2 月 25 日。

四、核心法理

本案之所以能被纳入贵州省生态环境损害赔偿典型案例，是因为本案在实际处理过程中，明确了赔偿权利人和义务人各自的权利和义务，良好地反映了赔偿权利人及赔偿义务人在生态环境损害赔偿案件中的地位及作用，既突出了赔偿权利人在生态环境损害赔偿案件中的积极作为，又切实保障了赔偿义务人的合法权益。

（一）生态环境损害赔偿权利人的确定及其权利义务

1. 生态环境损害赔偿权利人的确定。2015 年印发的《生态环境损害赔偿制度改革试点方案》（以下简称《试点方案》）规定，省级政府经国务院授权后作为本行政区域内生态环境损害赔偿权利人，可指定相关部门或机构负责生态环境损害赔偿具体工作。2017 年印发《改革方案》，在全国范围内试行生态环境损害赔偿制度，赔偿权利人由省级政府扩大为省级和市地级政府（包括直辖市所辖的区县级政府），省级、市地级政府可指定相关部门或机构负责生态环境损害赔偿具体工作。〔1〕 此外，《民法典》〔2〕《海洋环境保护法》〔3〕 分别针对"造成生态环境损害的""破坏海洋生态、海洋水产资源、海洋保护区，给国家造成重大损失的"等情形的赔偿权利人作出规定。

根据上述法律及政策规定，我们可以确定生态环境损害赔偿权利人为国家，海洋生态损害由行使海洋环境监督管理权的部门代表国家行使权利，其他生态环境损害由授权的省级和设区的市级地方人民政府代表国家行使权利。此外，检察机关和符合条件的社会组织也可提起公益诉讼。

2. 国家行政机关作为生态环境损害赔偿权利人的法理基础。国家和行政机关作为生态环境损害赔偿权利人的理论依据主要有：

（1）自然资源归国家所有理论。《中华人民共和国宪法》（以下简称《宪法》）规定"矿藏、水流、森林、山岭、草原、荒地、滩涂等自然资源，都属于国家所有，即全民所有……"〔4〕《民法典》物权编也规定"矿藏、水流、海

---

〔1〕 依《生态环境损害赔偿制度改革方案》规定，省域内跨市地的生态环境损害，由省级政府管辖；其他工作范围划分由省级政府根据本地区实际情况确定；省级、市地级政府可指定相关部门或机构负责生态环境损害赔偿具体工作；省级、市地级政府及其指定的部门或机构均有权提起诉讼；跨省域的生态环境损害，由生态环境损害地的相关省级政府协商开展生态环境损害赔偿工作。

〔2〕《民法典》第 1235 条规定："违反国家规定造成生态环境损害的，国家规定的机关或者法律规定的组织有权请求侵权人赔偿下列损失和费用……"该条明确权利主体是"国家规定的机关。

〔3〕《海洋环境保护法》第 114 条第 2 款条规定：对污染海洋环境、破坏海洋生态，给国家造成重大损失的，由依照本法规定行使海洋环境监督管理权的部门代表国家对责任者提出损害赔偿要求。

〔4〕 参见《中华人民共和国宪法》第 9 条第 1 款。

域属于国家所有"〔1〕 "森林、山岭、草原、荒地、滩涂等自然资源，属于国家所有，但是法律规定属于集体所有的除外。"〔2〕 鉴于此，国家作为国有自然资源的合法所有者，对国有矿产资源、水资源、海洋资源、土地资源、森林资源、其他生物资源享有所有权。环境污染和生态破坏损害了国家对自然资源所有权的权益，因此，作为具体实施国家所有权的行政机关，有权要求对生态环境损害进行赔偿。

（2）公共产品理论。公共产品理论认为，生态环境资源被视为公共产品，应是全人类共有的，任何个体都不得随意占有、支配和损害。也有学者认为，生态环境资源是一种公共物品，具有共享性、非选择性和非排他性等特征，〔3〕 由于生态环境作为公共物品，其保护对象和保护效果都属于公益，环境利益则是公共利益。

（3）社会公共利益理论。国家作为社会公共利益的代表，环境管理是其履行社会经济管理职能、维护公共利益的具体体现，也是国家公共管理的重要组成部分。〔4〕 因此，国家应采取有效的保护措施来保护国家的生态环境，切实维护国民的环境利益。同时，当环境利益受损时，应采取措施行使生态环境损害赔偿请求权，确保受损的生态环境能够得到有效修复。

3. 生态环境损害赔偿权利人的权利与义务。赔偿权利人的权利与义务具有一致性，主要包括：定期组织筛查案件线索，及时启动案件办理程序；委托鉴定评估；进行索赔协商并作为原告提起诉讼；引导赔偿义务人自行或委托社会第三方机构修复受损的生态环境，或根据国家规定组织开展修复或替代修复；组织对生态环境修复效果进行评估；对于公民、法人和其他组织提出有关生态环境损害赔偿的举报要求，及时研究处理并做出答复；作为生态环境损害赔偿诉讼原告提起诉讼；其他相关工作。〔5〕 各地实践中，更为具体和细化了生态环境损害赔偿权利人的权利和义务，例如，管理和使用生态环境损害赔偿金。〔6〕

---

〔1〕 参见《民法典》第 247 条。

〔2〕 参见《民法典》第 250 条。

〔3〕 王蓉：《中国环境法律制度的经济学分析》，法律出版社 2003 年版，第 4 页。

〔4〕 ［美］约翰·罗尔斯：《正义论》，何怀宏等译，中国社会科学出版社 1998 年版，第 4 页。

〔5〕 参见《生态环境损害赔偿管理规定》第 7 条。

〔6〕 如福建省、江苏省等省份的生态环境损害赔偿权利人，见《福建省生态环境损害赔偿资金管理办法（试行）》《江苏省生态环境损害赔偿资金管理办法（试行）》等。

（二）生态环境损害赔偿义务人的确定及其权利义务

1. 生态环境损害赔偿义务人的确定。《改革方案》明确规定，违反法律法规，造成生态环境损害的单位或个人，是生态环境损害的赔偿义务人。按照《改革方案》的规定，生态环境损害赔偿义务人一旦认定，应按照国家的要求承担生态环境损害赔偿责任，确保全额赔偿。

2. 生态环境损害赔偿责任的归责原则。建立健全生态环境损害赔偿制度，有助于破解"企业污染、群众受害、政府买单"的困局。从世界各国生态环境损害责任承担规范构成看，主要有一元归责与二元归责两种模式。

（1）一元归责模式。生态环境损害赔偿责任的一元归责模式是指生态环境损害赔偿以生态环境损害人造成的生态环境损害客观事实及其后果的发生为基准认定生态环境损害赔偿责任。该观点认为，《民法典》中的生态环境损害责任与生态环境私益侵权责任同样属于由污染环境和破坏生态而引发的侵权责任，两种侵权责任适用共同的无过错责任归责原则。从司法实践看，各地方法院多数采用无过错归责原则对司法案件进行裁判，从生态环境损害赔偿磋商实践看，也基本采取无过错归责原则开展生态环境损害赔偿磋商。

（2）二元归责模式。生态环境损害赔偿责任认定除一元归责模式外，还有学者认为应该将生态环境损害赔偿责任与《民法典》上的生态环境私权侵权责任区分开来，采用二元归责模式予以处理。二元归责模式是指生态环境损害赔偿责任的认定由过错与无过错两种归责原则构成。但从学界的理论认知看，又分为三种形态：

第一是以过错归责为主，无过错为辅的二元归责模式。从实际看，日本和德国采取的是以过错归责为主的模式。日本自明治维新建构环境公害防治制度以来，其环境公害治理取得了较大成效。日本《环境基本法》《公害基本法》采用双轨制模式，即无过错责任和过错责任并行确定生态环境损害赔偿责任。但是，依日本《大气污染防治法》《水污染防治法》等规定，日本在环境领域的无过错责任的适用主体只限于特殊主体，主要是适用于企业，并且一般也只限于对生命和健康造成损害的情形。除此之外，绝大部分生态环境损害案件适用过错责任归责原则。德国生态环境损害赔偿归责原则与日本一样采取二元归责模式。但是，德国关于具体生态环境损害案件归责认定更为明确。例如，德国环境法规定，日常的、不需要经过政府批准许可的营业活动，对环境造成了影响，进而损害了具体权利人的人身或者财产时，直接适用过错责任；德国的《环境责任法》《原子能法》《水利法》等特别法明确规定，部分特殊领域，生态环境损害行为人才需要承担危险责任（无过错责任），如德国相关法律均将设备责任定位于危险责任。

第二是以无过错为主，过错为辅的二元归责模式。我国《中华人民共和国环境保护法》（以下简称《环境保护法》）确立了损害担责原则，即"谁损害谁担责"，以及受益担责原则，即"谁受益谁担责"。这两种原则在强调造成生态环境损害的责任者承担赔偿责任的同时，对于企业也明确了投资人、受益人的生态环境保护责任。从规范解释的角度看，《环境保护法》并没有明确生态环境损害赔偿归责适用过错或无过错原则。同样，《最高人民法院关于审理环境侵权责任纠纷案件适用法律若干问题的解释》（已失效）也没有明确具体的归责原则，许多地方法院在审理生态损害赔偿案件时多适用无过错归责原则进行司法裁判。我国学界对于生态环境损害赔偿归责认知也存在争议。部分学者从我国生态环境损害赔偿诉讼司法实践的视角，提出了一元归责原则，即强调适用无过错归责原则认定生态环境损害赔偿义务人的赔偿责任。但部分学者则认为两种原则均存在适用情形。例如，徐以祥指出，《民法典》第 1234 条和第 1235 条规定的"违反国家规定造成生态环境损害"，一方面确定了我国的生态环境损害责任采用过错责任的归责原则，另一方面也限定了生态环境损害责任中"过错"的认定标准，即以"违反国家规定"为过错的认定标准；有学者基于生态环境损害赔偿与生态环境私益诉讼具有本质上的区别，在生态环境损害责任的归责原则上作了进一步的类型化处理。例如，竺效认为，对于那些引发生态环境损害有一般性、内在固定危险性的活动，采用无过错责任原则；对于那些不具有造成生态环境损害普遍性的行为，采用过错责任归责原则。吕忠梅等学者认为，发生环境污染事故应当适用无过错责任原则，而一般情形下生态环境损害适用过错责任原则。由此，我国逐渐形成了以无过错为主，过错为辅的二元归责模式。

第三是物质型生态环境损害赔偿与能量型生态环境损害赔偿的二元归责模式。有人认为，破坏生态的行为类型多样且频发，导致虽然其内涵丰富多样，但是外延却难以确定，所以不适合以单一归责原则适用于所有生态损害赔偿案件。有学者进而提出了生态环境损害赔偿责任认定可采用物质型生态环境损害赔偿与能量型生态环境损害赔偿的归责模式。物质型生态环境损害赔偿是指超出生态的自我修复能力过度地开发或者利用某一个或几个要素，过量或者不适当地向环境索取物质或能量，且不存在对应的环境管制标准，虽然对生态环境造成了损害，但是由于不存在具体的被侵权人，若依据原来的直接利害关系原则，很难对被破坏的生态环境进行补偿，会出现无人担责的困境，虽未造成具体权利人人身或者财产上的损失，但是却导致生态要素发生了不利改变，生态系统的整体性功能发生了退化。此类生态环境损害具有客观后果表现，并且缺乏标准，可以适用无过错归责。能量型生态环境污染，主要是指由于行为人向生态环境中排放或者索取光、电磁波、噪声等不可量物时，"很难用实质、有型的损害后果来衡量，但科学研究表明这种污染超过一定限度会对人体造成伤害"，并且存在相应的环境管制标准，虽未造成具体权利人人身或者财产上的损失，但是却导致生态要素发生了不利改变，生态系统的整体性功能发生了退化。因此，此类生态环境损害赔偿可以适用过错归责原则。

3. 生态环境损害赔偿义务人的义务。《改革方案》关于生态环境损害赔偿义务人的规定主要表现为生态环境损害事实、后果、赔偿义务人及其责任的认定等事项。依《改革方案》和《若干规定（试行）》的规定，生态环境损害赔偿义务人涉及的赔偿义务主要为民事责任，主要有：

（1）修复生态环境。《若干规定（试行）》第 11 条规定："被告违反国家规定造成生态环境损害的，人民法院应当根据原告的诉讼请求以及具体案情，合理判决被告承担修复生态环境、赔偿损失、停止侵害、排除妨碍、消除危险、赔礼道歉等民事责任。"从该条的规定看，修复生态环境是生态环境损害赔偿第一顺位的法律责任。因此，《若干规定（试行）》第 12 条第 1 款明确规定："受损生态环境能够修复的，人民法院应当依法判决被告承担修复责任，并同时确定被告不履行修复义务时应承担的生态环境修复费用。"该条第 2 款明确规定："生态环境修复费用包括制定、实施修复方案的费用，修复期间的监测、监管费用，以及修复完成后的验收费用、修复效果后评估费用等。"此外，为确保生态环境修复质效，该条第 3 款还明确规定："原告请求被告赔偿生态环境受到损害至修复完成期间服务功能损失的，人民法院根据具体案情予以判决。"从司法实践以及生态环境损害赔偿磋商典型案例看，至修复完成期间产生的服务功能损失费用主要包含：生态环境损害赔偿权利人前期调查、勘验、应急等活动产生的费用；生态环境损害鉴定评估费用；律师参与调查、磋商以及诉讼等费用。《改革方案》充分考虑到一旦出现赔偿义务人无力修复的情况，生态环境损害赔偿权利人或义务人可委托第三方社会机构进行修复工作，以确保修复工作的专业性，促进环保产业市场发展和专业化。但是，相关生态环境修复费用由赔偿义务人承担。

（2）赔偿损失。生态环境损害事实发生后，赔偿义务人除应当承担生态环境修复责任外，还应当承担赔偿损失的法律责任。从生态环境损害案件的处理看，主要涉及生态环境损害赔偿诉讼的赔偿责任履行和生态环境损害赔偿磋商后赔偿责任的认定和履行。前者依《若干规定（试行）》第 13 条的规定，即受损生态环境无法修复或者无法完全修复，原告请求被告赔偿生态环境功能永久性损害造成的损失的，人民法院根据具体案情予以判决。后者依《改革方案》的规定，主要表现为磋商后确定的赔偿事项。

此外，在生态环境污染与损害案件中，部分案件如生态环境损害行为构成行政处罚或刑事处罚的，需要同时承担行政或刑事责任。当赔偿义务人的财产无法同时承担生态环境损害赔偿和罚款、罚金时，应优先用于履行生态环境损害赔偿责任。对于已生效的判决和经司法确认的赔偿协议，未能履行或未完全履行赔偿义务的赔偿义务人将被列入失信被执行人名单。赔偿义务人积极履行生态环境损害赔偿责任将作为减轻、减免或免予处理的依据。若赔偿义务人因同一生态环境损害行为需要承担行政或刑事责任，其承担生态环境修复责任的情况将在确定生态环境损害赔偿责任时合理考虑，可适当减免或减轻生态环境损害赔偿责任。

（3）停止侵害、排除妨碍、消除危险。停止侵害、排除妨碍和消除危险具有一定的关联性，在实践中既可以单独适用，也可以同时适用。停止侵害是指生态环境损害行为发生后，生态环境损害行为人应停止相关有损或可能有损生态环境的行为，避免生态环境损害后果扩大或外溢。赔偿损失和排除危害可以单独分别适用，也可以合并适用；排除妨碍是指生态环境保护受到不法阻碍或妨害时，生态环境权利人或其指定的代表人有权请求加害人排除其影响生态环境保护的行为或相关障碍。消除危险是指行为人实施的行为有可能构成损害生态环境的危险，生态环境权利人或其指定的代表人有权请求行为人消除生态环境受损的危险。从《若干规定（试行）》第11条的规定看，生态环境损害赔偿义务人承担的属于被强制停止侵害的民事责任，主要指的是生态环境权利人或者其代表人请求人民法院裁判生态环境损害义务人强制停止侵害、排除妨碍和消除危险。但是，从《环境保护法》《改革方案》的规定和实际案件看，还包括诉前生态环境权利人或者其代表人依职权调查后，要求生态环境损害赔偿义务人停止侵害、排除方案和消除危险等责任履行。

（4）赔礼道歉。赔礼道歉属于声誉罚，是指生态环境损害赔偿义务人实施的生态环境损害行为除了产生严重的生态环境损害后果外，还造成了恶劣的社会影响。该民事责任的适用主要在于消除社会影响，恢复人民群众对美好生态环境的期许和信心。

在本案中，生态环境损害赔偿权利代表人为贵州省生态环境厅，生态环境损害赔偿义务人为未取得环评变更批复的案涉公司。生态环境损害事件发生后，生态环境损害赔偿权利代表人贵州省生态环境厅委托第三方机构开展了生态环境损害鉴定评估，赔偿权利代表人与赔偿义务人进行生态环境损害赔偿磋商，并达成一致意见、赔偿义务人提出生态环境修复意愿，实施生态修复工作。该案处理程序反映了生态环境损害赔偿案件中赔偿权利人和赔偿义务人的权利和义务，既突出了赔偿权利人在生态环境损害赔偿案件中的积极作为，又切实保障了赔偿义务人的合法权益。

案例 4

青岛市李沧区政府诉刘某生态环境损害赔偿案[1]

一、案情简介

2018 年 5 月至 2018 年 7 月，青岛市生态环境局李沧分局在履职过程中发现，刘某非法排放含油废水，共计 8 次在青岛市李沧区一家海水淡化公司北墙外排水沟倾倒了约 160 吨废油，导致油类污染物进入娄山河。2018 年 7 月 9 日，青岛市生态环境局李沧分局进行了现场勘验和监测，结果显示水体中的石油类浓度为 108mg/L，超过了地表水环境质量标准规定的限值 108 倍。

二、办理结果

青岛市生态环境局李沧分局依法对刘某作出了行政处罚。2018 年 11 月 21 日，青岛市生态环境局李沧分局委托专家评估了刘某对水体排放油类造成的生态环境损害程度和修复费用。2019 年 4 月 17 日，李沧区人民政府与刘某进行了磋商，但未达成一致意见，李沧区人民政府将此案起诉至法院，并向青岛市检察院申请支持起诉。经审查，青岛市检察院认为，刘某的排放行为污染了生态环境，损害了社会公共利益，应当承担民事侵权责任。依据法律规定，青岛市检察院决定支持青岛市李沧区人民政府的起诉。法院裁定，判决刘某赔偿生态环境修复费用、交纳专家咨询评估费用，并由刘某承担案件受理费。

三、典型意义

《若干规定（试行）》并未明确人民检察院能否参与生态环境损害赔偿诉讼，本案探索了人民检察院在特定情形下作为支持起诉人参与生态环境损害赔偿诉讼，具有典型意义：一是因为该案中青岛市检察院通过支持起诉的方式，支持青岛市李沧区人民政府向被告索取生态修复费用，旨在依法推动环境违法行为者承担环境修复和民事赔偿责任，对其他违法经营者或行为人起到警示作用，充分体现了"污染者治理，责任明确"的法治原则，进一步规范废物市场处理秩序，从根源上预防和控制环境污染；二是通过府院联动，经公正权威的司法手段，切实维护社会公共利益，依法推动生态文明建设，为建设"天蓝、地绿、水清、空

---

[1] 青岛市中级人民法院官网：《中院党组书记、院长李方民担任审判长公开开庭审理全市首例生态环境损害赔偿诉讼案并当庭宣判》，载 http://qdzy.sdcourt.gov.cn/qdzy/spgk66/zdaj19/8768193/index.html，最后访问日期：2024 年 10 月 7 日。

净"的美好家园提供有力法治保障。

四、核心法理

本案诠释的核心法理体现在两个方面:一是在生态环境损害赔偿案件中,通过检察院支持起诉的方式,推动赔偿义务人承担环境修复责任;二是行政争议实质性化解是行政争议纠纷解决机制的根本目的,在保障人民群众合法权益、促进法治政府建设方面意义重大,本案通过推动建立健全"一府两院"联动机制,搭建行政争议多元化解决平台,以机制创新弥补制度缺陷,有力地促进了行政争议实质性化解工作。

(一)生态环境损害赔偿案件中的检察院支持起诉

人民检察院在刑事案件审理过程中掌握案情更详细,充当支持起诉人,一方面为行政机关提供专业支持,协助其积极索赔;另一方面履行法律监督职责,督促行政机关严格遵守生态环境损害赔偿制度。人民检察院通过参与诉讼活动,为受损单位或个人提供法律咨询、书面意见提交和协助调查取证等支持,遏制侵害国家和社会公共利益的行为。若当事人因诉权不足未提起诉讼,检察机关可支持受侵害单位、集体或个人向法院提起民事诉讼,维护国家、集体、社会公共利益及弱势群体的民事权利。

在生态环境损害赔偿民事诉讼中,检察机关可为市政府和环境管理部门提供指导和协助,以提供法律咨询、提交意见和协助调查取证的方式支持其进行磋商和起诉。若无法提起诉讼,检察机关可对违法行为人提起民事公益诉讼,履行破坏生态环境领域督促起诉的责任。检察机关及时履行职责,有效维护社会公共利益,与行政机关共同保护环境,推进生态文明建设。在诉讼过程中,宣传发声应恰如其分,目的在于依法督促违法行为人修复环境,对其他违法行为人起到警示作用,进一步规范固体废物市场处理秩序,从源头预防和控制环境污染。与群众携手推动生态文明建设,为创造美好家园提供法治保障。

(二)府院联动在生态环境损害赔偿案件的适用

1. 府院联动治理生态环境的内涵。府院联动机制是为了减少和遏制行政争议,通过加强顶层设计,促进行政机关和司法机关的协调配合,从而建立一个工作框架。其核心是通过司法和行政之间的良性互动,降低行政争议和行政诉讼的发生率,妥善处理相关法律争议,加快形成支持经济社会发展的强大力量。生态环境损害赔偿案件采用府院联动机制处置,目的是建立一个社会化、法治化、常态化、高效化的解决生态环境损害赔偿案件的渠道,推动政府与司法机关协同治理生态环境损害赔偿案件。

2. 府院联动治理生态环境的价值识别。一是协同保障生态环境权利。生态环境是国家生态环境权利、人民群众生态环境权利等众多主体权利的集合，生态环境损害赔偿案件的处理必须要保证环境正义的实现，除了依赖政府生态环境主管部门职责履行外，还需要检察院发挥法律监督职能，法院发挥司法确认职能协同推动生态环境高质量治理。二是防止生态环境损害赔偿案件处置的"程序空转"。就生态环境损害赔偿磋商案件而言，许多生态环境损害赔偿案件磋商后要进行司法确认，才能保障生态环境损害赔偿案件磋商协议的有效性和可执行性，否则会出现较多的生态环境损害赔偿磋商案件转为诉讼或不履行的状态，其合法性问题易导致"程序空转"。

3. 府院联动处理生态环境损害赔偿案件的可行性。从理论层面看，根据权力分配理论，我国司法机关和行政机关对人民代表大会负责、相互配合、相互协作。党的职能是"统揽全局，协调各方"，党的政治制度优势保证了府院联动机制的有效实施。多元纠纷解决机制理论也强调，矛盾解决主体之间应相互协调、发挥协同效应，形成一个功能互补、结构协调的社会纠纷化解与处理系统。[1]从实践层面看，检察机关可以与政府、法院建立信息互通、资源共享、良性互动、有效衔接的行政争议化解机制。各级行政机关与人民法院应进一步发挥各自优势，共享行政执法和审判执行信息资源，共同化解矛盾纠纷、防控社会风险、维护社会稳定、推进社会治理创新，实现良性互动、优势互补，共同推动行政机关依法行政、人民法院公正司法。

本案是府院联动处理生态环境损害赔偿案件的成功范例，展示了人民法院、人民检察院和人民政府共同致力于维护社会公共利益的合作精神。人民政府及其职能部门通过委托鉴定、磋商与起诉方式发挥行政职能；检察机关通过支持起诉等方式，充分发挥公益检察职能，支持行政机关提起生态环境损害赔偿诉讼；人民法院通过实地调查、积极协调、依法审理，最终三者形成合力，为保护生态环境提供有力的行政与司法保障。

案例 5

常德市澧县潘某、陈某非法采矿破坏生态环境损害赔偿案[2]

一、案情简介

2021 年 5 月 7 日，湖南省生态环境损害赔偿制度改革工作领导小组办公室向

---

〔1〕 张彦娥：《对建立府院联动化解行政争议机制的思考》，载《检察日报》2021 年 7 月 28 日，第 007 版。
〔2〕 微信公众号"湖南生态环境"：《湖南省公布第一批十大生态环境损害赔偿磋商典型案例（三）》，载 https://mp.weixin.qq.com/s/wk9p1o_hX2JjBEFRaDxuMw，最后访问日期：2023 年 8 月 20 日。

常德市人民政府交办案件线索。经核实，澧县潘某、陈某存在非法开采矿石行为，对周边土地及植被造成严重破坏。2021 年 5 月 14 日，自然资源主管部门与第三方技术单位联合组建调查小组对案件事实开展现场调查。经调查发现，2019 年 4 月底至 2020 年底，在相关主管部门未下批文的情况下，涉案人员非法开采碎石厂矿区外石灰石约 18.8 万吨。2021 年 4 月中旬，涉案人员再次非法开采石灰石 4.4 万吨。案情确认后，自然资源主管部门委托鉴定评估机构对该案生态环境损害开展鉴定评估。经评估，非法开采区域生态损害影响面积为 18852 平方米，区域内土壤植被均已遭受破坏。经鉴定，本案生态环境损害费用为 50.7 万元。

二、办理结果

2021 年 6 月 29 日，澧县人民政府主持召开赔偿磋商会，会议除邀请人民检察院相关人员外，还邀请了法律顾问、第三方机构等参与，并与涉案人员达成生态环境损害赔偿协议。协议要求涉案人员承担生态环境损害赔偿费用共 79.05 万元，商定由澧县人民政府指定第三方机构代为修复受损生态环境。2021 年 9 月 15 日，生态环境损害生态修复工程全面竣工，完成县级验收，2021 年 9 月 26 日，由第三方机构出具生态修复效果评估报告，完成生态修复。

三、典型意义

本案的重要意义在于从生态环境损害赔偿磋商起到生态环境修复均引入第三方机构全程参与，通过第三方替代性修复的方式完成了生态环境损害案件的优质处理，体现了第三方机构参与生态环境损害赔偿磋商、修复的作用、功能，为进一步完善第三方参与生态环境损害赔偿案件的处理机制提供了参考。

四、核心法理

本案之所以成为湖南省生态环境损害赔偿典型案例，主要源于案件处理全程中引入了第三方参与机制：第三方参与磋商环节—第三方替代性生态修复—第三方验收评估生态修复效果，构建了一个完整的第三方参与生态环境损害赔偿案件处理体系。

（一）生态环境损害赔偿案件第三方参与的意涵

1. 生态环境损害赔偿案件第三方参与的含义。生态环境损害赔偿案件第三方参与是指在生态环境损害赔偿案件办理过程中，相关部门、专家和利益相关的公民、法人、其他组织依邀请等程序参与调查、鉴定评估、磋商、诉讼、生态环境修复、验收评估等工作的活动概称。《生态环境损害赔偿管理规定》从公众参与的视角在第 31 条第 1 款规定："赔偿权利人及其指定的部门或机构可以积极创新公众参与方式，邀请相关部门、专家和利益相关的公民、法人、其他组织参加索赔磋商、索赔诉讼或者生态环境修复，接受公众监督。"各省市在《生态环境损害赔偿管理规定》的基础上，对第三方参与生态环境损害赔偿案件亦有所创新：一是在"邀请"之上增加了"商请"启动第三方参与方式；二是对第三方参与方式进行了扩张性解释。例如，贵州、云南、湖南三省在现有规定的基础上规定可以通过专家组成人民调解委员会来主持磋商，确保第三方的参与。但是，对于"利益相关的公民、法人、其他组织"，大多数省份未明确规定，存在模糊化处理的情况。[1]

2. 生态环境损害赔偿案件第三方参与的类型。

（1）根据主体的不同，第三方可以被划分为个人和组织两种类型。个人包括律师、专家和公民，组织包括独立调解机构、调解委员会和磋商小组。根据主体的身份范围，第三方可以分为一般主体和特殊主体。一般主体包括相关部门、专家、利益相关的公民、法人和其他组织，即大多数地方规范性文件中指定的第三方磋商主体。特殊主体指的是由人民检察院和人民法院派出的人员。

（2）根据生态环境损害赔偿磋商的结构不同分为双方结构和三方结构。双方结构指的是"赔偿权利人—赔偿义务人"，社会第三方不参与磋商，即使有第三方存在，也只起辅助支持作用。三方结构指的是"赔偿权利人—第三方—赔偿义务人"，第三方作为居间组织嵌入磋商过程中。

（3）根据第三方的来源不同分为政府内部人员和政府外部人员两类。政府内部人员包括政府机关工作人员、政府委托的鉴定机构、专家和律师等；政府外部人员包括高校、研究机构、社会组织和社会公众等。

3. 生态环境损害赔偿案件第三方参与的作用。

第一，作为独立个人或组织，第三方参与生态环境损害赔偿案件具有公正性和中立性。其参与磋商是为了保持公平和公正，确保赔偿协商的合理性和公正性。第三方通常不受任何一方的操控或利益影响，能够客观地审视案件事实和证据，为损害赔偿定性和定量提供中立的意见和评估。在这个过程中，第三方充当了一个磋商的监察者和调解者的角色，努力确保双方能够达成公平合理的赔偿协议，并最大程度地保护生态环境的权益。

第二，第三方参与生态环境损害赔偿案件具有专业支持和技术指导的功能。由于生态环境损害赔偿案件涉及诸多专业领域和技术要素，因此赔偿磋商依赖于

---

〔1〕 史会剑主编：《生态环境损害赔偿制度理论与实践研究》，中国环境出版集团 2020 年版，第 86~87 页。

专业知识和技术支持。第三方作为具备相关专业知识和技术能力的个人或组织，能够提供权威的背景资料、数据分析报告和评估意见，为磋商提供科学依据和合理建议。这不仅有助于确立生态环境损害的程度和范围，还能帮助各方更准确地估算损失和提出合理的赔偿方案，从而推动生态环境损害赔偿工作的顺利进行。

第三，第三方参与有助于加强社会参与和民主决策。生态环境损害赔偿案件往往涉及广泛的利益主体，包括当事人、相关部门、专业机构等。第三方的参与能够为这些利益主体提供参与和表达意见的机会，促进信息的透明传播和多方对话，从而实现民主决策的目标。同时，第三方也能够借助其中立性和专业性，协调和整合各利益主体之间的矛盾和差异，促进各方之间的合作共赢。这有助于增加协商的有效性和可持续性，为生态环境治理提供了更加全面和广泛的参与。

（二）第三方参与生态环境损害赔偿案件

1. 第三方参与生态环境损害赔偿磋商。生态环境损害赔偿磋商案件启动后，第三方受邀请或商请可以参加生态环境损害赔偿案件磋商程序，但由于第三方身份有所不同，其参与磋商的身份认定也有所不同：

（1）作为调解组织的第三方一般通过委托方式参与磋商，例如，《贵州省生态环境损害赔偿磋商办法（试行）》中规定，调解组织由赔偿权利人和赔偿义务人共同委托；而《湖南省生态环境损害赔偿磋商办法（试行）》[1]中规定，赔偿权利人向调解委员会提出生态环境损害赔偿磋商申请。

（2）作为专家的第三方通常通过邀请、指定或选聘等方式参与磋商。例如，贵州省的办法是邀请相关专家，而吉林省的办法是指定专家参与。

（3）作为相关部门的第三方则通常通过商请、书面通知或推荐等方式参与磋商程序。例如，江苏省的办法是商请同级人民法院和人民检察院，山东省的办法是书面通知设区的市人民法院、人民检察院以及设区的市县人民政府，重庆市的办法是推荐人民检察院派出人员参与。

（4）作为利益相关者的参与方式，各省通常通过申请和选拔的方式参与磋商程序。

2. 第三方参与生态环境损害赔偿鉴定评估。为了准确了解生态环境损害情况，生态环境损害赔偿权利人及其指定的机构可以根据相关规定，委托符合条件的第三方机构出具鉴定评估报告；也可以与赔偿义务人协商共同委托上述机构进

---

〔1〕　参见湖南省人民政府官网：《湖南省人民政府办公厅关于印发湖南省生态环境损害赔偿管理有关制度的通知》，载 https://www. hunan. gov. cn/hnszf/xxgk/wjk/szfbgt/201712/t20171227_4917506. html，最后访问日期：2024 年 10 月 7 日。《湖南省生态环境损害赔偿磋商管理办法（试行）》第 7 条规定"根据鉴定机构出具的鉴定报告（含修复方案），赔偿权利人可以直接向赔偿义务人发出磋商邀请，或向调委会提出生态环境损害赔偿磋商申请。"

行评估。对于案件中损害事实简单、责任认定无争议、损害较小的情况，可以请专家评估并提供专业意见。专家可以从相关领域的国家和地方专家库或专家委员会中选取。鉴定机构和专家对所提供的报告和意见负有责任。[1]

  本案件在调查、审理、磋商等环节，邀请赔偿权利人、赔偿义务人之外的第三方，如法律顾问、第三方机构参与，对调查证据、条款适用磋商协议等内容进行法律审查，保障了案件的合法性、合理性。本案在生态环境损害赔偿鉴定环节，通过从第三方专家库中选定专门司法鉴定中心作为评估机构，为赔偿磋商提供了准确数据和科学分析，推进环境损害鉴定专业化和规范化。可以发现本案在处理的全过程或大多数程序中均引入了第三方机构，确保了案件的公正性和专业性，一定程度上探索了第三方机构的作用、功能及其工作机制。

  3. 第三方参与生态环境损害赔偿生态环境修复。生态环境损害赔偿磋商程序完成后，双方就生态环境损害赔偿以及生态环境修复方案达成磋商协议。生态环境损害赔偿磋商协议的履行有两种方式：一是赔偿义务人自行履行，即赔偿义务人在具备修复技术与能力等情形下，自行执行生态环境修复方案；二是由第三方替代性修复生态环境，即赔偿义务人不具备生态环境修复技术与能力，或由第三方替代修复生态环境更具质效的情况下选择替代修复方式，即第三方参与生态环境损害赔偿生态环境修复。第三方参与生态环境损害赔偿生态环境修复也有两种情形：一是双方在磋商时达成了第三方参与生态环境修复的协议；二是双方没有达成第三方替代性修复生态环境的磋商协议，但赔偿义务人也不具备生态环境修复的技术和能力，则由赔偿权利人指定第三方机构参与生态环境修复，相关费用由赔偿义务人支付。这两种生态环境修复方式相较而言，第一种方式较为经济，但存在替换性修复的风险，即赔偿义务人有可能以"企业内部技改"等方式替换生态环境修复义务的履行；第二种方式更加科学高效，但存在经济成本高的风险。但不管任何一种修复方式，均需要接受生态环境修复验收评估。

---

  [1] 参见《关于推进生态环境损害赔偿制度改革若干具体问题的意见》第5条规定：为查清生态环境损害事实，赔偿权利人及其指定的部门或机构可以根据相关规定委托符合条件的机构出具鉴定评估报告，也可以和赔偿义务人协商共同委托上述机构出具鉴定评估报告。鉴定评估报告应明确生态环境损害是否可以修复；对于可以部分修复的，应明确可以修复的区域范围和要求。对损害事实简单、责任认定无争议、损害较小的案件，可以采用委托专家评估的方式，出具专家意见。也可以根据与案件相关的法律文书、监测报告等资料综合作出认定。专家可以从国家和地方成立的相关领域专家库或专家委员会中选取。鉴定机构和专家应当对其出具的报告和意见负责。

第三节　生态环境损害赔偿责任竞合

　　生态环境损害赔偿责任是行政责任还是民事责任？如何处理责任竞合？持行政责任观点的学者认为，无论是从赔偿权利人身份的考量，还是从具体程序出发，生态环境损害赔偿具有强烈的行政色彩，因此生态环境损害赔偿责任是行政责任。持民事责任观点的学者认为，《民法典》的相关规定证明生态环境损害赔偿责任属于民事责任，且生态环境损害赔偿需先进行磋商，且磋商协议需进行司法确认才具备强制执行力，故而生态环境损害赔偿责任是民事责任。本书认为生态环境损害赔偿责任，是一种新型环境责任，本节将在此基础上进行展开。

案例 6—7

生态环境损害赔偿责任竞合案

一、案情简介

　　案例 6（深圳某企业电镀液渗漏生态环境损害赔偿案[1]）：2018 年 4 月，深圳市人居环境委员会执法人员在对一家企业进行检查时发现，该厂区附近的市政管网观察井内流出了含有重金属的废水。深圳市环境监测中心使用水质溯源技术追查废水污染来源，并确认其来自该企业的生产车间。经过鉴定评估，这一事件导致了 2189 平方米的土壤受污染，土壤总体积为 8754 立方米，受污染的地下水总体积为 122 立方米。该事件造成的生态环境损害约为 1400 万元。2018 年 8 月，深圳市生态环境部门按照法律对该企业处以 100 万元的罚款，同时吊销了其排污许可证。2018 年 10 月，深圳市宝安区人民法院以环境污染罪对该企业的两名相关责任人各判处有期徒刑 10 个月，并处以各 5 万元的罚款。

　　案例 7（某公司向湖北省鄂州市跨省非法倾倒危险废物生态环境损害赔偿案[2]）：2021 年 3 月 19 日，鄂州市生态环境局接到群众举报，有人在鄂州花湖开发区利联汽配城后方空地倾倒不明工业固体废物。经调查发现，湖南某公司将

---

〔1〕　参见生态环境部官网：《生态环境损害赔偿磋商十大典型案例》，载 https：//www.mee.gov.cn/xxgk2018/xxgk/xxgk06/202005/W020200506539623319592.pdf，最后访问日期：2024 年 2 月 25 日。

〔2〕　参见生态环境部官网：《生态环境部公布第三批生态环境损害赔偿磋商十大典型案例》，载 https：//www.mee.gov.cn/ywgz/fgbz/sthjshpczd/202310/t20231013_1043094.shtml，最后访问日期：2024 年 2 月 25 日。

工业废渣（主要成分为硫膏、焦油渣、酸焦油）委托给不具备危险废物处置资质的企业处置，该企业后委托代某处置。代某将废渣由湖南组织运送到湖北省鄂州市。随后，代某、杨某、彭某、叶某等四人先后依次层层转包处置，最终由叶某分三次将 14 车，共计 420 吨左右工业废渣倾倒至湖北鄂州花湖开发区利联汽配城后方建筑垃圾堆放场地。2021 年 3 月 19 日，鄂州市生态环境局委托鉴定评估机构对鄂州花湖开发区内的倾倒物质进行危险特性鉴别，确认其属于 HW49 其他废物（代码为 900-000-49）。2021 年 6 月 2 日，鄂州市生态环境局与产废单位湖南某公司共同委托鉴定评估机构对倾倒区域土壤及周边地表水体环境受损害程度进行鉴定评估，鉴定评估报告确认评估区域土壤环境存在氰化物和苯并［a］芘所致损害。受损害土壤区域范围 4549 平方米，受损害土壤量 2274.5 立方米。土壤生态环境损害修复费用为 147.34 万元，清除污染费为 1126.6 万元。

二、办理结果

案例 6：深圳市生态环境局指定了赔偿权利人，并在与涉案企业进行磋商后，于 2019 年 6 月 10 日签署了生态环境损害赔偿协议。赔偿义务人承诺按照规定自行修复受污染的土地，并承担调查、评估等相关费用，同时加强排查和整改，确保废水得到有效收集和达到排放标准。目前，土壤污染风险评估报告已通过广东省生态环境厅的评审。赔偿义务人已开始按照评估报告确定的时限和目标进行生态环境损害修复工作。

案例 7：鉴于不具备危险废物处置资质的企业负责人及代某等 4 人已被采取刑事强制措施，为确保受损生态环境尽快得以修复，鄂州市生态环境局经与产废单位湖南某公司反复协商，该公司同意依法先行承担该案的全部生态环境损害赔偿责任，事后再对承担责任超过自己份额的部分向其他 5 个连带责任人追偿。2021 年 9 月 3 日，鄂州市生态环境局与湖南某公司进行了生态环境损害赔偿磋商，邀请市人民检察院、市司法局、律师等相关代表参加了磋商会议，并签订生态环境损害赔偿协议。在市生态环境局等各相关行政主管部门的督促指导下，该公司委托具有危险废物处置资质的单位对共计 5278.9 吨废渣及受污染土壤进行处置，消除了环境污染风险隐患，处置费用 1126.6 万元。同时，涉案的湖南某公司被其所在地生态环境部门依法进行行政处罚，罚款 100 万元。代某等 4 人构成污染环境罪，均被法院判处二年以上有期徒刑，并处罚金。

三、典型意义

案例 6、7 是两起典型的非法处置危险废物案件。生态环境行政职能部门通过溯源执法和群众举报检查等方式发现"重金属污染"和"非法倾倒危险废物"

导致的生态环境损害赔偿案件。两案处理的亮点是，充分做到刑民案处理过程中的互动。两起生态环境损害赔偿案件处理过程中各职能部门权责明确，协同效应明显。在责任划分问题上，生态环境部门与司法机关保持沟通与衔接；在应急处置过程中请公安机关提前介入调查；在调查过程中配合公安机关、检察机关固定证据，追溯到该案源头企业，明确了赔偿责任并开展磋商，促进赔偿的顺利推进，节省了人力物力。[1]

四、核心法理

案例 6 和案例 7 之所以能被纳入生态环境损害赔偿典型案例，是因为两案处理过程中采取严格的责任追究制度，通过综合运用行政、刑事、民事以及失信联合惩戒、上市公司环境信息披露等多种手段，对违法企业实施全方位的约束和限制，体现了生态环境损害赔偿责任与行政责任、刑事责任的协同追究，为构建"三位一体"的综合生态环境损害赔偿责任追究体系提供了宝贵经验和借鉴。[2]用生动的实践案例诠释了生态环境损害偿责任与行政责任、刑事责任、民事责任的竞合关系等法理问题。

（一）生态环境损害赔偿责任的内涵

1. 生态环境损害赔偿责任的含义。生态环境损害责任法理解释有两种认知：一是依据《改革方案》关于生态环境损害的规定，生态环境损害被界定为"因污染环境、破坏生态造成大气、地表水、地下水、土壤、森林等环境要素和植物、动物、微生物等生物要素的不利改变，以及上述要素构成的生态系统功能退化"。这一概念明晰了生态环境损害是对生态环境本身的损害。以此为基础，生态环境损害赔偿责任限定是指对生态环境本身损害的侵权责任，其是对生态环境公益进行救济的侵权责任。二是依据《民法典》的规定，认为生态环境损害责任为私益侵权责任。它是指因污染环境和破坏生态导致的他人人身财产等权益损害的责任，是对私人人身、财产及其他权益（包含环境权益）进行救济的制度。《民法典》第七编第七章一方面将污染环境和破坏生态导致的他人人身、财产损害和生态环境本身的损害两种不同的损害类型统一规定到"环境污染和生态破坏责任"这一责任类型中，另一方面，也针对这两种不同的侵权责任设计了有差别的法律规则。从《民法典》第七编第七章的条文结构来看，第 1229 条至第 1233 条是对污染环境和破坏生态导致他人人身、财产损害责任的规范，第 1234 条和第 1235 条则是对生态环境损害责任的规范。第七章第一条即第 1229 条规定：

---

[1] 武汉大学秦天宝教授对本案的点评。

[2] 中国政法大学于文轩教授对本案的点评。

"因污染环境、破坏生态造成他人损害的，侵权人应当承担侵权责任。"很明显该条不是"环境污染和生态破坏责任"这一章的总纲性条款，只是生态环境私益侵权责任的总纲性条款。从该条到第 1233 条，都属于生态环境私益侵权责任的规范，这些规范除了惩罚性赔偿的规定外，都直接来源于原《中华人民共和国侵权责任法》中环境私益侵权的条款。[1]

　　从生态环境损害赔偿制度的设计背景和实施现状看，生态环境损害赔偿责任的认定主要为特定含义的狭义概念，指向的是对生态环境本身这一环境公共权益的损害需要承担的责任，与传统的包含人身、财产损害等生态环境私益损害赔偿责任作区分。

　　2. 生态环境损害赔偿责任的特征。

　　第一，在损害的内容上，生态环境损害指向生态环境本身的损害。生态环境损害并非指所有生态环境权益的损害，个体所受到的生态环境权益的损害并不在生态环境损害的范畴之内。因为我国生态环境损害概念的提出，在实践上是服务于对国家利益和环境公共利益进行救济的生态环境损害赔偿制度和环境民事公益诉讼制度。传统的生态环境侵权所导致的个体权益的损害也可能包含个体的环境权益。仅仅从损害的内容上来区分生态环境损害和传统的环境侵权导致的私益损害，将生态环境损害和人身、财产损害并列，在逻辑上是有瑕疵的，和人身、财产损害并列的生态环境权益损害，应当包括个体的环境权益损害和公共环境权益的损害两种类型，而我国所采纳的生态环境损害仅仅指向后面一种类型。

　　第二，生态环境损害还需要引入损害利益性质的维度进行界定。"直接或潜在影响广大公众和未来世代子孙的环境公共利益之无主的或非私人所有（国家或公共机构所有）的环境要素、自然资源、生态系统的损害，才是环境民事公益诉讼所应救济的主要实体性公益。"[2] 这种实体性的环境公益不仅是环境民事公益诉讼所要救济的对象，也是生态环境损害赔偿制度所要救济的对象。生态环境损害所指向的实体性的环境公益具有整体性、非排他性和享有主体的不特定性的特点。[3]

　　第三，生态环境损害赔偿责任以生态环境修复为主，经济赔偿为辅。生态环境损害赔偿责任主要包括：①生态环境损害可以修复的，应当修复至生态环境受损前的基线水平或者生态环境风险可接受水平。②生态环境损害无法修复的，赔偿义务人应当依法赔偿相关损失和生态环境损害赔偿范围内的相关费用，或者在符合有关生态环境修复法规政策和规划的前提下，开展替代修复，实现生态环境

---

〔1〕　徐以祥：《〈民法典〉中生态环境损害责任的规范解释》，载《法学评论》2021 年第 2 期。

〔2〕　竺效：《论环境民事公益诉讼救济的实体公益》，载《中国人民大学学报》2016 年第 2 期。

〔3〕　窦海阳：《环境侵权类型的重构》，载《中国法学》2017 年第 4 期。

及其服务功能等量恢复。相关损失和生态环境损害赔偿范围内的相关费用具体是指：生态环境受到损害至修复完成期间服务功能丧失导致的损失；生态环境功能永久性损害造成的损失；生态环境损害调查、鉴定评估等费用；清除污染、修复生态环境费用；防止损害的发生和扩大所支出的合理费用。需要注意的是，在生态环境损害赔偿程序建立前，对于相关环境损害行为，长期以刑事惩罚、行政处罚或者两者兼具的手段进行规制，如今在新责任形式建立健全的同时，传统规制手段也需要跟随着环境治理手段和理念的不断更新来保持自我进化趋势。因此，在生态环境损害赔偿案件中，刑事责任、行政责任和生态环境损害赔偿责任的竞合与协同处理显得尤为重要。

3. 生态环境损害赔偿责任的性质。生态环境损害赔偿责任是行政责任还是民事责任？生态环境损害赔偿程序属于行政程序还是民事程序？生态环境损害赔偿磋商协议属于行政协议还是民事合同？值得一提的是，虽然责任性质辨析可扩展、联想至以上争论，但其结果却不是一一对应或互相契合的。例如，生态环境损害赔偿程序属于行政程序还是民事程序，有学者就提出，该程序其实可分为两个部分，对于以损害鉴定评估程序为主的前半部分程序，其具有强烈的行政特征，自然应为行政程序；而对于以磋商为代表的后半部分程序，其具有典型的私法意义，应为民事程序，因此整个生态环境损害赔偿程序其实是一个行政程序与民事程序结合而成的复合双阶程序。[1] 但此种逻辑并不能适用到责任形式中去，生态环境损害赔偿责任主要是对环境的修复责任，由于替代性修复的概念，因此该修复责任的表现形式并不固定，有时候甚至会表现出金钱责任的样态，但其实质仍是属于环境修复的一环。因此，环境修复责任显而易见，是属于单一的责任形式，不存在行政责任和民事责任的复合，而且两者的复合形态在理论和实践上也难以为继。

（1）生态环境损害赔偿行政责任说。生态环境损害赔偿程序具有强烈的行政色彩，无论是从赔偿权利人身份的考量，还是从具体程序的行政性出发，行政责任论的观点似乎有其道理，但实质上，此种观点忽略了责任本身的内容和形式，将目光过于集中在与责任相关的程序或其他因素上，从而导致了判断有失偏颇的局面，即相关程序或因素一旦具有行政色彩，便将最终责任性质定性为行政责任。从生态环境损害赔偿责任本身之内容来看，其主要是指环境修复责任，此责任承担形式无法契合行政责任的法定内容和形式，尽管行政责任是一个很广的概念，但在与刑事责任和民事责任同时提出的语境下，其是指行政相对人违反行

---

〔1〕 刘莉、胡攀：《生态环境损害赔偿磋商制度的双阶构造解释论》，载《甘肃政法学院学报》2019年第1期。

政法律法规需要承担的不利后果，具体是指行政处罚、行政强制等减损相对人权利的措施，且具有一定的强制性。而生态环境损害赔偿责任通常通过生态环境损害赔偿磋商协议确定，在其经过司法确认之前，并不具备强制效力，且行政法意义上的强制效力和司法意义上的强制效力也并不属于同一内容。除此之外，如果将生态环境损害赔偿责任视为行政责任，那就意味着传统环境行政处罚的适用面临着困境，即在同一环境损害行为中，适用了多种行政责任，存在着过度行政的嫌疑，不利于现代服务型政府、协商行政的发展。

（2）生态环境损害赔偿民事责任说。有学者认为，生态环境损害赔偿责任当然属于民事责任，不仅"磋商前置和磋商协议需进行司法确认才具备强制执行力"的规定佐证了这点，而且《民法典》的相关规定也证明了生态环境损害赔偿责任属于民事责任。同时环境修复责任的责任内涵和表现形式也和民事责任中的"恢复原状"相似相近。种种表象表明，生态环境损害赔偿责任属于民事责任。但是，如果将生态环境损害赔偿责任作为民事责任适用的话，就会发现在实际操作中存在着一定的困难。在民事侵权体系下，生态环境损害赔偿责任在构成要件上难以匹配。在环境侵权领域，确定责任需满足不法行为、损害结果和因果关系三个要件。

根据《改革方案》，启动生态环境损害赔偿程序有三种情形：一是发生大型及以上突发环境事件；二是在国家和省级主体功能区规划中划定的重点生态功能区和禁止开发区发生环境污染、生态破坏事件；三是发生了其他严重影响生态环境后果的事件。对于责任人的确定，《改革方案》采取开放态度，由各地根据实际情况进行界定。以贵州省为例，在《贵州省生态环境损害赔偿案件办理规程（试行）》中，责任人被定义为违反国家规定导致生态环境损害的自然人、法人或非法人组织。之所以未采用"违反法律规定"这样的表述方法，而采取了更为开放和抽象的表述"违反国家规定"，其目的在于扩大责任人范畴，避免出现生态环境损害赔偿程序启动后找不到责任人的尴尬情形。在这种情形下，承担生态环境损害赔偿责任就不意味着责任人当然违法，也存在着"合法污染"的可能。而在损害结果中，在现行民事侵权体系下，损害结果主要体现在对财产权、人身权等权利的减损，而非直接指向目标物，然而在生态环境损害赔偿案件中，环境侵害行为不仅可能侵害具体的承载着生态环境利益的物，如树木、土地等，更有可能直接导致生态系统功能的退化，该结果属于难以指向、难以量化的损害，与传统侵权损害结果格格不入，如果一味套用传统侵权法体系中的构成要件，则存在无法定性、定量损害结果的可能性。而对于最后的因果关系，由于生态环境损害和相关行为之间的因果关系复杂难分，其涉及时间和空间的跨度，无法一蹴而就地找准因和果，因此就更难契合生态环境损害赔偿的内涵。

（3）生态环境损害赔偿责任新型环境责任说。不管是民事责任说，还是行政责任说，都存在着一定的狭隘性。对于民事责任说，尽管在外观上，生态环境损害赔偿责任和民事责任有一定的相似性，但其实质仍是指向公共利益，生态环境作为一种公共产品，具有强烈的公益属性，如果无视这一点将其认定为民事责任，则有可能和生态环境损害赔偿制度建立的初衷背道而驰，不利于生态环境的保护。而对于行政责任，仅因赔偿权利人为行政机关、整个程序呈现出行政色彩就将其认定为行政责任也有失偏颇。以上行政"影子"的出现并非偶然，这是因为生态环境之保护本就是一件公益之事，涉及公共利益，那么行政性也就与其脱不开关系，但是是否仅因此就认定生态环境损害赔偿责任属于行政责任？答案是否定的，联系该法律责任的先前行为，其不一定会违反行政管理法规，也不一定会侵犯行政管理秩序，环境侵害行为的对象是环境公共利益，其落脚点应属于公众环境权，其是公众要求国家保障其生存、生活所必需的最低环境品质的权利，其自然也可派生出可独立运行的国家环境保护义务和政府环境管理权力。只有跳出传统法律责任分类的壁垒，从生态环境损害赔偿责任自身特质出发，才能更好地定性其责任性质。

生态环境损害赔偿责任是一种新型环境责任，其主要的承担方式是修复受损生态环境，生态环境不能修复或者不能完全修复的，针对不能修复的生态环境，可以考虑适用替代性修复方式，或者直接赔偿相关损失，不过随着恢复性司法理念的建立，在司法实践中，替代性修复的方式更受青睐。因此可以得出，生态环境损害赔偿责任之目的，并非与行政责任和刑事责任一般，出于惩罚或者预防，而是在损害情况已然发生过后，及时控制并减小生态环境损害所带来的影响，并且对受损生态环境进行修复，直到达到受损前的基线水平或者生态环境风险可接受水平。这样的目的和民事责任类似，即填补性责任。

（二）生态环境损害赔偿责任的构成要件

生态环境损害赔偿适用范围解决了生态环境损害案件受案范围的问题，但尚未解决生态环境损害赔偿责任是否构成的问题。为此，《若干规定（试行）》第6条对原告主张被告承担生态环境损害赔偿责任的举证责任进行规定，[1]该条虽然规定的是原告举证责任，但从该条的规范表述看，实质上也规定了生态环境损害赔偿的构成要件：

1. 实施了污染环境、破坏生态行为。该行为不以侵权人主观故意为基准，

---

〔1〕《最高人民法院关于审理生态环境损害赔偿案件的若干规定（试行）》第6条：原告主张被告承担生态环境损害赔偿责任的，应当就以下事实承担举证责任：（一）被告实施了污染环境、破坏生态的行为或者具有其他应当依法承担责任的情形；（二）生态环境受到损害，以及所需修复费用、损害赔偿等具体数额；（三）被告污染环境、破坏生态的行为与生态环境损害之间具有关联性。

而是以污染环境、破坏生态的客观事实存在为基准。依《最高人民法院关于审理环境侵权责任纠纷案件适用法律若干问题的解释》（已失效）第1条第1款规定："因污染环境、破坏生态造成他人损害，不论侵权人有无过错，侵权人应当承担侵权责任。"因此，生态环境损害赔偿责任追究不以侵权人是否存在主观故意为要件，即使侵权人因为过失而导致污染环境、破坏生态的客观事实发生，也同样可以追索其生态环境损害赔偿责任。即使侵权人以排污符合国家或者地方污染物排放标准为由主张不承担责任，人民法院亦不予支持。此外，《最高人民法院关于审理环境侵权责任纠纷案件适用法律若干问题的解释》（已失效）还对于环境侵权责任作了例外规定。[1]

2. 实施的污染环境、破坏生态的行为导致生态环境损害后果发生。责任追究以某种法益是否受到侵犯为构成要件。生态环境损害赔偿责任追索主要是为了保护生态环境这项公益免受侵犯而进行的制度设计，其法益保护是责任追索前提，也是其价值目标。依《改革方案》和《若干规定（试行）》的规定，侵权人实施的污染环境、破坏生态的行为需要实质上对生态环境造成严重后果。如何判断污染环境、破坏生态的行为损害了生态环境这项法益？为此，《改革方案》对生态环境损害赔偿案件的适用范围进行了明确。[2] 由于生态环境构成要素复杂，生态环境损害行为造成环境要素和生物要素的不利改变以及生态系统功能退化，一般情况下以专业机构开展生态环境损害鉴定为准。因此，生态环境损害鉴定成为适用生态环境损害赔偿制度的一项必要前提程序。

3. 污染环境、破坏生态的行为与生态环境损害后果之间具有关联性。侵权人实施污染环境、破坏生态的行为与生态环境损害后果之间具有因果关系，是判断二者之间是否具有关联性的重要标准。污染环境、破坏生态的行为人主动实施某种行为导致生态环境损害后果发生，证明二者具有关联性；行为人具有某种职责但是怠于行使某种职责，放任或存在过失导致生态环境损害后果发生，则二者之间也具有关联性，都要承担生态环境损害赔偿责任。

（三）生态环境损害赔偿责任与行政、民事、刑事责任的竞合

1. 生态环境损害行政、民事、刑事责任与损害赔偿责任内涵。行政责任是行政机关基于自身的行政管理权，对违反行政法的个体进行的处罚。值得一提的是，在生态环境损害赔偿案件中，行为人违反法律规定，触犯刑法的过程中，同时往往会触犯相关环境行政规范，因此刑事责任和行政责任的竞合成为题中应有

---

〔1〕《最高人民法院关于审理环境侵权责任纠纷案件适用法律若干问题的解释》（已失效）第1条第3款：侵权人不承担责任或者减轻责任的情形，适用海洋环境保护法、水污染防治法、大气污染防治法等环境保护单行法的规定；相关环境保护单行法没有规定的，适用民法典的规定。

〔2〕参见《生态环境损害赔偿制度改革方案》。

之义。行政责任的目的和刑事责任的目的相仿，即主要目的都是为了惩罚和预防，只是在严厉程度上行政责任远远不及刑事责任。行政责任的主要承担方式为行政处罚，其主要包括罚款、行政拘留和责令型行政处罚，如责令停产整顿、责令停产停业等。在生态环境损害赔偿案件中，适用最广的行政处罚是罚款。

刑事责任指的是行为违反刑法，构成犯罪，依法应当承担的法律后果。刑事责任的目的有二，一是以报应的理念，对行为人的犯罪行为处以惩罚；二是以预防的理念，通过惩罚犯罪行为人，从而遏制其自身再犯罪和预防社会其他人员犯罪。刑事责任的主要实现形式为限制或剥夺犯罪人的人身自由，包括管制、拘役、有期徒刑和无期徒刑。少数情况下也会通过死刑来剥夺犯罪人的生命。除了自由刑外，刑罚对财产刑也有规定，包括罚金或没收财产，不过其以附加刑的形式出现。对于环境侵害行为，我国现行《中华人民共和国刑法》（以下简称《刑法》）对其的规制罪名主要有以下几项：《刑法》分则第三章中的走私珍贵动物、珍贵动物制品罪，走私废物罪；第六章中的污染环境罪，非法处置进口的固体废物罪，擅自进口固体废物罪，危害珍贵、濒危野生动物罪，非法狩猎罪，非法占用农用地罪，破坏自然保护地罪，非法采矿罪，盗伐木材罪、滥伐林木罪等罪名。

环境侵权纠纷案件的民事责任承担方式有停止侵害、排除妨碍、消除危险、恢复原状、赔礼道歉、赔偿损失六种，[1] 可划分为预防性责任方式、恢复性责任方式、赔偿性责任方式和人格恢复性责任方式四类。

一是预防性责任承担方式。预防性责任承担方式的目的就是预防损害的发生，包括停止侵害、排除妨碍、消除危险三种。对于生态环境损害行为，就是在生态环境损害发生前或发生过程中采取停止污染环境或破坏生态的行为、消除和控制污染等方式来避免损害的发生或防止损害的进一步扩大，是一种积极的民事责任承担方式。值得注意的是，预防性承担方式有两面性，一方面可以起到预防或降低生态环境损害的作用，另一方面也可能会影响企业的正常运行和发展。

二是恢复性责任承担方式。恢复性责任承担方式主要指恢复原状的责任承担方式，在生态环境损害案件中，就是对受损生态环境进行修复，使生态环境状态恢复到损害前的水平。《改革方案》规定，赔偿义务人应当根据磋商或判决要求，组织开展生态环境损害的修复；赔偿义务人无能力开展修复工作的，可以委

---

[1] 《最高人民法院关于审理生态环境损害赔偿案件的若干规定（试行）》第 11 条：被告违反国家规定造成生态环境损害的，人民法院应当根据原告的诉讼请求以及具体案情，合理判决被告承担修复生态环境、赔偿损失、停止侵害、排除妨碍、消除危险、赔礼道歉等民事责任。"

托具备修复能力的社会第三方机构进行修复。[1] 按照要求，赔偿义务人可以按照要求，自行或委托第三方机构开展生态环境修复工作，这种责任承担方式就是恢复性责任承担方式。《若干规定（试行）》将"修复生态环境"作为生态环境损害赔偿责任方式，明确生态环境能够修复时应当承担修复责任并赔偿生态环境服务功能损失，生态环境不能修复时应当赔偿生态环境功能永久性损害造成的损失。[2] 在具体的生态环境损害赔偿实践中，赔偿权利人可要求赔偿义务人承担恢复原状的责任或由赔偿权利人组织修复，赔偿义务人支付修复费用及其他相关费用。

三是赔偿性责任承担方式。赔偿性责任承担方式是指赔偿义务人或侵权责任人通过货币等方式对生态环境损害进行赔偿的一种责任承担方式。但是采用该种方式，存在一些难题：①生态环境损害价值的量化。原环境保护部先后出台了《环境污染损害数额计算推荐方法（第Ⅰ版）》《环境损害鉴定评估推荐方法（第Ⅱ版）》《生态环境损害鉴定评估技术指南 总纲》等技术性文件，其中对于损害数额的计算方法进行了规定和不断优化，但生态环境损害价值量化涉及面广，情形复杂，要不断发展和优化计算方法，以更准确、合理、真实地反映损害的程度和范围；②兼顾环境利益的维护和经济社会的正常运行。由于损害数额往往巨大，如何既使受损生态环境得到及时、有效修复，又能保证经济的正常运行，也是需要不断探索的问题。国家和地方也正在积极开展生态环境损害赔偿资金不同赔付方式及责任承担方式的探索，以确保生态环境得到有效修复，同时又兼顾经济发展。例如，在《改革方案》中规定，各地可根据赔偿义务人主观过错、经营状况等因素试行分期赔付，以确保企业可以承受。

四是人格恢复性责任承担方式。人格恢复性责任承担方式，即赔礼道歉，这也是生态环境损害赔偿诉讼和环境公益诉讼案件中常用的一种责任承担方式，该方式主要通过书面或口头等形式向受损害人进行公开道歉。

在各地生态环境损害赔偿实践中，针对案涉赔偿义务人的责任，往往采取严格的责任追究制度，即构建"三位一体"综合的生态环境损害赔偿责任追究体系，通过综合运用行政、民事、刑事等多种手段，对违法企业实施全方位的约束

---

〔1〕《生态环境损害赔偿制度改革方案》第4条第8款规定：赔偿义务人无能力开展修复工作的，可以委托具备修复能力的社会第三方机构进行修复。

〔2〕《最高人民法院关于审理生态环境损害赔偿案件的若干规定（试行）》第12条第1款规定：受损生态环境能够修复的，人民法院应当依法判决被告承担修复责任，并同时确定被告不履行修复义务时应承担的生态环境修复费用；第12条第3款规定：原告请求被告赔偿生态环境受到损害至修复完成期间服务功能损失的，人民法院根据具体案情予以判决。第13条规定：受损生态环境无法修复或者无法完全修复，原告请求被告赔偿生态环境功能永久性损害造成的损失的，人民法院根据具体案情予以判决。

和限制。例如在本案中，由于案涉企业生产车间违法排放废水的行为导致土壤污染，赔偿义务人不仅需要承担生态环境修复责任，同时还承担着行政责任以及刑事责任，如深圳市生态环境部门依法对该企业处以罚款 100 万元，吊销其排污许可证；宝安区人民法院以环境污染罪判处该企业两名相关责任人有期徒刑各 10个月，处罚金各 5 万元。

2. 生态环境损害赔偿案件责任竞合的适用原则。同一环境侵害行为，如果对其既适用行政责任、刑事责任规制，又为其加上生态环境损害赔偿责任的负担，是否属于一事三罚。有学者认为，应当按照吸收原则来处理责任竞合问题，即以重罚吸收轻罚，只对其处以刑事惩罚即可。这种观点值得商榷。一是将生态环境损害赔偿责任单独置于一边来看，其责任的设立目的是尽快修复受损生态环境，是一种填补性的责任，而行政责任和刑事责任却带着惩罚和预防之目的，两者目的不同，吸收原则也便无法适用。二是对于行政责任和刑事责任来说，两者的权源不尽相同。追究行政责任是基于行政机关对社会秩序的行政管理义务，虽然称之为行政权，但更像是一种义务；而刑事责任则是由司法机关代表国家向犯罪人对其犯罪行为的一种制裁，两者本身存在着天差地别。如果仅以刑事责任代替行政责任了事，会导致实践中行政不作为或行政权取代司法权的情况发生。三是责任竞合更具合理性。合并说又称为责任竞合说，它是指在生态环境损害赔偿案件中，刑事责任、行政责任和生态环境损害赔偿责任应当合并适用，值得说明的是，三者的合并不是简单相加，应当综合考虑行为性质、影响、行为人的主观态度，再与客观能力进行合并。四是"以罚代赔""以赔代罚""以罚代刑"和"以赔代刑"现象仍然存在。具体来说，当某一环境侵害行为同时违反刑法、行政法及生态环境损害赔偿相关规定时，需要以刑事责任、行政责任和生态环境损害赔偿责任协同适用时，相关部门却只适用其中某一类或某两类的责任承担形式，使得相关环境侵害行为无法得到应有的规制和惩罚，环境利益得不到全方位的保护。由于三种责任都涉及金钱责任，即刑事责任中的罚金，行政责任中的罚款以及生态环境损害赔偿责任中的修复不能时的修复资金或金钱赔偿，因此在金钱责任方面，三责任很难同时得到受偿。尽管生态环境损害赔偿中的金钱责任数额有相关鉴定评估程序作为参考和标准，但对于罚金和罚款的具体数额并无相关规定。而在自由刑（罚）方面，生态环境损害赔偿责任并无相关内容，又因为根据法律规定，行政拘留可以折抵刑事刑期，再加上在实践层面，对于环境案件，行政拘留的适用情况极少，因此在此方面并无协同适用之难题。在其他形式的惩罚、责任中，行政责任还包括资格罚，即停产整顿、停产停业或吊销许可证，生态环境损害赔偿责任也包括修复行为的行为责任，刑事责任作为最严厉的制裁措施，反而在这方面存在空白。

第二章

生态环境损害赔偿的程序

■ 知识概要

《改革方案》及有关文件对生态环境损害案件的线索筛查和移送、启动索赔、损害调查、鉴定评估、磋商、司法确认等程序进行了明确，形成了"线索筛查和移送—启动索赔程序—损害调查（鉴定评估）—赔偿磋商—司法确认"机制。赔偿权利人指定的部门或机构确定是否启动生态环境损害赔偿索赔程序，若启动索赔程序，则应及时进行损害调查，经调查发现生态环境损害需要修复或赔偿的，赔偿权利人与赔偿义务人可根据生态环境损害鉴定评估报告，就损害事实和程度、修复启动时间和期限、赔偿的责任承担方式等具体问题进行磋商，并达成磋商协议。磋商协议可以依照民事诉讼法向人民法院申请司法确认。经司法确认的赔偿协议，赔偿义务人不履行或不完全履行的，赔偿权利人及其指定的部门或机构可向人民法院申请强制执行。

第一节　生态环境损害赔偿案件的发现与调查

生态环境损害赔偿权利人及其指定的部门或机构应当定期组织筛查生态环境损害赔偿案件线索，建立案件办理台账，实行跟踪管理，积极推进生态环境损害索赔工作。经过调查发现符合索赔启动情形的，报本部门或机构负责人同意后，开展索赔；索赔工作情况应当向生态环境损害赔偿权利人报告；对未及时启动索赔的，赔偿权利人应当要求具体开展索赔工作的部门或机构及时启动索赔。

案例 8

浙江省衢州市某公司违规堆放危险废物生态环境损害赔偿案[1]

一、案情简介

2019 年 1 月，衢州市生态环境局常山分局执法人员对衢州市某公司开展现场检查，发现该公司非法堆放大量污水处理后的污泥，经鉴定该污泥为危险废物。衢州市生态环境局常山分局进行生态环境损害"一案双查"，并及时启动了鉴定评估程序，经鉴定评估，该公司违规堆存危险废物致土壤受损总量约 4440 立方米，致地下水受损总量约 2795 立方米，生态环境损害数额总计 478.67 万元。衢州市生态环境局常山分局于 2019 年 3 月 5 日作出行政处罚决定，责令案涉公司停产整治，改正环境违法行为，并处以罚款 50 万元，对公司法定代表人处以罚款 8 万元。

二、办理结果

2020 年 3 月，衢州市生态环境局常山分局围绕修复方式、违约金标准等内容与该公司开展磋商，经多轮磋商，于 2020 年 8 月 26 日签订了生态环境损害赔偿协议。根据赔偿协议，由该公司自行开展土壤、地下水生态修复，并在规定时间内通过验收，同时支付损害调查和鉴定评估费用 53.9 万元；若该公司逾期未履行义务，自规定期限届满之日起，按每日 3‰的标准向赔偿权利人支付违约金。2021 年 1 月，修复后场地的土壤特征污染物浓度已达到修复目标值，并通过专家评审。

三、典型意义

本案是浙江省首例开展生态环境损害"一案双查"、启动鉴定评估快速响应机制的"样板"案例。其典型意义主要有：①行政执法与生态环境损害赔偿紧密衔接，在行政执法过程中对于判定符合生态环境损害赔偿启动条件的案件，及时委托鉴定评估，对于符合生态环境损害赔偿的案件及时进行移送。②在追究企业及其法定代表人环境违法行政责任的同时，委托第三方机构开展鉴定评估，同步启动损害赔偿责任的调查取证，追究企业的生态环境损害赔偿责任，良好地衔

---

〔1〕 参见生态环境部官网：《生态环境部公布第二批生态环境损害赔偿磋商十大典型案例》，载 https：//www.mee.gov.cn/xxgk2018/xxgk/xxgk06/202112/W020211227585496616654.pdf，最后访问日期：2024 年 2 月 25 日。

接了"线索筛查和移送—启动索赔程序—损害调查"程序。

四、核心法理

本案之所以入选生态环境损害赔偿典型案例，主要是从法理上厘清了生态环境损害赔偿"案件发现—案件调查—案件启动"程序。

（一）生态环境损害赔偿案件发现

生态环境损害赔偿案件发现又称为案件筛查和移送。《生态环境损害赔偿管理规定》对线索筛查和移送、启动与不启动索赔以及损害调查机制进行了明确。依《生态环境损害赔偿管理规定》第 15 条规定，生态环境损害赔偿权利人指定的部门或机构，应当根据本地区实施方案规定的任务分工，重点通过 10 种渠道定期组织筛查发现生态环境损害赔偿案件线索。

1. 中央和省级生态环境保护督察发现的案件线索。生态环境保护督察又称为环保督察，分为中央生态环境保护督察与省级生态环境保护督察。中央生态环境保护督察是指为了压实生态环境保护责任，推进生态文明建设，建设美丽中国，设立专职督察机构，对省、自治区、直辖市党委和政府、国务院有关部门以及有关中央企业等组织开展生态环境保护督察。省级生态环境保护督察是指为了压实生态环境保护责任，推进本省生态文明建设，建设美丽中国，依照中央生态环境保护督察制度，对本省辖区内各级党委、政府、有关部门以及国有企业等组织开展生态环境保护督察。生态环境保护督察包含以下内容：

第一，生态环境保护督察具有明确的政治宗旨。它以习近平新时代中国特色社会主义思想为指导，贯彻落实习近平生态文明思想，增强"四个意识"、坚定"四个自信"、做到"两个维护"，认真贯彻落实党中央、国务院决策部署，坚持以人民为中心，以解决突出生态环境问题、改善生态环境质量、推动高质量发展为重点，夯实生态文明建设和生态环境保护政治责任，强化督查问责、形成警示震慑、推进工作落实、实现标本兼治，不断满足人民日益增长的美好生活需要；坚持和加强党的全面领导，提高政治站位；坚持问题导向，动真碰硬，倒逼责任落实；坚持依规依法，严谨规范，做到客观公正；坚持群众路线，信息公开，注重综合效能；坚持求真务实，真抓实干，反对形式主义、官僚主义。

第二，生态环境保护督察具有明确的督察机构和职责。就中央生态环境保护督察而言，设立专门的中央生态环境保护督察工作领导小组，负责组织协调推动中央生态环境保护督察工作。领导小组组长、副组长由党中央、国务院研究确定，组成部门包括中央办公厅、中央组织部、中央宣传部、国务院办公厅、司法部、生态环境部、审计署和最高人民检察院等。中央生态环境保护督察工作领导小组在生态环境部设置中央生态环境保护督察办公室（后更名为中央生态环境保护督察协调局），负责中央生态环境保护督察工作领导小组的日常工作，承担中央生态环境保护督察的具体组织实施工作。根据中央生态环境保护督察工作安排，经党中央、国务院批准，组建中央生态环境保护督察组，承担具体生态环境保护督察任务。中央生态环境保护督察组设组长、副组长。督察组实行组长负责制，副组长协助组长开展工作。组长由现职或者近期退出领导岗位的省部级领导同志担任，副组长由生态环境部现职部领导担任。[1]

第三，生态环境保护督察具有明确的督察对象。例如，《中央生态环境保护督察工作规定》第 14 条规定，中央生态环境保护例行督察的督察对象包括：①省、自治区、直辖市党委和政府及其有关部门，并可以下沉至有关地市级党委和政府及其有关部门；②承担重要生态环境保护职责的国务院有关部门；③从事的生产经营活动对生态环境影响较大的有关中央企业；④其他中央要求督察的单位。

第四，生态环境保护督察具有明确的督察内容。例如，《中央生态环境保护督察工作规定》第 5 条第 1 款规定，中央生态环境保护督察包括例行督察、专项督察和"回头看"等。第 15 条规定，中央生态环境保护例行督察的内容包括：①学习贯彻落实习近平生态文明思想以及贯彻落实新发展理念、推动高质量发展情况；②贯彻落实党中央、国务院生态文明建设和生态环境保护决策部署情况；③国家生态环境保护法律法规、政策制度、标准规范、规划计划的贯彻落实情况；④生态环境保护党政同责、一岗双责推进落实情况和长效机制建设情况；⑤突出生态环境问题以及处理情况；⑥生态环境质量呈现恶化趋势的区域流域以及整治情况；⑦对人民群众反映的生态环境问题立行立改情况；⑧生态环境问题立案、查处、移交、审判、执行等环节非法干预，以及不予配合等情况；⑨其他需要督察的生态环境保护事项。第 16 条规定，中央生态环境保护督察"回头看"主要对例行督察整改工作开展情况、重点整改任务完成情况和生态环境保护长效机制建设情况等，特别是整改过程中的形式主义、官僚主义问题进行督察。

第五，生态环境保护督察依据由党内法规体系与国家生态环境保护法律法规体系共同构成。生态环境保护督察依据主要有《中央生态环境保护督察工作规定》《中共中央、国务院关于全面加强生态环境保护坚决打好污染防治攻坚战的意见》《环境保护法》等全国性党内法规和国家法律规范，以及各省市制定的相关地方性党内法规和地方性法规。

2. 突发生态环境事件。依《国家突发环境事件应急预案》的规定，突发环境事件是指由于污染物排放或自然灾害、生产安全事故等因素，导致污染物或放

---

〔1〕 具体职责参见《中央生态环境保护督察工作规定》第 7、8、9、10 条。

射性物质等有毒有害物质进入大气、水体、土壤等环境介质，突然造成或可能造成环境质量下降，危及公众身体健康和财产安全，或造成生态环境破坏，或造成重大社会影响，需要采取紧急措施予以应对的事件，主要包括大气污染、水体污染、土壤污染等突发性环境污染事件和辐射污染事件。核设施及有关核活动发生的核事故所造成的辐射污染事件、海上溢油事件、船舶污染事件的应对工作按照其他相关应急预案规定执行。重污染天气应对工作按照国务院《大气污染防治行动计划》等有关规定执行。

按照事件严重程度，突发环境事件分为特别重大、重大、较大和一般四级[1]。不同级别的突发环境事件具有不同的认定标准、相应机制和应对措施。依《改革方案》《生态环境损害赔偿管理规定》关于生态环境损害的界定，突发生态环境事件只要造成生态环境损害后果，均适用生态环境损害赔偿制度追责，不以层级类型为准。

3. 资源与环境行政处罚案件。发生生态环境损害的生态环境与资源行政处罚案件，是生态环境损害赔偿案件的来源之一。生态环境与资源行政处罚案件是指公民、企业法人以及其他社会组织违反国家生态环境资源保护法律法规的规定，导致环境污染、生态破坏等后果出现，但尚未构成犯罪的案件。生态环境与资源行政处罚案件有两种情况：一是没有造成生态环境与资源损害的行政处罚案件；二是造成生态环境与资源损害的行政处罚案件。前者通过筛查，仅适用《中华人民共和国行政处罚法》进行处理即可；后者依据《生态环境损害赔偿管理规定》第10条的规定："赔偿义务人因同一生态环境损害行为需要承担行政责任或者刑事责任的，不影响其依法承担生态环境损害赔偿责任……有关国家机关应当依法履行职责，不得以罚代赔，也不得以赔代罚"。通过筛查，发现存在生态环境与资源损害后果的，启动生态环境损害赔偿程序。

4. 涉嫌构成破坏环境资源保护的犯罪案件。发生生态环境损害的生态环境与资源刑事案件，也是生态环境损害赔偿案件的来源之一。生态环境与资源刑事案件是指公民、企业法人以及其他社会组织违反国家生态环境资源保护法律法规的规定，导致环境污染、生态破坏等严重后果出现，构成犯罪的案件。依据《生态环境损害赔偿管理规定》第10条第1款的规定："赔偿义务人因同一生态环境损害行为需要承担行政责任或者刑事责任的，不影响其依法承担生态环境损害赔偿责任"。通过筛查，发现存在生态环境与资源损害后果的，启动生态环境损害赔偿程序。

5. 在生态保护红线等禁止开发区域、国家和省级国土空间规划中确定的重

---

〔1〕　具体分类标准参见《突发环境事件分级标准》。

点生态功能区发生的环境污染、生态破坏事件。依中共中央办公厅、国务院办公厅印发的《关于在国土空间规划中统筹划定落实三条控制线的指导意见》的要求，按照生态功能划定生态保护红线。优先将具有重要水源涵养、生物多样性维护、水土保持、防风固沙、海岸防护等功能的生态功能极重要区域，以及生态极敏感脆弱的水土流失、沙漠化、石漠化、海岸侵蚀等区域划入生态保护红线。生态保护红线内，自然保护地核心保护区原则上禁止人为活动，其他区域严格禁止开发性、生产性建设活动。一旦在这些区域内实施开发性、生产性建设活动导致生态环境损害后果出现，无论过失或过错，均启动生态环境损害赔偿程序。

6. 日常监管、执法巡查、各项资源与环境专项行动发现的案件线索。日常监管、执法巡查、各项资源与环境专项行动发现案件线索是指生态环境与资源行政主管部门在履行职责的过程中，通过初步评估或鉴定，发现生态环境损害现象或行为，从而启动生态环境损害赔偿程序。从生态环境损害磋商案件的办理实践看，较多案件源于此类案件线索启动。

7. 信访投诉、举报和媒体曝光涉及的案件线索。信访投诉、举报和媒体曝光生态环境损害案件是生态环境损害赔偿案件的另一重要来源。信访投诉、举报主要是指生态环境权利受影响的公民或因环境污染、生态破坏影响其人身权、财产权的公民及企业等依信访程序投诉、举报生态环境损害行为，引起相关部门关注，并移交有关部门处理而启动生态环境损害赔偿程序。媒体曝光是指公民、社会公益组织发现生态环境损害现象或行为后，向新闻媒体反映，借助新闻媒体曝光生态环境损害现象或行为的活动。无论是信访投诉、举报还是媒体曝光，均是公众参与生态环境治理的重要表现，有助于借助社会公众的力量防治生态环境损害现象，有助于生态环境损害赔偿权利人更快地发现案件线索，及时高效处理生态环境损害赔偿案件。

8. 上级机关交办的案件线索。实践中，生态环境主管部门在履责的过程中，发现生态环境损害案件时，限于管辖、职权配置以及程序等因素，依法将其发现的生态环境损害案件线索交付给具有管辖权的下级生态环境主管部门办理。依《改革方案》的规定，省级人民政府是生态环境损害赔偿权利人，省级生态环境主管部门作为生态环境损害赔偿权利人指定的主要代表人，二者之间经常发生交办案件线索的情形。

9. 检察机关移送的案件线索。依我国《宪法》的规定，检察院既是司法机关，同时还是法律监督机关。检察院行使职权办理涉生态环境与资源刑事案件或公益诉讼案件时，容易第一时间发现所办案件是否涉及生态环境损害赔偿事宜，一旦发现，其有权移送给生态环境主管部门，启动生态环境损害赔偿程序。检察机关移送生态环境损害赔偿案件线索，是生态环境损害赔偿司法与行政协同的典型表现，容易形成司法与行政力量的集合，高效高质量地办理生态环境损害赔偿案件。

10. 赔偿权利人确定的其他线索渠道。除了前述 9 种生态环境损害赔偿案件线索发现外，生态环境损害赔偿权利人在履责过程中掌握的其他案件线索，均可以向生态环境损害赔偿代表人交办案件线索，生态环境主管部门据此可以启动生态环境损害赔偿程序。

（二）生态环境损害赔偿案件启动程序

1. 生态环境损害赔偿案件启动条件。《生态环境损害赔偿管理规定》明确了立案启动和调查等生态环境损害赔偿索赔程序的情形。《生态环境损害赔偿管理规定》第 17 条规定：赔偿权利人及其指定的部门或机构在发现或者接到生态环境损害赔偿案件线索后，应当在 30 日内就是否造成生态环境损害进行初步核查。对已造成生态环境损害的，应当及时立案启动索赔程序。

2. 生态环境损害赔偿案件不启动条件。《生态环境损害赔偿管理规定》明确了不启动索赔程序的情形。《生态环境损害赔偿管理规定》第 18 条规定，经核查，存在以下情形之一的，赔偿权利人及其指定的部门或机构可以不启动索赔程序：①赔偿义务人已经履行赔偿义务的；②人民法院已就同一生态环境损害形成生效裁判文书，赔偿权利人的索赔请求已被得到支持的诉讼请求所全部涵盖的；③环境污染或者生态破坏行为造成的生态环境损害显著轻微，且不需要赔偿的；④承担赔偿义务的法人终止、非法人组织解散或者自然人死亡，且无财产可供执行的；⑤赔偿义务人依法持证排污，符合国家规定的；⑥其他可以不启动索赔程序的情形。赔偿权利人及其指定的部门或机构在启动索赔程序后，发现存在以上情形之一的，可以终止索赔程序。

3. 生态环境损害赔偿案件调查。《生态环境损害赔偿管理规定》第 19 条第 1 款规定：生态环境损害索赔启动后，赔偿权利人及其指定的部门或机构，应当及时进行损害调查。调查应当围绕生态环境损害是否存在、受损范围、受损程度、是否有相对明确的赔偿义务人等问题开展。调查结束应当形成调查结论，并提出启动索赔磋商或者终止索赔程序的意见。

现行制度仅规定生态环境损害调查应及时展开，并没有设定合理的时限要求。因此，实务中，生态环境行政执法调查主要通过收集现存资料、实地勘察、座谈访谈等方式进行，重点调查确定生态环境损害的存在与范围、损害程度以及是否有明确的赔偿义务方等内容。如调查后发现需要进行生态环境损害评估鉴定，则通过委托具有生态环境损害赔偿鉴定资质的第三方机构进行鉴定，并出具报告。生态环境损害赔偿调查结束后，应形成调查结论，并提出启动索赔或终止案件的建议，如涉及多个部门或机构的生态环境损害赔偿案件可由主导部门组建联合调查组进行调查。

从本案的案件事实看，本案属于"日常监管、执法巡查发现的案件线索"之情形。本案在处理过程中，衢州市生态环境局常山分局针对案涉企业违法堆放危险废物的行为进行行政执法的同时，通过生态环境损害赔偿筛选机制，对于筛选、判定符合生态环境损害赔偿启动条件的案件，及时展开委托鉴定和调查，在行政执法与生态环境损害赔偿的衔接机制上作了积极尝试，有效解决了先处罚后赔偿情况下的追赔难问题。需要注意的是，各地根据当地生态环境损害赔偿实践，创新了生态环境损害调查机制，例如，湖南省规定生态环境损害调查实行分级分类、属地管理，一方面明确划分了环境保护、国土资源、住房城乡建设、水利、农业、林业等生态环境保护行政主管部门的生态环境损害事件的调查工作，另一方面还将生态环境损害调查进行分级，分别划分了省级、市州、县市区生态环境保护行政主管部门受理的生态环境损害事件。[1] 例如，"湖南郴州屋场坪锡矿'11·16'尾矿库水毁灾害生态环境损害赔偿案"，[2] 涉及郴州市两县一区，该案在应急处置结束后，及时启动生态环境损害调查与鉴定评估工作，创新了生态环境损害调查的分级分类、属地管理机制，积极探索了市政府牵头，两县一区政府负责落实修复责任，市生态环境主管部门监督考核的模式，确保了生态环境修复工作按时保质完成。

案例 9

遵义市播州区某化肥厂违法排污生态环境损害赔偿案[3]

一、案情简介

2018 年 2 月至 8 月，遵义市播州区某化肥厂试运行时违规排放含重金属的淋溶液，导致周围生态环境严重受损。遵义市环境监测中心站通过"双随机"执法检查发现废水中锰、铜、锌等超标，且厂区未采取有效措施防治扬尘污染。随

---

〔1〕参见《湖南省生态环境损害调查办法（试行）》第 4 条。

〔2〕参见生态环境部官网：《2020 年生态环境损害赔偿磋商十大典型案例》，载 https://www.mee.gov.cn/xxgk2018/xxgk/xxgk06/202005/W020200506539623319592.pdf，最后访问日期：2023 年 8 月 20 日。

〔3〕参见贵州省生态环境厅官网：《贵州省发布 5 起 2021 年生态环境损害赔偿改革典型案例》，载 https://sthj.guizhou.gov.cn/xwzx/stdt/202107/t20210708_77723503.html，最后访问日期：2024 年 2 月 25 日。也有部分生态环境损害赔偿案件来源于最高人民检察院办理相关案件发现线索的移交，检察机关在办理公益诉讼案件过程中发现了案件线索，及时进行了生态环境损害案件线索的有效移送，高效推动了生态环境损害赔偿案件的办理，如生态环境部 2023 年第三批生态环境损害赔偿磋商十大典型案例之"山东省南四湖流域全盐量硫酸盐超标排放生态环境损害赔偿系列案"。

后，遵义市环境保护局作出行政处罚决定，并予以罚款，并将案件移交刑事侦查，勘查发现环境污染严重。

二、办理结果

2019 年 12 月 31 日，播州区人民法院判决罚款 30 万元，并对涉案人员判刑及缴纳罚金。随后，遵义市生态环境局启动赔偿程序，委托贵州某律师事务所作为独立的第三方参与该案生态环境损害赔偿磋商，最后磋商确定赔偿金额为 18 万元，履行期限为协议签订后 6 个月内履行完毕，履行方式为缴入遵义市财政局非税收收入财政专户。

三、典型意义

通过"双随机"执法检查发现案件线索，拓宽了生态环境案件线索的来源。环保部门通过检查对象随机抽取，执法人员随机抽取，克服"任性"检查，实行"阳光"执法，不仅有效地约束了行政机关，也有效地约束了企业，防止企业提早获取消息应付检查。本案之所以被纳入贵州省生态环境损害赔偿典型案例，源于该案线索是通过日常行政执法检查"双随机"执法检查发现的案件线索，充分将日常的行政执法活动与生态环境损害赔偿案件办理相结合，不仅进一步扩宽了案件线索的来源，提升了工作效率，还规范了执法环境，促进了执法公平。

四、核心法理

本案之所以被纳入贵州省生态环境损害赔偿典型案例，源于该案线索是通过日常行政执法检查"双随机"执法检查发现的案件线索，充分将日常的行政执法活动与生态环境损害赔偿案件办理相结合，进一步扩宽了案件线索的来源，提升了工作效率。

（一）生态环境损害赔偿案件"双随机"执法检查的内涵

1. 生态环境"双随机"执法检查的来源。"双随机"是指通过检查对象名录库随机抽取一定比例的检查对象，选派随机产生的检查人员，依照规定职责对被检查对象的日常监管项目进行监督检查的工作机制。2014 年时任总理李克强在天津考察时，发现海关利用计算机随机抽取货号和检验人员来执行监督工作，随后在 2015 年国务院常务会议中提出要全面推广该项制度，主要是为了加强行政执法部门的监管，防止行政执法部门滥用自由裁量权。同时也对各个企业起到监督的作用，增强企业守法的自觉性。2014 年，我国出台了《企业信息公示暂行条例》，明确了随机抽查的要求。2015 年，国务院发布了《关于推广随机抽查规范事中事后监管的通知》，确立了"双随机"抽查机制以规范事中事后监管。随后，2019 年，国务院又发布了《关于在市场监管领域全面推行部门联合"双随机、一公开"监管的意见》，要求市场监管领域全面实施"双随机、一公开"工作机制。该工作机制的核心要点包括：建立监管工作平台；管理抽查事项清单；建立完善"两库"制度；制定抽查计划；科学执行抽查检查；加强抽查检查结果的公示和运用；处理个案和进行专项检查。抽查事项清单应根据法律法规制定，并根据实际工作需要进行动态调整。在实际抽查过程中，通过摇号等方法从"两库"中随机抽取检查对象和执法检查人员，以确保抽查工作的公平公正性。正是通过这种"双随机"抽查机制，本案中的环境损害赔偿案件得以发现，从而实现了对公共利益的及时修复。"双随机"监管模式在一定程度上推动了一些地方政府的制度和治理理念更新。然而，值得进一步分析的是，各地方政府发布的相关文件基本上是根据国务院的指导文件编制的，是否能够适应本地区的实际情况还需深入研究。

2. 生态环境损害赔偿案件适用"双随机"检查的价值。发现生态环境损害赔偿案件是启动索赔的来源，对于案件线索的来源在《生态环境损害赔偿管理规定》中列举了 10 项。[1] 在生态环境损害赔偿案件中，采用"双随机"抽查具有重要意义。

首先，它能确保执法检查的公正性和严肃性，通过随机抽取被检查对象和确定抽查时间，避免了提前通知和操控的可能性，从而保证了检查结果的客观性和无歧视性。其次，采用"双随机"抽查可以减少被检查对象的干预和逃避行为，被检查对象无法提前预知抽查时间，增加了执法检查的效果和准确性。最后，在生态环境损害赔偿案件中广泛应用"双随机"抽查，能够提高行政执法检查的效能和公信力，进一步维护生态环境的可持续发展。

在本案中，案件线索的来源应当属于日常监管、执法巡查等发现的案件线索，遵义市环境监测中心站通过"双随机"执法检查发现了生态环境损害赔偿案件，通过这种机制有效地实现了阳光执法。

3. 生态环境损害赔偿案件"双随机"检查的缺陷。

---

〔1〕《生态环境损害赔偿管理规定》第 15 条：赔偿权利人应当建立线索筛查和移送机制。赔偿权利人指定的部门或机构，应当根据本地区实施方案规定的任务分工，重点通过以下渠道定期组织筛查发现生态环境损害赔偿案件线索：（一）中央和省级生态环境保护督察发现的案件线索；（二）突发生态环境事件；（三）资源与环境行政处罚案件；（四）涉嫌构成破坏环境资源保护犯罪的案件；（五）在生态保护红线等禁止开发区域、国家和省级国土空间规划中确定的重点生态功能区发生的环境污染、生态破坏事件；（六）日常监管、执法巡查、各项资源与环境专项行动发现的案件线索；（七）信访投诉、举报和媒体曝光涉及的案件线索；（八）上级机关交办的案件线索；（九）检察机关移送的案件线索；（十）赔偿权利人确定的其他线索渠道。

（1）"双随机"监管制度存在的缺口。

首先，"双随机"抽查监管力度有限。一是"双随机"的抽查对象仅仅是限于数据库当中，这就会导致抽查对象不能全面覆盖。数据库当中所记录的是有营业执照和许可证编号的企业，这样就会忽略那些无证经营的市场主体，所以，这种监管方式就不能对没有进行登记的市场主体进行监管。二是有的检查对象处于"失联"状态，在随机抽查的时候，有可能会重复进行抽查，这样会大大降低抽查的效果。"失联"指的是部分市场主体并没有实际经营，并且也没有办理注销登记或者被吊销营业执照，这样就会影响检查对象抽取的精准性和针对性，影响抽查对象的质量和效率。三是"双随机"抽查对象被抽取的次数不能够控制，存在有的抽取对象会被重复进行监管或者是几年内都未被抽查到的现象，这就导致了"双随机"出现了局限性。

其次，"双随机"执法检查队伍专业知识有待提升。目前，执法检查人员的专业知识水平各不相同，而各个不同部门的人员所掌握的专业知识也不相同，若是随机抽取执法检查人员，有可能就会抽到对抽查对象不熟悉的执法人员，这样可能会使监管出现困难。

最后，制度规定不明确。目前，对于"双随机"监管制度缺乏位阶较高的法律支撑。现阶段，就仅仅只有少量的行政法规和部门规章，并且法律制度也不够全面，虽然国务院在2019年印发了相关的指导意见，但对于其中配套的执行机制、操作平台和成果应用并没有作出全面的规定。这样就导致在各地区的实践中出现监管和行政执法脱节的现象存在，影响执法的效果。

（2）生态环境损害赔偿"双随机"检查机制的完善对策。

首先，丰富生态环境损害案件随机抽查的方式。一是鉴于目前"双随机"的监管力度有限，可以通过企业的信用度来选择被抽取的对象，可以将信用度划分为五种：信用良好、守信、信用一般、失信、严重失信，按照相应的比例选取抽查对象，对于那些信用不好的企业，则可能被抽中的几率要高于守信的企业，这样就能以此来优化"双随机"的监管方式。二是需要规范"双随机"的抽查行为，及时改进抽样的方式与系统。建议以抽查结果及时调整抽样系统，对于那些被多次行政处罚的、投诉较多的，应当增加其被抽到的次数与比例，增加"双随机"的针对性。

其次，建立生态环境损害赔偿案件专业执法检查人员名录库。专业化水平高的执法检查人员队伍是行政执法"双随机"监管制度的关键。在建立检查人员名录库时，应当将检查人员进行分类，根据随机抽查的对象，确定相应领域的执法检查人员，随机抽出相对应的执法人员，这样就能使得监管过程较为简单。例如，本案中，"双随机"应用在环境领域，所以抽取的执法检查人员也应是该领域的专业性人才，这样在检测过程中，便很快可以发现该企业污染生态环境的行为，及时对其进行规制、处罚。

最后，完善和优化现有的生态环境损害赔偿法律制度。一是需要从国家层面进行立法，构建相应的责任承担机制，确定精准监管的事项以及履职免责清单，为"双随机"的适用提供法律保障。同时对于"未抽中的""抽查结果未发现问题"的经营主体在其出现违法行为时，对于尽到监管职责的执法人员免责的具体情形作出规定，保证执法人员的权益得到保护。二是细化生态环境损害案件"双随机"检查内容与程序，全国范围内可以在监管领域建立起一个框架体系，明确在检查执行过程中的合理分工、明晰具体各方权利与职责，加强监管工作相关制度文件的落实。

案例 10

昆明市生态环境局与安宁某混凝土公司生态环境损害赔偿磋商案[1]

一、案情简介

2022 年 12 月 1 日起，赔偿义务人安宁某混凝土有限公司在搅拌站旁空地上堆放生产废料（沉淀渣），调查发现其未妥善处理，未采取防渗措施，地面上积尘严重，导致环境污染，引发群众举报。该行为违反了《中华人民共和国固体废物污染环境防治法》有关规定，对此昆明市生态环境局安宁分局对其进行了相应的行政处罚，根据《昆明市生态环境局行政处罚与生态环境损害赔偿联动工作规定》，安宁分局在对行政处罚对象行为进行立案调查时，同时进行了生态环境损害赔偿案件的筛查和调查。

二、办理结果

由于案件损害事实明确，责任也无争议，赔偿义务人已主动进行了部分修复工作，并未对周围环境造成重大损害，因此昆明市生态环境局启动了简易磋商程序。经磋商，赔偿义务人将按修复方案自行进行污染环境修复，包括清除废渣、更换表土、播撒草籽和种树等修复措施。后续过程中，昆明市生态环境局督促并指导企业完成生态修复，并按要求进行验收。

---

〔1〕　昆明市生态环境局官网：《昆明市生态环境局 2023 年成功磋商首例生态环境损害赔偿案件》，载 https：//sthjj. km. gov. cn/c/2023-04-29/4727866. shtml，最后访问日期：2024 年 10 月 7 日。

三、典型意义

以往实践中，针对生态环境损害案件，大部分先进行行政处罚，之后赔偿权利人才开始启动生态环境损害赔偿程序，如此可能对于生态环境遭受损害的证据还需要重复进行调查，不仅加大了行政执法人员的工作量，也不利于生态环境的及时修复。本案的亮点在于，针对生态环境损害违法案件，在展开行政处罚的同时进行生态环境损害赔偿工作，确保启动、调查和追责同步进行，如此保证了生态环境损害证据的完整性，避免多次补充调查增加企业负担，减少行政资源的浪费。

四、核心法理

本案之所以被选为生态环境损害赔偿典型案例，源于该案解决了生态环境行政执法与生态环境损害赔偿案件的衔接、生态环境行政处罚与生态环境损害赔偿案件的协同等问题。

（一）生态环境行政执法与生态环境损害赔偿案件的衔接

党的十八大以来，生态环境保护是国家经济发展的重点，行政执法部门的工作也显得尤为重要。长期以来，生态环境管理体制分散，为了能够更好地优化职能配置，使各部门联合集中行使生态环境保护执法权，2018年，生态环境保护综合行政执法开始进行改革，各部门联合执法，为保护生态环境构筑防线。

目前，针对行政执法中调查到的证据与生态环境损害赔偿案件调查的衔接，各省市相继出台了实施方案，为解决实践中存在的问题提供了参考依据（见表3）。

表3：部分省市生态环境行政执法与生态环境损害赔偿有效衔接机制

地市	规范性文件名称	主要内容
青岛市	《青岛市生态环境局行政处罚与生态环境损害赔偿联动工作规程》（2021年）	执法机构应当对涉嫌造成生态环境损害的违法排污、超标排污、破坏生态等环境违法行为进行初步判定；认为具备生态环境损害赔偿案件办理条件的，在立案调查时填写《生态环境损害赔偿案件启动审批表》，经执法机构负责人同意，并报法制机构审核后，与行政处罚案件同步开展调查。

地市	规范性文件名称	主要内容
宿州市	《关于建立生态环境行政执法与生态环境损害赔偿有效衔接工作机制方案》（2021年）	按照环境污染类别向业务主管科室予以通报，并由执法办案人员同步开展生态环境损害相关证据的调查取证。
保定市	《保定市生态环境局行政处罚与生态环境损害赔偿联动工作运行规则》《保定市生态环境局与生态环境损害赔偿联动工作实施方案》（2022年）	针对生态环境违法案件，应同时展开行政处罚和生态环境损害赔偿工作，确保启动、调查和追责同步进行。这样可以保证生态环境损害证据的完整性，避免多次补充调查增加企业负担，减少行政资源的浪费。
昆明市	《昆明市生态环境局行政处罚与生态环境损害赔偿联动工作规定》（2022年）	根据"谁处罚、谁负责"的原则，明确生态环境损害赔偿的实施主体。市生态环境局、各县（市）区、各开发（度假）区分局、市生态环境监察支队以及市危险废物监督管理所，经市生态环境局委托，对自己查处的涉嫌造成生态环境损害赔偿的环境违法行为，统一以市生态环境局名义进行赔偿工作。

（表格来源：笔者统计生成）

　　生态环境损害赔偿改革初期，生态环境损害赔偿案件如同时涉及行政处罚时，多数采取先实施生态环境行政处罚后启动生态环境损害赔偿程序。引发出了"生态环境修复不及时、生态环境损害赔偿案件办理不高效、生态环境行政执法人员工作量增加"等问题。为此，部分省市开始通过制定地方性规范性文件的方式，创设了一系列生态环境案件行政处罚与损害赔偿衔接机制（见表3）。但表3也反映了一些地方的不足之处。一是创新主体层次还有待提高。目前，创新生态环境案件行政处罚与生态环境损害赔偿衔接机制的主体集中为地市级城市，省级主体不多。二是创新内容需要多元化。目前，各地州市创新的生态环境行政处罚与损害赔偿衔接机制的内容多数集中于同步开展办案、同步调查证据等持续性工作，尚未在生态环境修复等实质性工作开展上创新机制。

　　（二）生态环境行政处罚与生态环境损害赔偿程序的协同

　　生态环境行政处罚与生态环境损害赔偿程序如何协同，从宏观上应当设立行政处罚优先适用，生态环境损害赔偿程序补充适用的原则。这是从行政机关自身的公共管理职责出发的。对于生态环境的损害救济，其问题本身就涉及公共利益问题，因此以行政手段来规制是最为合适的，行政机关基于自身的公共管理职责对生态环境损害行为进行管理、规制与惩戒，如果仅以行政处罚就能够达到理想的维护公共利益之效果，那么自然也无适用生态环境损害赔偿程序的必要。

生态环境案件行政处罚程序并不是生态环境损害赔偿程序启动的必要条件，对于一些行政处罚无法规制的情形，可以另行启动生态环境损害赔偿程序。将生态环境损害赔偿程序补充适用的另一个原因在于，环境污染的修复与赔偿工作不仅复杂，而且代价高昂，而生态环境本身也具有流动性的特点，这就导致了行为人也许只是轻微违法，或者行为本身就十分轻微，但因为"蝴蝶效应"，却造成了严重的生态破坏。如果此时仍启动生态环境损害赔偿程序，则有"过罚不相当"的嫌疑，国家作为生态环境的管理者、生态利益的代表者、生态资源的主要掌控者，再加之从社会公共利益方面考虑，此类环境风险应当由国家承担，而对于轻微违法或者行为轻微的主体，按照行政管理规定，给予相应的行政管理措施便已足够。将生态环境损害赔偿程序作为行政处罚的补充适用并不意味着行政处罚的重要性减弱。相反，行政处罚更应占据主导地位。行政机关日常管理过程中享有的行政执法权通常就能查处生态破坏行为，在此阶段，行政机关应该发挥行政处罚的惩戒教育作用，对违法行为人予以批评教育并施加相应程度的处罚措施，使其认识到自身行为的不妥，如果处罚效果奏效，不法行为得以矫正，则生态环境损害事件在其萌芽阶段一般便可以被遏制，其余种类的救济措施便无需再派上用场，这同时也可以有效节约包括司法资源在内的公共资源。同时，行政处罚优先适用也可以倒逼行政机关积极行政，防止出现懒政的现象。在实践中存在当地政府为了本地的经济效益，对企业环境污染行为"视而不见"，对环保安全标准的检查流于形式，导致相关环境法律规范沦为摆设，最终环境破坏，酿成严重的生态损害。行政管理权是行政机关赖以生存的基础，也是其公信力所在，行政机关的地位要求其必须依靠行政权力维护社会管理秩序，保护社会公共利益。行政处罚优先适用，生态环境损害赔偿程序补充适用的方式贯彻了这一价值追求，同时也有利于形成国家生态环境保护的整体战线。

（三）生态环境行政执法与生态环境损害赔偿案件衔接的缺陷

第一，环境行政执法机关与生态环境损害赔偿案件中的赔偿权利人并未共享调查情况，导致在启动生态环境损害赔偿后，赔偿权利人还需要重新开展调查，这样在一定程度上就延长了生态环境修复的时间，不利于环境的及时修复，同时，对于同一损害事实重复认定，浪费了行政资源。

第二，行政执法处罚案件与生态环境损害赔偿案件不能同时进行。在以往的实践中，往往是行政处罚案件结束以后才可以启动生态环境损害赔偿案件，这样就会导致案件信息不能及时同步，在调查取证的问题上得不到衔接，从而对同一问题重复调查，导致行政资源的浪费。

第三，环境行政处罚主体与赔偿权利人不协调。在行政处罚当中，一般是由发现案件的执法部门对侵权人进行处罚，而在生态环境损害赔偿案件中，一般都是由省、市政府及政府的相关部门作为赔偿权利人，例如在本案中，行政处罚的主体是安宁公安分局，而赔偿权利人则是昆明市生态环境局。由于两者之间主体的不统一，就导致了两者在调查取证过程中出现了重复调查的情形。

第二节　生态环境损害赔偿的鉴定评估

生态环境损害鉴定评估是一种按照规定程序和方法进行的综合性工作，通过运用科学技术和专业知识，调查污染环境和破坏生态的行为，分析其与生态环境损害之间的因果关系，评估污染环境和破坏生态的行为导致的生态环境损害的范围和程度，并明确将已破坏的生态环境恢复至生态环境保护基准线的措施，以量化生态环境损害的数额。鉴定评估是进行生态环境损害赔偿谈判和诉讼活动的基本工作，为确定生态环境损害发生的事实、损害程度、损害范围、因果关系、责任主体、生态环境修复方案以及量化生态环境损失提供技术依据。

案例 11

李某等非法捕捞大渡口公园"莽子"鱼鉴定案[1]

一、案情简介

2020 年 4 月 24 日，重庆市大渡口区公安分局接到一起报警案件，涉及大渡口公园内珍稀鱼类"莽子"的失窃。被盗的"莽子"是一种鲤鱼，体长约 1 米，重约 40 斤。由于"莽子"鱼亲近人且备受市民喜爱，因此其作为大渡口公园的重要特色，具备重要的生态文化旅游服务功能价值。根据调查，李某等 4 人于 2020 年 4 月 23 日晚携带渔网等工具前往大渡口公园鱼塘，盗取"莽子"鱼，并

---

[1]　微信公众号"美丽重庆"：《重庆市生态环境损害赔偿典型案例⑨｜大渡口区李某等4人非法捕捞"莽子"鱼生态环境损害赔偿案》，载 https://mp.weixin.qq.com/a/26umIPkVkIuJjvC52oRv5Q，最后访问日期：2024 年 2 月 25 日。

将其杀死后抛弃。

二、办理结果

此事件引起了较大的社会反响和广泛的社会关注。重庆市大渡口区公安分局在调查取证后对李某等 4 人处以 9 天行政拘留的处罚，但这无法弥补"莽子"鱼失窃带来的生态文化旅游服务功能价值的损失。2020 年 7 月，重庆市环境损害司法鉴定中心应有关单位的委托，对此案造成的生态环境损害进行了评估。经过评估，该案共计造成了价值 28633.8 元的生态环境损害，其中直接生态价值损失为 5441.9 元，生态服务价值损失为 23191.9 元。

三、典型意义

该案是全国生态环境损害赔偿制度改革试行以来首个探索"有形生物个体损害"与"无形生态文化价值"关系的案例。在本案中，被盗的"莽子"鱼作为一种文化服务资源，其价值主要体现于美学和观赏等非使用价值方面，可以通过人工饲养、观赏和恢复等活动中的支付意愿来进行价值评估，侧重于从生态文化旅游服务功能价值方面进行索赔。本案的典型意义在于，重庆市环境损害司法鉴定中心在鉴定和评估过程中，除了确定直接的生态价值损失外，还确认了生态服务价值的损失。这一有益的创新探索对于确认特定"生物个体"损害的生态环境损害赔偿案件具有示范作用。

四、核心法理

本案阐释了生态环境损害赔偿鉴定评估的意涵，从实践层面厘清了生态环境损害赔偿鉴定评估的特征、原则和方法等，有助于生态环境损害赔偿鉴定评估的价值识别。

（一）生态环境损害赔偿鉴定评估的意涵

1. 生态环境损害赔偿鉴定评估的含义。生态环境损害赔偿鉴定评估又称为生态环境损害量化，它是生态环境损害赔偿案件调查的重要环节，是赔偿权利人向赔偿义务人索赔的一项衡量标准，是启动生态环境损害赔偿磋商的重要情形。从我国现行生态环境损害赔偿制度改革顶层设计看，生态环境损害赔偿量化包含普通量化程序与简易量化程序。

依据《关于开展环境污染损害鉴定评估工作的若干意见》的规定，生态环境污染损害鉴定评估是指具有从事生态环境损害鉴定评估工作资质的机构在法定职权范围内，依照法定鉴定评估程序和方法，综合利用法律、科学技术、经济等各种手段，对受委托的生态环境损害事项（包括但不限于因生态环境污染导致的损害的范畴领域、受害的严重性等）进行量化和评估，并最终出具判定结果和评价数据的活动。

2. 生态环境损害赔偿鉴定评估的特征。

第一，生态环境损害赔偿鉴定评估是一种行政委托行为。行政委托是指具有行政管理职权的行政主体为保障行政管理目标的实现，可依法委托具备实施某种行为条件的行政机关、社会组织或个人办理的行政行为。依现行中央和地方各省市生态环境损害赔偿制度改革方案规定，省级人民政府和地市级人民政府作为赔偿权利人，可以指定生态环境主管部门具体负责生态环境损害赔偿工作。生态环境主管部门办理生态环境损害赔偿案件时，可以委托专家或具有相应资质的鉴定评估机构对生态环境损害量化金额鉴定评估。生态环境主管部门因为赔偿权利人的授权性指定取得生态环境损害赔偿管理职权，由于生态环境损害赔偿案件融合了技术、法律、经济等诸多因素在内，需要依托专业鉴定评估机构才能作出最优的损害量化方案。因此，世界各国均采用委托鉴定评估的模式解决生态环境损害赔偿鉴定评估结果最优性问题。

第二，生态环境损害赔偿鉴定评估主体具有特殊资质要求。生态环境损害赔偿鉴定评估主体资质要求以损害量化适用程序为准。适用简易程序委托专家评估的，重在要求被委托专家应当具备所委托鉴定事项的专业背景、行业履历和鉴定技术能力。适用普通程序委托鉴定机构进行评估的，须具备以下条件：一是依法设定，通过行政许可取得从事生态环境损害赔偿鉴定评估资格；二是具有从事生态环境损害赔偿鉴定评估的场地、设施设备等基础条件；三是具有从事生态环境损害赔偿鉴定评估的专业技术人员；四是法律法规规定的其他条件。

第三，生态环境损害赔偿鉴定评估手段具有多元性。生态环境损害赔偿鉴定不仅涉及法律规范适用，还涉及生态环境技术识别、标准适用、经济量化等问题，需要综合利用法律、科学技术、经济等各种手段，对受委托的生态环境损害事项（包括但不限于因生态环境污染导致的损害的范畴领域、受害的严重性等）进行量化和评估，才能最终得出最优的判定结果和评价数据。因此，生态环境损害赔偿鉴定评估无论适用简易程序还是普通程序，损害量化评估专家组的构成一定是多元的，经济学专家、环境科学专家、法学专家以及环境标准专家多数会出现在专家名单序列之中，确保"合法性、合理性、科学性以及可操作性"，实现"四性"融合，为赔偿权利人、赔偿义务人提供最优的损害量化金额和生态环境修复方案。

3. 生态环境损害赔偿鉴定评估的价值。

（1）生态环境损害赔偿鉴定评估为生态环境损害赔偿磋商提供"综合性技术"支持。生态环境损害量化之所以需要开展鉴定评估，是因为生态环境是一个超越自然概念和人文概念，由自然生态环境与社会生态环境共同组成的统一体。厘清这个统一体需要综合利用科学技术、法律、经济等诸多知识和能力，这对任何单一行政主体而言，都是一项巨大的挑战。生态环境主管部门在生态环境损害赔偿案件管理、法律适用等事项具有优势，但涉及水、土地、空气、矿场等生态破坏、环境污染诸多技术性问题，未必具备足够的知识储备应对。借助专家或专业机构鉴定评估，可以实现内部知识互补和外部专业技术的有效利用，高效解决生态环境损害量化金额评估问题，为生态环境损害赔偿磋商协议的达成提供支撑。

（2）生态环境损害赔偿鉴定评估有助于提高生态环境损害赔偿磋商公信力。法律规范适用解决生态环境损害量化评估合法性问题，但生态环境损害量化金额和生态环境修复方案则需要借助其他的专业知识，方能为生态环境损害赔偿磋商提供最优方案选择。诸多生态环境损害赔偿案件鉴定评估是全过程全方位的专业化鉴定，例如生态流量损害、大气污染需要运用精密仪器、科学测试方程式、虚拟损害计算标准等手段开展鉴定评估，才能得出合理科学的鉴定结论和生态环境修复方案。这种损害量化鉴定评估报告和生态环境修复方案具有较强的客观性和权威性，是生态环境损害赔偿磋商公信力在技术层面上的展现，有助于在赔偿权利人与赔偿义务人之间搭建一座互信之桥，消解因技术和知识认知不同所带来的天然障碍，帮助赔偿权利人说服赔偿义务人，促进生态环境损害赔偿磋商协议达成。

（3）生态环境损害赔偿鉴定评估在事实、规范与技术之间诠释了生态环境法学是一种技术性法律科学。谈论"生态环境损害赔偿鉴定评估"，人们通常想的是生态环境损害赔偿鉴定评估是一种技术性行为，它试图解决的是损害量化技术鉴定评估问题，与法学学科建设之间并无关联性；谈论"环境法学"，学界通常认为，生态环境法学是一门研究生态环境法律制度及其法律关系的法律科学，它关注生态环境法律制度实践问题，与技术关联性不大，技术问题在环境领域的适用主要表现在生态环境标准领域。诚然，回到人们只能通过制定法律规范防控生态损害、环境污染行为，以简单朴素的生态环境管理措施保护生态环境的 20世纪，这种认知或许是正确的。然而新时代，技术进步使生态损害、环境污染防控融入越来越多的技术元素，生态环境治理现代化过程中技术的占比越来越大，生态环境法学研究也开始从关注生态环境损害事实、法律规范适用处理生态环境案件，转而越来越关注技术元素在制度体系内的表述问题。因此，生态环境资源案件的司法裁判引入了专家证人制度，司法裁判执行方式越来越重视生态修复体系建构，生态环境损害赔偿案件办理规程将损害量化鉴定评估作为重要程序进行规范设计，这就是对技术进步及其在生态环境领域的重要贡献作出的制度性回应。

生态环境损害赔偿鉴定评估被纳入生态环境损害赔偿案件办理规程,尽管这仅仅是在地方性规范或国家政策层面的一种反映,但它却上接生态环境损害事实核查,下接生态环境损害赔偿磋商,通过专业性技术鉴定评估有效地将生态环境损害赔偿案件事实、法律规范适用衔接在一起。对上,生态环境损害赔偿鉴定评估报告可以核查事实认定准确性,对下,可以作为一种证明材料供政府决策或为法律活动提供参考。这种串联,越来越验证生态环境法学技术性元素愈发充足,生态环境法学已经超越传统的法律经验科学,走向了技术性法律科学。

(二) 生态环境损害赔偿鉴定评估原则和方法

1. 生态环境损害赔偿鉴定评估原则。按照《生态环境损害鉴定评估技术指南 总纲》要求,生态环境损害赔偿遵循三种原则:

(1) 合法合规原则。该原则要求生态环境损害赔偿鉴定评估应遵守国家和地方有关法律、法规和技术规范以及合规审查要求,禁止伪造数据和弄虚作假,确保生态环境损害赔偿鉴定评估报告客观公正,在维护各方权益的基础上促进相关义务的履行,促进生态环境损害赔偿鉴定评估高质高效。

(2) 科学合理原则。生态环境损害赔偿鉴定评估具有很强的技术性特点,讲究"高质量、精专化",需要按照新质生产力的要求运用新理念新思维制定鉴定评估方案,运用新技术科学、合理地开展鉴定评估工作,因地制宜设计具有实操性的生态修复方案。

(3) 独立客观原则。生态环境损害赔偿鉴定评估机构及鉴定人员应当运用专业知识和实践经验独立客观地开展鉴定评估,不受鉴定评估委托方以及其他方面的影响。

2. 生态环境损害赔偿鉴定评估内容。尽管《生态环境损害赔偿管理规定》明确规定"国家建立健全统一的生态环境损害鉴定评估技术标准体系",要求科技部、生态环境部等部门分别制定相关技术规范,但总体看,目前依然还存在各种不同的鉴定评估方法。例如,生态环境部制定的《环境污染损害数额计算推荐方法(第 I 版)》《环境损害鉴定评估推荐方法(第 II 版)》《生态环境损害鉴定评估技术指南 总纲》《生态环境损害鉴定评估技术指南 损害调查》《生态环境损害鉴定评估技术指南 土壤与地下水》《生态环境损害鉴定评估技术指南 地表水与沉积物》,以及其他相关部门制定的规范性文件和技术规范文件,如《渔业污染事故调查鉴定资格管理办法》《农业环境污染事故损失评价技术准则》《渔业污染事故经济损失计算方法》等。此外,各地方也分别制定了相关生态环境损害鉴定评估规范性文件。从部分省市指定的地方性生态环境损害鉴定评估规范性文件的规定看,生态环境损害鉴定评估的主要内容包括:

（1）污染物性质鉴定，主要包括危险废物鉴定、有毒物质鉴定，以及污染物其他物理、化学等性质的鉴定。

（2）地表水和沉积物环境损害鉴定评估，主要包括因环境污染或者生态破坏造成河流、湖泊、水库等地表水资源和沉积物生态环境损害的鉴定评估。

（3）空气污染环境损害鉴定评估，主要包括因污染物质排放或者泄漏造成环境空气或者室内空气环境损害的鉴定评估。

（4）土壤与地下水环境损害鉴定评估，主要包括因环境污染或者生态破坏造成农田、矿区、居住和工矿企业用地等土壤与地下水资源及生态环境损害的鉴定评估。

（5）生态系统环境损害鉴定评估，主要对动物、植物等生物资源和森林、草原、湿地等生态系统，以及因生态破坏而造成的生物资源与生态系统功能损害的鉴定评估。

（6）其他环境损害鉴定评估，主要包括由于噪声、振动、光、热、电磁辐射、核辐射等污染造成的环境损害鉴定评估。

本案中，生态环境损害赔偿权利人依法委托重庆市环境损害司法鉴定中心对该案进行鉴定评估，鉴定评估机构独立且综合运用多种手段鉴定得出结论。本案不仅阐明了生态环境损害赔偿鉴定评估的特征，即具有委托性、主体特定性、手段多元性，还彰显了生态环境损害赔偿鉴定评估应遵循合法合规原则、科学合理原则、独立客观原则。

案例 12—13

生态环境损害赔偿鉴定评估简易程序适用

一、案情简介

案例 12（贵州省黔东南州王某某等人倾倒危险废物生态环境损害赔偿案[1]）：2021 年 6 月 15 日，台江县台盘乡空寨村被发现倾倒有黑色液体，呈油性，散发出刺鼻性气味，经调查发现为王某某等人分三次倾倒废油约 5 吨，造成生态环境损害。经委托相关鉴定机构进行鉴定，该黑色液体属于危险废物，相关专家出具了生态环境损害简易评估专家意见书，意见书载明：事件造成的生态环

---

〔1〕 参见贵州省生态环境厅官网：《贵州省发布 5 起 2022 年生态环境损害赔偿改革典型案例》，载 https://sthj.guizhou.gov.cn/xwzx/tzgg/202210/t20221010_77741135.html，最后访问日期：2024 年 2 月 25 日。

境损害数额建议以事后有关部门采取的应急处置相关费用计，合计32.2549万元。

案例13（安徽池州月亮湖某企业水污染生态环境损害赔偿案[1]）：2019年3月28日，安徽省池州市生态环境局对该市某项目地块东侧月亮湖的污染问题进行了现场调查，发现某企业生产项目通过两个非法排污口将大量生活污水直接排入月亮湖，导致湖体水质超标。池州市生态环境局随即启动了生态环境损害赔偿程序，在调查勘验和综合分析基础上，通过专家测算得出修复费用不超过50万元，采用了简易评估认定程序对生态环境损害评估。

二、办理结果

案例12：由于案件事实清晰，环境得到及时修复，赔偿义务人对于损害责任的认定没有争议，且赔偿费用未超过50万元，因此采用了简易鉴定评估程序。黔东南州生态环境局作为赔偿权利人邀请黔东南州人民检察院相关负责人参与磋商，在第三方律师的主持下与王某某等人举行了磋商，就王某某等人违法倾倒危险废物导致的生态环境损害达成了一致意见，并签订了《生态环境损害赔偿协议》。根据协议约定，赔偿义务人王某某等人支付32.2549万元的生态环境损害赔偿费用。

案例13：2019年10月9日，赔偿权利人指定池州市生态环境局向赔偿义务人涉案企业发出《生态环境损害赔偿意见书》，征询对方意见。赔偿义务人于2019年10月11日书面回复表示同意按赔偿意见书的要求进行赔偿。根据意见书的要求，赔偿义务人需进行湖体水生生态系统的重建，使水质达到地表水IV类水质标准。修复工作按计划进行，于2020年8月竣工验收。

三、典型意义

生态环境复杂性和生态环境损害潜在性、广泛性导致生态环境损害赔偿鉴定评估"周期长、费用高"这一难题的客观存在。案例12、13采用简易评估认定程序，在专家提出的生态环境修复意见的基础上，与赔偿义务人在较短的时间内达成了一致意见，与赔偿义务人在较短时间内签订赔偿协议并开展修复，实现了磋商效率和修复效益的"双赢"。两案对简易评估认定程序的探索有效地解决了生态环境损害鉴定评估"周期长、费用高"这一难题。[2]

---

〔1〕 参见生态环境部官网：《2020年生态环境损害赔偿磋商十大典型案例》，载https://www.mee.gov.cn/xxgk2018/xxgk/xxgk06/202005/W020200506539623319592.pdf，最后访问日期：2024年2月25日。
〔2〕 中国政法大学于文轩教授对本案的点评。

四、核心法理

案例 12 和案例 13 采取生态环境损害赔偿鉴定评估简易程序开展损害量化评估，双方协商一致高效开展生态环境损害磋商，快速处理生态环境损害赔偿案件，促进生态环境修复是两案被纳入典型案例的关键因素。

（一）生态环境损害赔偿鉴定评估简易程序的意涵

1. 生态环境损害赔偿鉴定评估简易程序的含义。生态环境损害赔偿鉴定评估是生态环境损害赔偿程序的重要环节，它关系着后续程序的启动。依《生态环境损害赔偿管理规定》第 19 条和第 20 条第 1 款的规定，生态环境损害赔偿鉴定评估和生态环境损害调查可以同时进行。但是，根据《生态环境损害赔偿管理规定》第 20 条的规定，生态环境损害赔偿鉴定评估普通程序启动路径有三：一是生态环境损害赔偿权利人及其指定的部门委托符合条件的生态环境损害司法鉴定机构鉴定评估；二是生态环境、自然资源、住房和城乡建设、水利、农业农村、林业和草原等国务院相关主管部门推荐的机构鉴定评估；三是生态环境损害赔偿权利人及其指定的代表人与赔偿义务人协商共同委托符合条件的机构出具鉴定评估。

从三种普通程序的规范设置看，生态环境损害赔偿鉴定评估均需要委托符合条件的鉴定机构开展鉴定评估，对鉴定机构要求较为严格，存在"周期长、费用高"的难题，无法第一时间及时启动鉴定评估程序索赔，制定生态修复方案。为解决现实弊端，《生态环境损害赔偿管理规定》制定时，参考民诉法关于简易程序的设计，设置了高效快速处理"事实清楚、权利义务关系明确、争议不大的案件"的简易程序。《生态环境损害赔偿管理规定》第 20 条第 2 款规定："对损害事实简单、责任认定无争议、损害较小的案件，可以采用委托专家评估的方式，出具专家意见；也可以根据与案件相关的法律文书、监测报告等资料，综合作出认定"。该规定在第 20 条第 1 款设置普通程序的基础上，充分考虑具体的案情形态，特别设置了生态环境损害赔偿鉴定评估简易程序，助推生态环境损害赔偿案件高效处理。

综上，生态环境损害赔偿鉴定评估简易程序是指生态环境主管部门办理事实清楚、权利义务关系明确、争议不大的生态环境损害案件时适用的鉴定评估程序。

2. 生态环境损害赔偿鉴定评估简易程序具有以下特点。

第一，生态环境损害赔偿鉴定评估简易程序简便高效，有助于克服生态环境损害赔偿鉴定评估"周期长"的难题，有助于第一时间促进生态环境修复目标实现。《生态环境损害赔偿管理规定》第 20 条第 2 款关于生态环境损害赔偿鉴定评估简易程序的规定，意味着赔偿权利人可以采用直接委托专家评估或综合认定损害金额的方式实施鉴定评估。与普通程序相较，简易程序可以省略委托符合条件的鉴定机构的环节，直接选择专家或以综合认定的方式开展鉴定评估工作，能够第一时间得出鉴定评估结论，确保索赔程序快速启动，加速生态环境修复。

第二，生态环境损害赔偿鉴定评估简易程序鉴定评估成本低，有助于降低生态环境损害赔偿鉴定成本，克服生态环境损害赔偿鉴定评估"费用高"的弊端。据统计，截至 2023 年底，全国经司法行政机关登记的环境损害司法鉴定机构已达到 287 家，鉴定人 5098 名，自 2015 年环境损害司法鉴定纳入统一登记管理范围以来，已办理案件 10 万余件，为生态环境和资源保护执法司法活动提供了重要证据支撑。从实践案例看，鉴定评估机构从事生态环境损害鉴定评估业务的收费项目和收费标准，按国家和地方的有关规定执行；国家和地方没有相关收费规定的，按照行业收费要求或协商解决。普通程序鉴定评估机构收费内容主要包括：材料费、人工费、测试费、设计费等相关内容，会加大生态环境损害赔偿义务人的经济成本，容易导致生态环境损害赔偿无法履行的情况出现。相反，简易程序委托专家进行鉴定评估一般是以专家咨询费的方式支付报酬，相较而言成本低得多；采用结合相关案件处理的法律材料进行综合认定基本没有产生费用。因此，相较而言，简易程序能够更好地减少生态环境损害赔偿义务人的经济支出。

第三，生态环境损害赔偿鉴定评估简易程序能够实现生态环境损害赔偿鉴定评估类型化，促进生态环境管理资源的合理配置，以避免赔偿权利人陷入冗长繁琐的程序"陷阱"，消耗管理资源。生态环境损害赔偿鉴定评估适用简易程序，通过设置生态环境损害赔偿鉴定评估的类型化程序及其处理机制，赔偿权利人及其指定的代表人可以腾出时间和精力集中处理重大复杂的生态环境损害赔偿案件，促进实现资源的合理配置。

（二）生态环境损害赔偿鉴定评估简易程序的适用要件

不同案件适用不同程序，复杂案件适用复杂的一般程序，简单案件适用简易程序。生态环境损害赔偿鉴定评估简易程序的适用条件之一是"损害事实简单"，这是"繁简分流"思维的体现。依《生态环境损害赔偿管理规定》第 20 条第 2 款的规定，只有生态环境损害赔偿案件符合"生态环境损害事实认定简单、责任主体认定无争议、损害程度较小"的标准时，才可适用简易程序。

1. 生态环境损害事实认定简单。生态环境损害事实包括对象被侵害和权益被侵害两个构成要素。对象被侵害类型具体包括环境污染事件侵害和生态破坏案件侵害。权益被侵害则是指两类具体对象侵害造成的客观损害后果。以上两个构成要素必须完全具备才能认定具有生态环境损害事实。但是，由于生态环境的变化是逐渐积累放大的，人类对生态环境的破坏和环境污染引起的后果并不是伴随成因出现而立刻显现出来的，环境损害有一定的潜伏期，须经时间积累后才充分暴露出来，有一定的滞后性，加之环境介质是流动的，有些环境介质具有自净能力，还有些环境污染损害成因复杂，这些都给损害事实认定带来难题。

生态环境损害事实的认定标准以指引性规范性文件为依据。目前，我国立法尚未明确规定生态环境损害事实的认定标准，实践中主要是依据不具有强制性的《推荐方法》，《推荐方法》第6.4条规定，生态环境损害的确认条件必须是达到一定时间环境影响难以消除的情形。有学者亦表示生态环境损害行为对环境的影响程度不能一概认定为存在生态环境损害事实，否则会导致启动生态环境损害赔偿索赔程序的成本过于高昂，且对人的行为产生过重负担。总而言之，生态环境损害事实须进行必要的损害程度范围限定。需要强调的是，在认定生态损害事实问题上，现今已经有越来越多学者意识到对生态环境损害进行类型化分析的重要性，目前环境经济学在污染的类型化及其差异化的规制方法上有了一定的研究成果。同样地，在司法实务中，最高人民法院也于2021年1月4日印发《环境资源案件类型与统计规范(试行)》，对生态环境损害案件类型化进行规范指引，该规范将环境资源案件分为五大类，包括环境污染防治类、生态保护类、资源开发利用类、气候变化应对类和生态环境治理与服务类。但是，基于生态环境损害案件类型种类繁多，且有关生态损害的认定技术尚未完善，按照上述类型划分判断"简单生态环境损害案件"仍然是复杂的，具有一定难度和不经济性。

在当下生态环境损害赔偿案件具体实践存在诸多不确定的情况下，对"损害事实简单"的案件认定主要以环境污染损害类和生态破坏类两大案件类型对生态损害事实进行简单认定。同时，通过反向排除法规定不适用生态环境损害赔偿案件简易程序的案件类型。在当前的地方立法实践中，已经有部分省、区、市对生态环境损害赔偿案件类型以及生态环境损害赔偿简单案件展开了规范探索（见表4）。

表4：部分省、区、市对生态环境损害赔偿简单案件的相关规定

立法层级	地区名称	文件名称	具体规定
省级	江苏省	《江苏省生态环境部门办理生态环境损害赔偿简易磋商案件程序规定（试行）（征求意见稿）》	小额案件指事实清楚、争议不大的单一金钱给付赔偿，或者污染物来源及性质明确、数量较少、污染已控制或清除的，或者适宜采用虚拟治理成本法评估生态环境损害价值量，经初步调查评估生态环境损害费用（不包括鉴定评估费用、监测及检验费用等）低于50万元的生态环境损害事件。

立法层级	地区名称	文件名称	具体规定
省级	广西壮族自治区	《广西壮族自治区污染环境类小型生态环境损害案件调查、评估与赔偿规定（试行）》	本规定适用于污染环境行政处罚和涉嫌污染环境犯罪案件，且损害事实简单、责任认定无争议、生态环境损害（不包评估费用、监测及检验费用等）较小的生态环境损害案件（以下简称小型案件）。 小型案件包括以下情形：（一）违法排放、倾倒一般工业固体废物的；（二）违法排放、倾倒反应性或易燃性危险废物的；（三）违法排放、倾倒毒性、感染性或腐蚀性危险废物数量低于10吨的；（四）超标或超总量排放大气污染物的；（五）违法排放、倾倒含重金属、有毒有害污染物的废水数量低于20吨的；违法排放、倾倒其他污染物（非含重金属、有毒有害污染物）的废水数量低于100吨的；（六）一般突发环境事件的（Ⅳ级）；（七）其他符合小型案件情形的。
市级	浙江省绍兴市	《绍兴市小型生态环境损害案件简易鉴定评估与赔偿程序规定（试行）》	本规定适用于涉嫌污染环境犯罪，造成生态环境损害，同时污染物来源及性质明确、数量较少，应急处置和生态环境修复费用较小，或者适宜采用虚拟治理成本法等简易评估方法评估生态环境损害价值量，经初步调查评估的生态环境损害价值量（不包鉴定评估费用、监测及检验费用等）低于5万元的生态环境损害情形。
市级	山东省青岛市	《青岛市生态环境局行政处罚与生态环境损害赔偿联动工作规程》	对于具有下列情形之一的生态环境损害赔偿案件，可以适用简易程序：（一）损害数额小于30万元，损害事实简单、责任认定无争议的；（二）赔偿义务人主动提高污染治理标准、扩大环境治理修复范围，有明显环境效益的。

立法层级	地区名称	文件名称	具体规定
市级	云南省昆明市	《昆明市生态环境局行政处罚与生态环境损害赔偿联动工作规定》	对于具有下列情形之一的生态环境损害赔偿案件，可以适用简易程序：（一）初步判定损害数额小于50万元，损害事实简单、责任认定无争议的；（二）赔偿义务人主动提高污染治理标准、扩大环境治理修复范围，有明显环境效益的。简易程序案件由3名及以上具有专门知识、有高级职称或相应专业技术执业资格的专家出具专家评估意见，也可以根据与案件相关的法律文书、监测报告等资料，综合作出认定，进一步压缩鉴定评估时间及成本。
市级	福建省龙岩市	《生态损害赔偿简易评估管理办法（试行）》	适用简易评估方式的生态损害赔偿案件包括下列情形：（一）涉嫌犯罪的环境违法案件；（二）行政处罚10万元以上且违法超标案件；（三）行政处罚10万元以上且超总量案件；（四）行政处罚10万元以上且未验先投排污案件；（五）行政处罚10万元以上且非法排放倾倒有毒有害物质造成环境污染案件；（六）行政处罚涉及责令恢复原状案件；（七）其他适用简易评估方式的生态损害赔偿案件。
县级	江西省石城县	《石城县办理生态环境损害赔偿简易磋商案件程序规定（试行）（征求意见稿）》	涉案金额小的案件是指事实清楚、争议不大的单一金钱给付赔偿或污染物来源及性质明确、数量较少、污染已控制或清除的，经初步调查评估生态环境损害费用低于10万元的生态环境损害事件。

2. 生态环境损害主体责任认定无争议。生态环境损害是一种独立的损害类型，生态环境损害赔偿责任是不同于环境污染责任的一种独立责任。生态环境损害的责任认定是在确定生态环境损害事实以及损害结果的前提下进行的，其责任主体的认定较为复杂，主要体现在以下两个方面。

第一，从现有规范来看，"违反法律规定"体现为对生态环境损害赔偿责任主体的要求，是行为人承担赔偿责任的前提要件。一般情况下，违反法律法规首先界定的是一种行为，实施违法行为的主体与承担责任的主体是一致的。这便是污染者付费原则的体现。然而，事实证明，该原则存在两大局限。其一，生态环境损害发生后可能是持续隐蔽的，其损害结果可能发生转移，针对这一情形，该原则的适用并不能识别出污染者，也就无法解决不能确定污染者时的环境损害费用承担问题。对此，有学者提出，应当在污染者付费原则的基础上，增加公平原则作为实现生态环境责任的公平承担。其二，公平原则适用于生态环境来自于多个污染主体和多个污染源、多种污染物的损害发生时，往往存在因果关系证明困难的问题，并不能简单认定谁为污染者。

第二，生态环境损害的责任追究目的为填补目的和预防性目的。其中，填补目的体现在对私人生态环境损害的救济，而除此之外的生态环境自身损害的公共性和社会性决定了责任的功能是惩罚和预防。当前有关法律法规规定的生态损害赔偿责任仍是环境个体责任承担的体现。但是，在肯定个体责任法律效果的同时，也不能忽略个体责任不适配生态环境损害救济的难题。生态环境损害具有长期性、累积性、潜在性和间接性等特点，不少生态环境损害的原因行为是复合的，既是生态环境受损的累积，又是多数责任主体的混合行为堆积反应。在此种情况下，生态环境职能部门往往不能直接确定责任主体，必须借助专业机构以及专家的鉴定评估方能确定责任主体，有时可能面临寻不到责任主体的难题，然而单单去追究某一主体的生态环境赔偿责任并不符合公平原则。

综上，生态环境损害责任主体认定非常复杂，具体的认定标准和考量因素尚需深入研究，并且应通过制定系统的生态环境损害赔偿专门立法对生态环境损害责任进行认定，包括赔偿义务人范围的确定、责任认定原则、构成要件、责任划分等。因此，"责任认定无争议"这一适用要件只能选择适用并作出限定，否则会大大限制生态环境损害赔偿案件简易程序的适用率，无法发挥简易程序高效便捷的价值。

3. 生态环境损害程序较小。《生态环境损害赔偿管理规定》没有明确"较小"的范围和程度，具有模糊性，在实践中很难衡量清楚。具体实践中，部分省、区、市根据本地实际情况，因地、因时制宜，对"损害较小"作损害金额量化的具象化规定。例如，贵州省出台的《贵州省生态环境损害赔偿案件办理规程（试行）》规定，生态环境损害调查后，损害量化金额估算在50万元以下的案件可以采用专家咨询评估的简易评估程序；《绍兴市小型生态环境损害案件简易鉴定评估与赔偿程序规定（试行）》对"损害较小"的认定为生态环境损害价值量低于5万元，并且这一适用条件不是必须具备的要件。可见，实践中对于损害量化标准不相一致以及对"损害较小"这一适用条件是否是必备要件也不尽相同，主要原因在于立法缺乏明确性以及法律文件间具有冲突，导致地方规范性文件规定适用标准差异化。因此，本节对"损害较小"这一适用条件的规范分析需要解决两个问题：一是如何确定生态环境损害量化的标准；二是"损害较小"这一适用条件是否为适用简易程序必须同时满足的必备要件。《推荐方法》对生态环境损害量化标准和方法使用等问题提供了详细的指导，确定评估步骤应当基于基本恢复、补偿性恢复和补充性恢复的恢复目标进行量化，并确定了两种评估方法及其适用条件。其中，替代等值分析方法主要适用于以资源、服务及环境价值为单位进行等量计算折现量来确定生态恢复量价值；环境价值评估方法则适用于无法修复的生态损害量化，即采用虚拟成本治理法、效益转移法、条件价值法等方法量化评估赔偿金额。目前按该文件规定的生态环境损害评估方法基本可以解决大部分生态损害的量化确定。

（三）生态环境损害赔偿鉴定评估简易程序的结构

在当前办理生态环境损害赔偿案件实践中，"生态环境损害赔偿鉴定评估简易程序"还不是一种完全独立的行政程序，而是生态环境损害赔偿整体程序中某个子程序的简化过程。《生态环境损害赔偿管理规定》第20条第2款在鉴定评估规范中规定简易程序，但是各地方性规范性文件的规定有所不同。例如，《吉林省生态环境损害赔偿磋商管理办法（试行）》是在磋商程序中规定简易磋商程序的适用范围和具体适用规则，《贵州省生态环境损害赔偿案件办理规程（试行）》和《江苏省生态环境厅关于贯彻落实生态环境损害赔偿管理规定的实施意见（征求意见稿）》明确生态环境损害赔偿案件简易程序的适用范畴包括鉴定评估程序和磋商程序。据不完全统计，目前在地方生态环境损害赔偿案件办理的实践中，生态环境损害赔偿案件简易程序的适用范畴大体上包括鉴定评估程序和磋商程序。

1. 生态环境损害赔偿鉴定评估简易程序适用。生态环境损害鉴定评估属于损害调查的一部分，但是基于鉴定评估期限有其独立的时效期限和适用要求，因此鉴定评估程序也是独立的程序。损害调查程序启动之后，通过开展损害调查工作，对生态环境损害事实进行查清，对损害的类型及损害行为造成的影响范围和损害程度等方面进行初步判断，办案人员通过初步判断认定该生态环境损害赔偿案件符合生态环境损害赔偿案件简易程序的适用条件之后，根据《生态环境损害鉴定评估技术指南 总纲和关键环节 第2部分：损害调查》中对生态环境损害调查工作的一般性原则、工作程序、内容等作出规范。经过初步调查之后会面临两种情形：一是若该案在启动生态环境损害赔偿程序之前已经有与本案件相关的生效法律文书或经过初步调查工作之后无需再委托鉴定评估，则可以通过这些证据材料进行综合认定，此类案件不用经过鉴定评估程序，即无需鉴定评估程序即可完成损害调查报告；二是经过对生态环境损害的类型、范围和程度初步调查之后，还需要进一步对损害范围确定情况、损害价值量、因果关系等方面进行补充性的简单调查，此情形涉及的专业性更强，需要经鉴定评估确定结论，即此类生态环境损害案件还需要经过鉴定评估程序，适用简易鉴定评估程序，委托专家开展鉴定评估，出具专家鉴定意见。

综上，损害调查程序只有在需要对生态环境损害进行进一步的鉴定评估时，才能认定损害调查程序适用生态环境损害赔偿案件简易程序，换言之，只有存在需要第三方参与鉴定评估的损害调查，才会增加简易鉴定评估程序，此时简易鉴定评估程序也属于此类案件简易程序适用的范畴。

2. 生态环境损害赔偿磋商简易程序适用。目前，省市间对磋商程序的启动规定不一致，主要表现为"磋商程序启动时间模糊，磋商程序实施包括磋商主体的参与、磋商的具体形式、磋商最大次数"等相关规定均未明确统一（见表5）。

表5：部分地区对生态环境损害赔偿磋商简易程序的相关规定

立法层级	地区名称	文件名称	具体规定
省级	江苏省	《关于贯彻落实生态环境损害赔偿管理规定的实施意见（征求意见稿）》	简易磋商程序适用范畴：经简易评估认定生态环境损害费用（不包括鉴定评估费用、监测及检验费用等）不超过50万元的，经与赔偿义务人协商一致，可以启动简易磋商程序，不召开磋商会议直接签署生态环境损害赔偿协议。生态环境损害费用在50万元以上不超过100万元、经协商适用简易磋商程序的，应当向赔偿权利人及时报告。
省级	贵州省	《贵州省生态环境损害赔偿案件办理规程（试行）》	在开展案件调查中，赔偿义务人主动表示对赔偿相关事项进行磋商的，可以先行启动磋商，并邀请同级检察机关参加。赔偿权利人与赔偿义务人对生态环境损害事实、调查结论和损害鉴定等无争议的，可以简化程序自行组织磋商。反之，赔偿权利人和赔偿义务人应当委托组织调解的第三方召开磋商会议，并邀请同级检察机关参与磋商。

立法层级	地区名称	文件名称	具体规定
省级	浙江省	《浙江省生态环境损害赔偿磋商管理办法（试行)》	磋商程序可以简化，直接针对争议问题进行磋商。
县级	江西省石城县	《石城县办理生态环境损害赔偿简易磋商案件程序规定（试行）（征求意见稿）》	生态环境损害赔偿磋商简易程序，是指发生符合本规定所称的生态环境损害事件或行为后，由事件发生地县级人民政府及其指定部门根据简易鉴定评估报告、意见或者专家评估意见，与生态环境损害赔偿义务人进行简易磋商，促使生态环境损害赔偿义务人对受损的生态环境进行赔偿的活动。 超过 10 万元的，经双方当事人同意的，可以适用本规定的简易磋商。生态环境损害费用不大，当事人愿意自行修复的也可以进行简易磋商。 简易磋商采取书面磋商办法，赔偿权利人与赔偿义务人经协商同意的，可以签订《生态环境损害赔偿协议书》，协议中应明确双方当事人名称，事实经过，责任划分以及赔偿方式、履约期限、赔偿额度，由双方签字盖章，案件材料结案归档。

由上表可知，各省市在生态环境损害赔偿磋商程序的启动时间、启动方式、磋商步骤等方面具有自身的独特规定。

第一，在简易磋商的启动时间上，贵州省采取了不同于其他省、区、市"明确磋商应当在损害调查程序结束之后启动"的规定，规定赔偿义务人在损害调查程序的阶段提出赔偿磋商意愿即可启动磋商程序。贵州省在简易磋商程序的启动主体上，赔偿义务人享有主动请求权，有类似规定的地区还有江苏省和江西省石城县，但是这两个地区对于赔偿义务人的主动请求权还作了一定的限制。江苏省要求"生态环境损害费用在五十万元以上不超过一百万元、经协商适用简易磋商程序的，应当向赔偿权利人及时报告"。[1] 江西省石城县则要求"超过十万元的，经双方当事人同意的，可以适用本规定的简易磋商。生态环境损害费用不大，当事人愿意自行修复的也可以进行简易磋商"。[2] 该规定意味着在启动简易程序时，已经对案件的复杂程度进行判断，所以无需二次设定简易磋商程序的适用条件。至于先行磋商的规定，贵州省生态环境厅认为损害调查程序与磋商程序两者之间无先后顺序之分，是可并行融合的。

第二，在简易磋商程序的实施方式上，江西省石城县直接规定原则上采取书面磋商方式，江苏省也明确无需召开磋商会议，直接签订赔偿协议即可。此外浙江省、贵州省在简易磋商内容上规定可以简化，直接就争议问题展开协商。另有部分省份还对简易磋商程序的磋商次数和磋商期限进行明确规定。

简易程序有利于当事人了解该案件的性质、与案件有关的规定，以及双方可以充分发表各自对案件的看法，有利于生态环境损害赔偿磋商程序的进行，有利于后期工作的开展。针对本案环境损害事实明确、损失较小、不存在争议的情况，采用简易评估认定程序有助于解决鉴定评估过程中费用高和周期长的问题，为与赔偿义务人在较短时间内达成共识奠定了基础。如果说"预磋商"和"磋商"体现赔偿权利人尝试地方性科学实验，那么生态环境损害赔偿鉴定评估简易程序的适用，则从法理践行下沉到生态环境损害赔偿制度建设，通过简易程序的适用，最终低成本化地实现了严格保护生态环境的目的，为生态环境损害赔偿制度改革积累经验，具有一定的制度借鉴作用。在鉴定评估标准方面，尽管两案采用了简易评估认定程序，但其严格按照国家标准执行，鉴定评估的参数选择合理，计算过程严谨。在选择集中替代性修复的损害赔偿方式方面，提高了整体赔偿实效。生态环境损害赔偿制度改革的一个目标是高效推动受损生态环境恢复。本案充分利用了该制度的灵活性优势，同时确保了生态环境损害赔偿责任的有效履行，并取得了良好的社会效益和环境效益。

---

〔1〕 江苏省人民政府官网：《江苏省生态环境厅等部门关于印发〈关于贯彻落实生态环境损害赔偿管理规定的实施意见〉的通知》，载 https：//www.js.gov.cn/art/2023/3/7/art_64797_10806454.html，最后访问日期：2024 年 10 月 7 日。参见《关于贯彻落实生态环境损害赔偿管理规定的实施意见》第三条第（八）款"简易磋商程序适用范畴"：经简易评估认定生态环境损害费用（不包括《中华人民共和国民法典》第一千二百三十五条第三项规定的生态环境损害调查、鉴定评估等费用）五十万元以下的，经与赔偿义务人协商一致，可以启动简易磋商程序，不召开磋商会议直接签署生态环境损害赔偿协议。生态环境损害费用超过五十万元、一百万元以下，经协商适用简易磋商程序的，要按照"一事一报"的原则向赔偿权利人及时汇报。

〔2〕 石城县人民政府官网：《关于再次征求〈石城县办理生态环境损害赔偿简易磋商案件程序规定（试行）（征求意见稿）〉意见的函》，载 http：//www.shicheng.gov.cn/scxxxgk/sc92003/202205/10fb3ce11f4a48c0aa8ad33bd296d63b.shtml，最后访问日期：2024 年 10 月 7 日。

案例 14—15

生态环境虚拟治理成本法适用案

一、案情简介

案例 14（河北省三河市某公司超标排放污水生态环境损害赔偿案[1]）：2018 年 8 月 17 日，廊坊市生态环境局三河市分局调查发现，某污水处理公司在 2018 年第二季度有超标排放污水的情况。经过调查核实，该公司超标排放污水造成的生态环境损害属实，廊坊市生态环境局委托第三方机构进行鉴定评估。由于地表水环境损害无法监测确认，因此采用了水污染虚拟治理成本法来量化超标排放污水所造成的环境损害金额，为 181.19 万元。

案例 15（湖南省沅江市 3 家公司污染大气生态环境损害赔偿案[2]）：2020 年 12 月 8 日，湖南省益阳市生态环境局在执法检查中发现，沅江市有 3 家公司存在超标排放大气污染物的问题，颗粒物排放超标倍数分别为 9.02 倍、11.67 倍、20.12 倍。益阳市生态环境局对这三家公司立案处罚，并启动生态环境损害赔偿程序。考虑到违法事实简单，损害较小，按照相关规定采用简易程序进行生态环境损害赔偿鉴定评估，尽管采用简易鉴定评估认定程序，但鉴定评估严格按照国家标准大气污染虚拟治理成本法（GBT 39793.1—2020）执行。专家进行评估后，确认三家公司的生态环境损害金额分别为 5.53 万元、10.24 万元和 14.11 万元。

二、办理结果

案例 14：2019 年 12 月 20 日，廊坊市生态环境局向该公司发出生态环境损害赔偿建议书，启动磋商程序。经过磋商会议，生态环境局提供证据并说明损害，要求赔偿。双方达成一致意见并签署了生态环境损害赔偿协议，该公司将以技术改造污水处理设备的方式进行替代修复，并将应缴纳的赔偿金 181.19 万元用于技术改造。赔偿协议经法院确认后生效。根据协议，该公司编制了污水处理

---

〔1〕 参见生态环境部官网：《生态环境部公开第二批生态环境损害赔偿磋商十大典型案例》，载 https：//www.mee.gov.cn/xxgk2018/xxgk/xxgk06/202112/W020211227585496616654.pdf，最后访问日期：2024 年 2 月 25 日。类似在"安顺市某生态公司和某建设公司生态环境损害赔偿案"中，案涉两家企业代表愿意按照鉴定评估方案要求，承担生态环境损害赔偿责任，自愿追加 10 万元作为生态环境损害赔偿资金，用于开展生态环境修复相关工作。

〔2〕 参见生态环境部官网：《生态环境部公开第二批生态环境损害赔偿磋商十大典型案例》，载 https：//www.mee.gov.cn/xxgk2018/xxgk/xxgk06/202112/W020211227585496616654.pdf，最后访问日期：2024 年 2 月 25 日。

厂的生态环境损害赔偿修复方案，总投资为 8826.07 万元。方案通过专家论证，升级改造工程正在进行中。

案例 15：2021 年 1 月 29 日，赔偿权利人指定益阳市生态环境局与 3 家公司进行磋商，并邀请专家和沅江市人民政府、沅江市人民法院、沅江市人民检察院、沅江市司法局、沅江市财政局、沅江市税务局等相关部门参加。其中一家公司在磋商前已在厂区周边植树造林，花费近 1.5 万元，该行为被认可为积极履行赔偿义务。经过磋商，3 家公司同意赔偿。最终达成了赔偿协议，分别赔偿 5.53 万元、10.24 万元和 13 万元，用于替代修复。3 家公司按协议履行了赔偿金缴纳义务，全额缴纳至生态环境损害赔偿非税专户。益阳市生态环境局选择集中替代修复，在廖叶湖公园人防基地打造了益阳沅江生态环境损害赔偿警示林，占地 11 亩，种植了 509 棵树木，于 2021 年 9 月通过专家评估验收。

三、典型意义

案例 14、15 因对于生态环境实际损害难以明确，故鉴定评估机构因案制宜，采用水污染虚拟治理成本法量化超标排放污水所造成的环境损害金额。鉴定评估机构灵活应用鉴定评估方法，综合运用在线监控数据、主管部门水量核定付费依据、水质监测报告、自动在线监控设施比对监测报告、现场视频文字资料等多方面证据，及时锁定了案件事实，创新采用"边际治理成本+污水处理设施资产边际折旧费"作为超标排放废水的单位治理成本，有利于增强鉴定评估的合理性与科学性。

四、核心法理

案例 14、15 之所以被纳入生态环境损害赔偿典型案例，是因为在实践案例处理过程中探索诠释了虚拟治理成本法在生态环境损害案件中的适用问题，为解决生态环境损害赔偿鉴定评估成本高等问题提供了帮助。这两个案件的处理，分析了多种定损计算方法的优劣，最终通过全面而精准的证据调查，将虚拟治理成本法的优势发挥到了最大值。

（一）虚拟治理成本法的含义

修复受损生态环境的前提是要通过各种技术手段来确定因环境侵害行为对生态环境造成的损害，即生态环境损害鉴定评估。只有通过生态环境损害鉴定评估程序，才能以此确定修复方案、计算修复成本。但在生态环境损害赔偿案件中，存在着污染物质已经通过生态环境的自净能力被分解、吸收、转化，或者通过流动的水流、空气、土壤使得污染物质被扩散、稀释的现象，导致在被污染地检测到污染行为并不严重，或者完全检测不到污染的情况。检测不到污染并不意味着没有污染发生，只是囿于现阶段的环境监测技术，无法对微量损害、扩散损害和潜伏损害进行定位，而实际上生态环境已经受到了严重的破坏。纵观历史上严重的生态环境污染事件，其往往不是由于某次严重的污染行为造成的，而是轻微污染日积月累，经由导火索爆发的结果，如伦敦烟雾事件。[1] 面对这种难以检测鉴定的生态环境污染损害，通过特定技术手段方法计算其修复成本的需求迫在眉睫，虚拟治理成本法应运而生。虚拟治理成本法强调"按照现行的治理技术和水平治理排放到环境中的污染物所需要的支出"，即既然此类不可检测的污染实际仍导致了生态环境的损害，可以推论如果该污染物在进入生态环境前已经进行了无害化处理，再排放至生态环境中去便不会使其受损，因此修复生态环境所遭受的损害，其成本至少是对污染物排放前的治理成本。

（二）虚拟治理成本法的法律适用

虚拟治理成本法是一种在无法精确评估生态环境损害的前提下的应对之策，其结果并不一定能完整涵盖生态环境实际所遭受的损害，因此虚拟治理成本法在司法适用中应该有着严格的限制，至少要满足两个条件。适用虚拟治理成本法的首要条件便是生态环境损害无法修复或者修复代价过于昂贵，远远大于修复生态环境所带来的收益。生态环境损害赔偿案件中，针对受损生态环境首要的责任形式永远是直接对生态环境进行修复，最大限度减少环境侵害行为带来的损害。在无法修复或者修复代价过于昂贵时，才考虑适用损害鉴定评估方法来进行替代性修复或缴纳损害赔偿金。第二个条件是生态环境损害实际情况缺乏生态环境损害恢复评价指标，如果有具体操作指引或评价指标，则应优先适用以求更为精确科学的结果，在相关指标缺位时，才得以适用虚拟治理成本法。在计算环境修复费用时，虚拟治理成本法是一个重要的选项，但应遵循其适用条件。

《突发环境事件应急处置阶段环境损害评估推荐方法》附件F（虚拟治理成本法）明确"虚拟治理成本即污染物排放量与单位污染物虚拟治理成本的乘积"。因此，在司法实践中采用虚拟治理成本法确定修复方案的前提即是弄清楚污染物排放量和单位污染物虚拟治理成本。单位污染物虚拟治理成本的标准一般由当地物价部门或者价格认定中心给出的市场价格确定，当然，如果行为人提出其他主张，并提交相关证据，则可以重新考虑认定。而对于污染物排放量，实践中主要由两种方式予以确定。一是如同民事诉讼中当事人的自认制度，如果行为人主动告知污染物排放量，或者在其他司法程序中供述排放量，则该结果通常会被纳入考虑，但是通过此种方式得到的污染物排放结果并不一定准确，有较大风险。因此，需要通过第二种方式，即以相关部门实际查明或推算的排放量为

---

〔1〕 刘伦善、张少坤：《浅谈虚拟治理成本法的适用》，载《中华环境》2016年第9期。

依据。

"河北省三河市某公司超标排放污水生态环境损害赔偿案"中由于案涉公司超标排放行为清楚，但是其造成的生态环境实际损害难以明确，故鉴定评估机构采用水污染虚拟治理成本法量化超标排放污水所造成的环境损害金额。在"湖南省沅江市3家公司污染大气生态环境损害赔偿案"中，主管部门结合在线监控数据、水量核定付费依据、水质监测报告、自动在线监控设施比对监测报告、现场视频文字资料等多方面材料综合认定了污染物排放量，进一步确定了虚拟治理成本法的量化结果。

第三节　生态环境损害赔偿磋商

磋商一般意义上是指当事双方或者多方为了达到某一目的而通过一定的程序就某些事项进行治商并力求达成协议的过程。生态环境损害赔偿磋商是生态环境损害救济程序之一，在2015年的《试点方案》和2017年的《改革方案》中均明确了"主动磋商，司法保障"的基本工作原则，要求赔偿权利人主动与赔偿义务人进行磋商。在赔偿权利人的组织下，双方会同第三方机构一起就赔偿责任确定、修复方案选定等关键问题进行沟通，并在磋商过程中邀请检察机关参与该过程。其价值体现在，在确保受损生态环境得到及时有效修复的前提下，保证各步骤高效进行，于传统的行政管制过程和既存的环境公益诉讼方式之外，寻求一种基于交往理论和商谈理性框架下的环境协商共治模式。

案例 16

贵州息烽大鹰田两企业非法倾倒废渣生态环境损害赔偿案[1]

一、案情简介

2012年6月，贵阳某化肥公司委托劳务公司进行废石膏渣清运工作。然而，

---

〔1〕 参见生态环境部官网：《生态环境部公布生态环境损害赔偿磋商十大典型案例》，载 https：//www. mee. gov. cn/xxgk2018/xxgk/xxgk06/202005/W020200506539623319592. pdf，最后访问日期：2024年2月25日。此外，我国还有诸多生态环境损害赔偿磋商协议司法确认案件，如"辽源市生态环境局与辽源市西安区某养殖户生态环境损害赔偿磋商协议司法确认案"等，法院通过全面审查双方真实意思表示，是否违反法律法规的强制性规定，是否损害国家、集体及第三人利益，是否损害社会公共利益以及赔偿标准和计算方法是否适当，且能否达到保护生态环境的要求等多个方面，最终确认了磋商协议的有效性。赔偿协议经过法院的司法确认，确保了生态环境损害赔偿的有效执行。

劳务公司没有按要求把废石膏渣送到指定的渣场处理，而是非法倾倒在大鹰田地块内，倾倒区域长约 360 米，宽约 100 米，最高堆积约 50 米，占地约 100 亩，堆存量约 8 万立方米。经评估，这次非法倾倒造成的生态环境损害总额为 891.6 万元，其中应急处置费用为 134.2 万元，修复费用为 757.4 万元。

二、办理结果

2017 年 1 月，在贵州省律师协会的参与下，赔偿权利人指定的贵州省环境保护厅与化肥公司、劳务公司进行了磋商。磋商协议约定化肥公司和劳务公司将废渣全部开挖转运至合法渣场进行填埋处理，并对库区进行覆土回填和植被绿化。随后，化肥公司按照协议开始对大鹰田地块进行生态环境修复，并于 2017 年底完成修复工作。

三、典型意义

磋商制度有助于更好探寻生态环境损害赔偿案件相关方的"最大公约数"，从而快速有效推动受损生态环境的修复。本案是全国首例经磋商达成生态环境损害赔偿协议的案件，本案发生于生态环境损害赔偿制度试点期间，具有重要的理论价值和实践价值。由于生态环境损害赔偿的诉求与环境民事公益诉讼的诉求高度重合，在法律及司法解释未明确二者如何衔接的情况下，本案以磋商制度为抓手，对生态环境损害赔偿制度进行了有益探索。在理论层面，本案探索了生态环境损害赔偿磋商制度，界定了生态环境损害赔偿磋商的边界，厘清了生态环境损害赔偿磋商的法律定位，在实践层面，丰富了生态环境损害赔偿磋商的工作程序，为处理生态环境损害赔偿磋商案件提供了新思路。

四、核心法理

本案之所以被纳入生态环境损害赔偿典型案例，主要是源于案件处理尝试了全新的处理方式——生态环境损害赔偿磋商，以实践案例的方式诠释了生态环境损害赔偿磋商的意涵、特点、原则、法律属性及其范围等法理问题。

（一）生态环境损害赔偿磋商的意涵

1. 生态环境损害赔偿磋商的含义。生态环境损害赔偿磋商制度是从国外借鉴并发展起来的一个新概念。磋商即指赔偿权利人与赔偿义务人之间相互协商，达成共识。2017 年，国务院发布《改革方案》，对生态环境损害赔偿磋商设定了规范性解释，认为生态环境损害赔偿是指基于生态环境损害评估报告，就具体问题如损害程度、修复时间、赔偿方式等进行协商，考虑修复方案的可行性、成本效益、赔偿能力以及第三方治理的可行性，以达到赔偿目的。[1] 该制度在我国生态环境损害救济机制中扮演着重要的角色。生态环境损害赔偿改革前，我国法律体系涵盖了对环境污染和生态破坏行为导致的人身和财产损害的赔偿，却未明确规定如何索赔、向何方索赔。此外，对于破坏生态环境的行为，仅需承担刑事和行政责任，无需承担民事责任，或仅需部分承担责任，这导致"企业污染、群众受害、政府买单"的现象较为严重。这一阶段，只能通过诉讼追究生态环境损害者的民事赔偿责任，然而这样做时间漫长、浪费司法资源，同时也不利于尽快修复受损的生态环境。而生态环境损害赔偿磋商制度能够很好地解决这个问题，赔偿权利人与义务人通过平等的交流，磋商修复生态环境的各项事宜，加快解决生态环境修复问题。

从实践磋商案件看，生态环境损害赔偿磋商与调解容易产生混淆：一是就主体而言，磋商主体是政府部门作为赔偿权利人与污染企业进行的协商活动，而环境诉讼的调解和和解涉及更广泛的主体，包括检察机关、环境公益组织和人民法院等；二是就程序的启动而言，磋商由赔偿权利人主动提出，而调解和和解是法院根据职权启动的；三是就效力而言，磋商不直接产生效力，而调解和和解具有效力。《改革方案》规定了磋商达成后需要申请司法确认，这表明磋商协议只有经过司法确认才能生效。在案件中，磋商协议通过司法确认获得强制效力。通过比较可以看出，生态环境损害赔偿磋商与调解是一种具有本质差异的生态环境损害救济程序。

2. 生态环境损害赔偿磋商的法律属性。目前，学界对于生态环境损害赔偿磋商的法律性质的认识还存在争议，主要有三种学说：

第一种是民事行为说。该观点认为磋商实质上是一种民事行为，政府作为赔偿权利人，与赔偿义务人处于平等地位，仅针对生态环境损害赔偿问题进行协商，其身份不再是环境执法者，而是通过运用自由协商的民事手段来实现环境权利救济的目的。[2] 也有学者认为，行政机关基于自然资源所有权理论具备索赔权利基础，目的在于弥补生态环境的经济价值损失和功能价值损失，以民事主体的身份与赔偿义务人进行磋商，达成民事磋商协议。[3] 在《改革方案》中，关于"赔偿权利人""赔偿义务人""磋商协议"等的表述中也可以看出将赔偿磋商界定为民事性质。

〔1〕 李一丁：《生态环境损害赔偿行政磋商：性质考辩、意蕴功能解读与规则改进》，载《河北法学》2020 年第 7 期。

〔2〕 王金南：《实施生态环境损害赔偿制度 落实生态环境损害修复责任——关于〈生态环境损害赔偿制度改革试点方案〉的解读》，载《中国环境报》2015 年 12 月 4 日，第 2 版。

〔3〕 何军、刘倩、齐霁：《论生态环境损害政府索赔机制的构建》，载《环境保护》2018 年第 5 期。

　　第二种是行政行为说。该观点则认为磋商是一种行政行为，认为政府部门是代表国家公权力，作为赔偿权利人，与赔偿义务人进行协商。若单纯将磋商设定为民事法律关系，会导致公益与私益间权利行使边际的混淆，认为磋商应为行政法律关系，理由如下：一是生态环境权益的公共利益属性决定其并非民法的调整目标；二是"生态环境损害赔偿"包含了生态修复与损害赔偿两种责任形式，并不能直接解释为民事侵权责任法中的"损害赔偿"；三是"自然资源国家所有权"理论无法解释赔偿权利人的索赔权利来源，认为自然资源的内涵无法与生态环境的内涵画等号。[1] 民事行为说与行政行为说都在各自的解释下存在一定的合理性，但是从整体来看，二者分析均不够全面。第一种观点虽然肯定了磋商的民事性质，但同时忽略了政府部门在磋商过程中所起到的主导作用；第二种观点没有注意到磋商程序的启动完全是双方在平等、自愿的基础上达成的。

　　第三种是双阶层解释学说。该学说并没有单一地认为磋商是何种行为，而是通过不同阶段来解释。在磋商开始之前，相关政府部门与赔偿义务人的角色就像是行政主体和行政相对人；到了磋商程序启动后，双方就损害事实的认定、生态环境的修复、时间期限进行协商，应当属于民事行为；后期通过平等协商达成一致后，进行司法确认，确保协议具有强制效力，属于司法行为、民事行为。本书认为，双阶层解释路径更为合理、全面，磋商制度作为一种多元化的生态环境损害赔偿救济机制，不应该简单地认为它具有某一种属性，而应该全方位分析。

　　3. 生态环境损害赔偿磋商的价值。

　　第一，有效利用民事手段解决生态环境损害赔偿案件。有学者认为，政府部门具有环境监管权力，本可通过行政手段来处理生态环境损害问题，却要放弃这种程序，通过诉讼、磋商等民事途径来解决，这种"行政职权民事化"难免带来"司法职权行政化"，甚至可能导致司法机关代替行政机关的角色和功能。[2] 政府部门的本职工作和中心任务是履行环境监管职责，这点毋庸置疑，但受限于行政制度、诉讼制度等的某些特点，政府部门应当且有必要借助民事途径进行解决。例如，对于某些特殊领域和具体任务，政府部门无执法权；某些情况下，政府部门虽进行了环境监管并作出了严格的行政处罚决定，但污染企业拒不执行；对于生态环境损害事件的发生是污染的累积效应造成的，而非单一污染源造成的；某些情况下，生态环境损害事件发生后，没有具体的受害者，或者受害者仅就受到的人身或财产损失提出诉讼请求，未就整个生态环境损害报出索赔等。[3]

---

〔1〕 吴霖：《生态环境损害赔偿磋商制度法律研究》，山东师范大学 2019 年硕士学位论文。

〔2〕 张宝：《生态环境损害政府索赔权与监管权的适用关系辨析》，载《法学论坛》2017 年第 3 期。

〔3〕 杨朝霞：《论环保机关提起环境民事公益诉讼的正当性——以环境权理论为基础的证立》，载《法学评论》2011 年第 2 期。

在这些情况下，仅依靠行政手段不能满足损害责任追究和追偿等工作的实际需求，借助诉讼、磋商等途径具有必要性。

第二，生态环境损害赔偿磋商有利于平衡各方利益，具有保护性、时效性。生态环境损害赔偿中引入磋商程序，有利于通过赔偿权利人、赔偿义务人、利益相关方等的平等对话，达成各方均较为满意的方案，有利于平衡各方利益；生态环境损害磋商是在当事双方或多方采取诉讼等进一步行动前积极努力找到一个各方都可以接受的方案，若达成一致，则无须进入诉讼阶段，避免了诉讼程序周期长对企业正常经营的影响，利于企业经营；当生态环境损害发生后，最关键的是生态环境修复，对于大多数生态环境损害事件，越早开展修复，越能防止污染扩散以及控制污染范围，能够避免诉讼程序耗时长对及时修复生态环境的影响。

4. 生态环境损害赔偿磋商的特点。生态环境损害赔偿磋商有别于其他救济机制，具有以下标识性特征：

第一，磋商主体一方是特定的，而另一方是不特定的。在该制度中赔偿权利人是特定的，为省级人民政府，并由省级相关部门负责在各自范围内的损害赔偿磋商工作，由省政府法制办指导。而赔偿义务人则是不同的污染企业。

第二，生态环境损害赔偿磋商适用范畴特定。如根据《贵州省生态环境损害赔偿制度改革实施方案》规定，磋商范围包括发生较大及以上突发环境事件；发生环境污染、生态破坏的重点生态功能区、禁止开发区；受到严重环境污染、生态破坏的自然保护区、公园和重要景区；饮用水源保护区水质下降；在非指定区域违规倾倒废弃物；在城乡建设规划区内违规挖掘、填土等改变地貌的活动；造成严重表土资源破坏的石漠化地区；省级水功能区水质下降或不达标；公众和组织在符合上述情况下要求提起生态环境损害赔偿并进行举报；以及其他严重影响生态环境的事件。涉及人身伤害、个人和集体财产损失以及海洋生态环境损害赔偿不适用磋商制度。

第三，生态环境损害赔偿磋商以协议形式呈现。生态环境损害赔偿磋商实质上是赔偿权利人与赔偿义务人双方依据生态环境损害事实的调查、鉴定评估，就生态环境损害赔偿与生态环境修复等问题协商一致，以签订协议的方式约定生态环境损害赔偿与修复生态环境等内容的活动。双方签订的磋商协议是约束和要求双方履行相应生态环境损害赔偿义务的重要凭据。因此，在实践中，生态环境损害赔偿案件磋商均以书面形式呈现，目前尚未出现电子化或口头形式的磋商协议。

第四，磋商与司法程序衔接才产生强制力。生态环境损害赔偿磋商程序启动后，赔偿权利人与赔偿义务人双方达成一致签订的协议是双方合意的表现，但并不直接具有法律强制效力。一旦赔偿义务人不履行，赔偿权利人只能提起生态环境损害赔偿诉讼才能保障生态环境修复。但是，生态环境损害赔偿诉讼程序较为漫长，无法确保生态环境修复及时进行。为了避免该现实困境，实践中各省市创设了生态环境损害赔偿磋商司法确认机制，即生态环境损害赔偿磋商协议达成后，为了保障磋商协议的履行，双方申请中级人民法院予以司法确认，从而赋予生态环境损害赔偿磋商协议强制效力。一旦赔偿义务人不履行磋商协议内容时，赔偿权利人可申请法院强制执行。

（二）生态环境损害赔偿磋商的原则

1. 平等、自愿原则。虽然政府部门在赔偿磋商程序的启动、磋商方案的制定上起到主导作用，但是在磋商的过程中，双方是处于一个平等协商的地位，赔偿义务人可以自愿选择是否接受磋商以及对于磋商方案是否同意等，磋商协议内容必须是经过赔偿权利人与赔偿义务人双方的真实意思表示而签订的，任何一方都不能通过胁迫的手段使对方在违背真实意思的表示下签订磋商协议。

2. 合法原则。在磋商过程中，双方应当遵守法律的规定合法协商，磋商协议的内容也应该在法律允许的范围内制定，不得违反法律、行政法规的强制性规定。

3. 公平原则。在磋商的过程中，赔偿权利人与赔偿义务人应当就签订的协议内容平衡各方利益，不得加重任何一方义务。

4. 公开原则。《改革方案》中提出，依法公开生态环境损害调查、鉴定评估、赔偿、诉讼裁判文书、生态环境修复效果报告等信息，保障公众知情权。[1]在《生态环境损害赔偿协议》生效前，需要对该协议的内容经过 15 天公示，在公示期满后，若是社会公众对该协议无异议，法院则会下发民事裁定书，确认该协议的司法效力。

5. 公众参与原则。《改革方案》第五点"保障措施"提出，鼓励公众参与，不断创新公众参与方式。[2]在生态环境损害赔偿的案件中，对于损害事实的认定、证据的收集以及修复方案的制定都需要专业性建议。为了使得磋商能够有效地开展，保障公民的知情权，应当允许相关的专业人士与公益环保组织参与到其中，使得整个磋商过程透明，便于接受公众监督。

6. 高效和风险最低原则。该原则是在《贵州省生态环境损害赔偿磋商办法

---

〔1〕 见《生态环境损害赔偿制度改革方案》第五点"保障措施"中的"（五）鼓励公众参与"：依法公开生态环境损害调查、鉴定评估、赔偿、诉讼裁判文书、生态环境修复效果报告等信息，保障公众知情权。（后半部分内容）

〔2〕《生态环境损害赔偿制度改革方案》第五点"保障措施"中的"（五）鼓励公众参与"：不断创新公众参与方式，邀请专家和利益相关的公民、法人、其他组织参加生态环境修复或赔偿磋商工作。（前半部分内容）

（试行）》中提出的。要求在赔偿磋商中应该高效解决所存在的问题，避免周期延长不利于生态环境的修复，将生态受损的风险降到最低。本案中亦遵循此原则。

7. 考虑义务人赔偿能力原则。在磋商的过程中，应当充分考虑义务人的赔偿能力。赔偿权利人是代表国家行使赔偿权，其不能仅仅追求磋商结果，更要使方案具有可操作性。

（三）生态环境损害赔偿磋商的范围和内容

1. 生态环境损害赔偿磋商的范围。《改革方案》中对生态环境损害磋商制度进行了规定，将生态环境损害赔偿磋商设定为生态环境损害赔偿诉讼的前置程序。[1] 通过前面的论述可以看出，磋商具有其优势和特点，可以在一定程度上提高生态环境损害赔偿工作效率、节约司法资源等，因此，一些省市在进行生态环境损害赔偿实践的过程中，根据自己的实际情况，对其生态环境损害磋商制度进行了细化和发展。如贵州省生态环境损害赔偿磋商的范围沿用了《改革方案》中的适用范围，并细化了磋商的主体、明确了磋商的程序、规定了磋商的保障措施等。[2] 湖南省在《改革方案》的基础上，出台《湖南省生态环境损害赔偿磋商管理办法（试行）》将"在重点生态功能区和禁止开发区以外的其他地区直接导致区域大气、水、土壤等环境质量等级下降，或造成耕地、林地、湿地、饮用水水源地等功能性退化"纳入磋商范围；同时明确"历史遗留且无责任主体的生态环境损害问题""涉及驻湘部队的生态环境损害事件"分别由所在地人民政府纳入正常环境治理工作以及按照军队有关规定办理，排除在磋商范围之外。[3] 此外，湖南省生态环境损害赔偿磋商制度有一创新做法，即规定了生态

---

〔1〕参见《生态环境损害赔偿制度改革方案》"四、工作内容"：（四）开展赔偿磋商。经调查发现生态环境损害需要修复或赔偿的，赔偿权利人根据生态环境损害鉴定评估报告，就损害事实和程度、修复启动时间和期限、赔偿的责任承担方式和期限等具体问题与赔偿义务人进行磋商，统筹考虑修复方案技术可行性、成本效益最优化、赔偿义务人赔偿能力、第三方治理可行性等情况，达成赔偿协议。对经磋商达成的赔偿协议，可以依照民事诉讼法向人民法院申请司法确认。经司法确认的赔偿协议，赔偿义务人不履行或不完全履行的，赔偿权利人及其指定的部门或机构可向人民法院申请强制执行。磋商未达成一致的，赔偿权利人及其指定的部门或机构应当及时提起生态环境损害赔偿民事诉讼。
〔2〕参见《贵州省生态环境损害赔偿磋商办法（试行）》第二章、第三章、第四章。
〔3〕《湖南省生态环境损害赔偿磋商管理办法（试行）》第6条："机关、企业事业单位、社会组织和个人实施建设工程、生产经营和其他社会活动造成下列生态环境损害的，且赔偿权利人和赔偿义务人双方有磋商意愿的，赔偿权利人可以启动磋商程序：……（三）在重点生态功能区和禁止开发区以外的其他地区直接导致区域大气、水、土壤等环境质量等级下降，或造成耕地、林地、湿地、饮用水水源地等功能性退化的。涉及人身伤害、个人和集体财产损失要求赔偿的，适用侵权责任法等法律规定，不纳入生态环境损害赔偿磋商范围；历史遗留且无责任主体的生态环境损害问题由所在地人民政府纳入正常环境治理工作，不纳入生态环境损害赔偿磋商范围；涉及驻湘部队的生态环境损害事件，按照军队有关规定办理，不纳入生态环境损害赔偿磋商范围。"

环境损害地的人民调解委员会可以主持磋商，同时规定由全省各级司法行政机关指导人民调解委员会开展生态环境损害赔偿磋商工作。[1]

我国《民法典》、《中华人民共和国固体废物污染环境防治法》（以下简称《固体废物污染环境防治法》）、《中华人民共和国土壤污染防治法》（以下简称《土壤污染防治法》）对启动生态环境损害赔偿的范围没有作限定，只要"违反国家规定""造成环境污染或生态破坏""损害国家利益和公共利益"的，均应当启动相应损害索赔程序。生态环境部在最近的有关讲话、培训中，放宽了启动生态环境损害赔偿的适用范围，扩大了"发生其他严重影响生态环境后果的"情形。

2. 生态环境损害赔偿磋商的内容。根据《改革方案》的规定，生态环境损害赔偿磋商的内容主要是根据生态环境损害鉴定评估报告，就损害事实和程度、修复启动时间和期限、赔偿的责任承担方式和期限等具体问题与赔偿义务人进行磋商。

（1）生态环境损害事实。一般来说，开展赔偿磋商的前提是发生了生态环境侵权的事实，对于环境侵权案件，则适用无过错责任原则，这时就需要磋商义务人承担举证责任，证明自己的行为不会造成环境损害，造成的损害与自己的行为并不具有因果关系。在生态环境损害赔偿磋商当中，双方当事人都可以通过举证来证明环境的污染是否与赔偿义务人有关。

（2）生态环境损害鉴定评估。双方当事人在磋商过程中还可以对生态环境损害鉴定评估报告进行质疑，若是对该报告评估结果有异议，则可以申请重新鉴定。不过由于申请鉴定费用较高，且鉴定过程复杂、专业性要求高，重新启动鉴定程序可能会花费金钱，浪费大量时间。若是双方当事人对于鉴定意见无异议，则认定侵权人应当承担环境污染的民事责任。针对鉴定评估结论，赔偿义务人对鉴定评估结论有异议且能提供足够证据的，可就鉴定评估结论进行磋商。鉴定评估机构负责对异议部分作出解释和说明，必要时可委托其他具备资质的鉴定评估机构重新进行鉴定评估。

（3）生态环境损害责任。赔偿义务人对损害责任有异议，或存在多个赔偿义务人，对多个赔偿义务人间的责任分配有异议，且能够提供相关证据的，可就损害责任进行磋商。损害责任承担方式亦可磋商。生态环境损害赔偿的最终目标是使受损生态环境得到有效修复，因此，责任承担方式应优先采用生态环境修复而非资金赔偿的方式，无法修复时再选择资金赔偿。鉴于生态环境修复对专业性和技术性要求高，为保障生态环境修复的时效性和修复质量，赔偿义务人应充分

---

〔1〕 参见《湖南省生态环境损害赔偿磋商管理办法（试行）》第3条、第4条。

考虑自身条件，可以自行修复或委托第三方机构进行修复，也可以由赔偿权利人或当地政府等组织具体的修复工作，但赔偿义务人需足额支付修复的各种相关费用。

（4）生态环境损害赔偿与修复资金支付方式与期限。由赔偿权利人或当地政府及其有关部门等组织修复的，在赔偿资金总额不变和不影响生态环境修复进度的前提下，可根据赔偿义务人的经营状况、主观过错、支付能力以及修复工作要求等实际情况，探索分期赔付等方式，但需要明确分期赔付的具体时间。对于受损生态环境无法修复的情形，也可根据具体情况探索实践分期赔付方式。

（5）生态环境修复方案。赔偿权利人与赔偿义务人可综合考虑生态环境修复方案的工作量、持续时间、实施成本、技术可行性、环境安全性、合法性、有效性等因素，就不同的修复方案进行磋商。此外，还需要通过磋商明确生态环境修复时间与期限。修复启动时间的确定应严格坚持修复工作及时有效开展的原则，对于生态环境损害范围较大的，可根据环境污染和生态破坏程度的具体情况，协商确定修复顺序和修复时间要求。

原则上赔偿相关事项均可以列入磋商范围进行磋商。但是，实践中赔偿权利人及其指定的部门或机构担心资金可能存在缺口或存在问责风险，赔偿资金总额采用较为刚性的处理方式，一般不进行让渡或"打折"。赔偿资金总额用于支付清除和控制污染、生态环境修复、替代修复、生态环境修复期间服务功能损失、生态环境功能永久性损失以及与生态环境损害赔偿相关的调查、评估、修复后评估等的相关费用，是通过实际已支付部分和科学方法评估确定的，若出现资金缺口，不足以支付各相关工作的费用，则会影响受损生态环境修复。同时，目前仍然存在很多污染事件，生态环境损害责任者难以确定或者能够确定但不能负担巨额赔偿资金的情况，仅利用磋商或诉讼追偿的方式尚不能满足生态环境修复的需求。

案例 17

上海浦东新区 3 家公司违法倾倒泥浆生态环境损害赔偿预磋商案[1]

一、案情简介

2021 年 10 月，上海市浦东新区供排水管理事务中心在日常养护时发现云顺

---

〔1〕　参见生态环境部官网：《生态环境部公布第三批生态环境损害赔偿磋商十大典型案例》，载 https：//www.mee.gov.cn/ywgz/fgbz/sthjshpczd/202310/t20231013_1043094.shtml，最后访问日期：2024 年 10 月 15 日。

路马家浜桥至翠柏路段雨水管道被偷倒泥浆，遂向上海市公安局浦东新区分局金桥派出所报案。金桥派出所立案侦查。经调查，某建设公司自 2021 年 9 月起，将杨高中路（罗山立交–中环立交）改建工程 1 标工地内产生的泥浆倾倒至云顺路马家浜桥至翠柏路段沿线的雨水管道中。该项目总包单位为某路桥公司，其将项目的桩基工程分包给另一集团公司进行施工，该集团公司再将项目范围内的泥浆处理业务承包给涉案建设公司负责。经检测，管道内污泥约 1600 立方米。2021 年 11 月，上海市浦东新区人民检察院委托鉴定评估机构开展调查，结果显示涉案泥浆进入河道后，导致受体河道水质和底泥的 pH 值有所升高，对河道环境质量产生不利影响。

二、办理结果

2021 年 11 月，浦东新区生态环境局（水务局）组织召开云顺路生态环境损害赔偿案件预磋商会议，重点围绕防止污染扩大及采取修复措施等问题进行沟通，3 家公司同意先行实施生态环境修复并承担相应的生态环境损害赔偿责任。2022 年 8 月 12 日，浦东新区生态环境局（水务局）与 3 家公司签订了生态环境损害赔偿协议，3 家公司共同承担该案的生态环境损害赔偿费用 156.20 万元。目前，淤泥清理、外运处置等生态修复工程已全部完工，生态环境损害赔偿款已全部支付到位，并委托第三方针对清淤效果出具了专家评估意见，评估结果显示排口处与对照点各指标的检测值基本一致。结合涉案地区绿地项目建设，浦东新区生态环境局与浦东新区检察院在案件所在的楔形绿地区域，共同打造生态环境损害赔偿修复和检察公益诉讼实践示范基地，共同在基地内增殖放流 1.5 万多尾花鲢、白鲢鱼苗。

三、典型意义

本案采用"生态环境损害赔偿预磋商"模式处理生态环境损害赔偿案件，有效地衔接了生态环境损害"调查、磋商、修复"等程序，提高了生态环境损害赔偿案件处理效率。

四、核心法理

本案之所以被选入生态环境损害赔偿典型案例，核心原因是对此前生态环境损害赔偿磋商机制的"前移"创新，创设了"生态环境损害赔偿预磋商"模式，理论上丰富了生态环境损害赔偿磋商程序，实践中有助于防止生态环境损害后果在案件处理过程中进一步扩大，能提高生态环境修复质效。

（一）生态环境损害赔偿"预磋商"的意涵

生态环境损害赔偿磋商是生态环境损害赔偿案件处理的必要程序。一般而言，生态环境损害赔偿磋商产生于赔偿权利人认定生态环境损害事实，决定启动生态环境损害赔偿责任追究程序后，由赔偿权利人与赔偿义务人开展正式的磋商交谈，商议生态环境损害赔偿金额和生态修复等内容。但本案赔偿权利人依《贵州省生态环境损害赔偿案件办理规程（试行）》第9条规定开展调查，核实生态环境损害行为人、损害行为与损害事实的关联、损害后果和损害程度估算等内容后，并非立即开展生态环境损害赔偿磋商活动，而是采取与赔偿义务人以见面交流的方式开展"预磋商"。在生态环境损害赔偿义务人了解国家生态环境法律制度及其行为后果的情况下，达成初步意向，顺利促成生态环境损害赔偿协议生成，使该案得到高效处理，生态环境得到有效修复。这种提前见面沟通交流被称为生态环境损害赔偿"预磋商"。"预磋商"包含以下含义：

第一，生态环境损害赔偿"预磋商"属非程序性处理方式。从制度设计的外延看，生态环境损害赔偿制度改革设定的损害赔偿磋商程序属"法定"程序，该程序的外延性应该包含磋商前和磋商后相应程序或行为的启动。目前，无论学界还是实务界，一般认为磋商程序启动后，主要是向后开展司法确认，使生态环境损害赔偿协议获得强制约束力，为其执行获取司法保障。但国家和地方现行生态环境损害赔偿制度改革方案，并没有排除生态环境损害赔偿磋商程序向前的外延性。因此，赔偿权利人在正式启动磋商程序前，与赔偿义务人就损害赔偿金额、生态环境修复等问题开展交流，达成共识属于磋商前的有效活动。但是，由于它并非"法定"程序，对后续程序及其行为结果有一定影响，但不具有强制程序影响力，该行为属正式磋商前的预备性行为，为形成有效磋商协议奠定基础。

第二，生态环境损害赔偿"预磋商"效力处于待定状态。磋商程序规范或制度表述，强调磋商是生态环境损害赔偿制度实施必不可少的程序，具有"法定"强制影响力，未经磋商，生态环境损害赔偿制度实施将毫无意义或将无效。法理上，生态环境损害赔偿磋商是赔偿权利人必须履行的正当程序。经过该正当程序实施的一切行为均属于程序性行为，既是赔偿权利人必须履行的程序性义务，也是赔偿权利人合法开展磋商行为，处理生态环境损害赔偿事务的权利。但是，"预磋商"缺乏规范或政策表述，并非生态环境损害赔偿制度改革设计的正当程序，对赔偿权利人缺乏强制约束力。然而，"预磋商"也并非赔偿权利人随意或率性而为，而是赔偿权利人依法定行政管理职责并结合生态环境损害赔偿案件实际情况所实施的一种事件处理方式，这种处理方式重在与赔偿义务人围绕生态环境损害事实、后果以及选择何种方式，确定责任履行达成共识。但这仅仅是一种共识，并非实质性责任义务的落成。从法理上看，赔偿权利人采取"预磋商"的方式促进磋商高效完成，"体现了地方政府环境治理中遵循'平等商谈式'

'服务型政府'的现代化治理理念，在传统的行政管制过程和既存的生态环境公益诉讼方式之外，寻求一种基于交往理论和商谈理性框架下的环境协商共治模式。"[1] 因此，"预磋商"的主要价值表现为政府生态环境治理方式的创新，而非生态环境损害赔偿责任落成，也非正当程序的履行。

（二）生态环境损害赔偿预磋商的作用

生态环境损害赔偿"预磋商"并不像真正的磋商程序一般，需要严格按照程序要求进行，也不必拘泥于固定的主题与内容，其属于是磋商的预热，形式和内容都具有一定程度的弹性。目前我国各地还未对"预磋商"相关内容进行规定，但由于座谈会议本身具有"预磋商"的性质，所以可以和磋商次数的规定联系起来。本书检索了部分地区对于磋商次数的规定，发现实践中关于磋商次数的规定主要可以分为四大类：第一大类，磋商办法中并未规定具体的次数，仅表述为"可以多轮磋商"，如山东省；第二大类，磋商办法中规定磋商原则上不超过两次，比如辽宁省、山西省、江苏省、重庆市、吉林省等；第三大类，磋商办法中规定磋商次数不超过两次，但重大疑难案件可以增加一次，比如贵州省、福建省等；第四大类，直接规定磋商次数原则上不超过三次，比如湖南省。

限制生态环境损害赔偿磋商程序次数的作用在于：一是可以倒逼双方，至少是赔偿权利人可以在每次磋商程序中严格按照规定程序和内容进行，并认真准备磋商过程中所需要的材料和意见。磋商目的是形成一个针对受损生态环境的科学合理的生态环境修复方案，如果双方都在磋商过程中不认真准备，流于形式，最后无法达成一致意见，那么这对实现环境共治没有半点裨益。二是通过对生态环境损害赔偿磋商次数的限制，可以避免行政机关物力、人力、财力的浪费。在实践中如果遇上赔偿义务人不配合，或者因客观原因等方面导致磋商没有成功的可能或可能性极小，又或是使磋商成功的代价过于昂贵，从而导致磋商本身已经没有任何价值的情况下，如果继续磋商，显然是在无端消耗行政机关的资源，因此有必要对磋商次数进行一个限制。

因此，生态环境损害赔偿"预磋商"有助于解决上述问题，主要表现为：

第一，通过座谈的方式对磋商的内容和程序进行一个预热，使磋商双方都清楚了解磋商具体需要做什么，做到什么程度，即先提前通过座谈的方式为磋商双方的材料要求、意见要求和相关权利义务作一个分配，如此在正式开展磋商时，双方也就更加游刃有余，效率也会显著提高。

第二，通过座谈机制可以提前了解赔偿义务人的磋商意愿、财产状况和修复能力，通过对这些要素的提前把握，赔偿权利人可以更方便地制定磋商策略，评

---

[1] 重庆大学秦鹏教授对该案的点评。

估磋商价值，使磋商的内容更加精准，更具有针对性，同时也避免了一些无效磋商。

"预磋商"虽具有重要价值，但始终无法取代磋商，因此也有必要对其进行一定的限制：

第一，需要规定"预磋商"的次数，如果对"预磋商"次数不加限制，反而是对"预磋商"机制建立初衷的一种背离，使整个磋商程序更加繁杂，并不利于生态环境的保护。

第二，"预磋商"的要求应当尽量从简，"预磋商"内容避免和磋商内容重复。这样安排的目的在于，给"预磋商"营造一种轻松、随意的氛围，避免赔偿义务人对"预磋商"会议产生抵触情绪，同时也将行政机关从繁琐的程序中解放出来。而关于内容的问题，"预磋商"始终是以"预备"的性质存在的，其内容应为磋商内容的基础内容和铺垫内容，两者之间不宜冲突，否则同样会造成磋商程序"无话可说"的局面。

案例 18—20

多元主体参与生态环境损害赔偿磋商案

一、案情简介

案例 18（南通启东市某固废处置公司非法填埋危险废物生态环境损害赔偿案[1]）：2016 年 1 月，南通市启东生态环境局执法人员对启东市某固废处置有限公司进行现场检查，发现其厂区部分路面有地坑，内部有黑色物质和棕色废水。经鉴定，黑色物质为危险废物。调查发现该公司在厂区填埋了大量危险废物，导致土壤严重污染。修复工程共开挖土方 7240.2 立方米，清除危险废物 3429.6 吨，重污染土壤 9203.9 吨，轻污染土方量 1051.5 立方米。修复工程总投资超过 3000 万元。

案例 19（镇江丹徒区蔡某某等人非法倾倒填埋铝灰生态环境损害赔偿磋商案[2]）：2020 年 12 月，蔡某某等人将浙江某公司的 58 车铝灰（总量约 1900 吨，HW48 类危险废物）非法倾倒在江苏省淮安、扬州、镇江、宿迁等地并进行填

---

〔1〕　微信公众号"江苏生态环境"：《江苏省生态环境损害赔偿"十大典型案例"展示（一）》，载 https：//mp.weixin.qq.com/s/2HXrUDndvfyXhM3hsTNvQA，最后访问日期：2023 年 8 月 20 日。

〔2〕　江苏省生态环境厅官网：《关于公布江苏省第二批生态环境损害赔偿磋商十大典型案例及提名表扬案例的通知》，载 https：//sthjt.jiangsu.gov.cn/art/2022/8/5/art_83843_10748594.html，最后访问日期：2023 年 8 月 20 日。

埋。其中，嫌疑人余某将其中6车（约200吨）铝灰倾倒在镇江市丹徒区宜城街道308省道与338省道交界处东北侧地块。相关部门接到报告后，前往现场进行初步勘验，丹徒区宜城街道办事处迅速进行应急处置，清理出铝灰及其混合物和渗滤液共计600余吨。2021年3月23日，台州市三门县人民政府制定应急处置方案，并于3月24日将固体废物运回浙江进行安全处置。

案例20（贵州某公路工程有限公司施工倾倒渣土案[1]）：2018年初，贵州某公路工程公司（以下简称"公路公司"）扩建了S315线贞丰县纳翁至白层公路，为了节省运输成本，将施工开挖的土方堆存至贞丰县鲁容乡里秀村。这导致当地农田植被、灌木丛和草丛被损坏，破坏了生态环境。经评估，该事件造成的经济损失总计11.69万元，其中林地生态服务功能期间的损害为11.1万元，恢复林地的工程施工费为0.59万元。

二、办理结果

案例18：案发后，该固废处置公司已转让给启东市某环保服务公司，并且原经营者无力承担赔偿责任。为确保受损环境的修复，南通市生态环境部门指定启东市生态环境局与启东市某环保公司进行了10余轮磋商，磋商过程中邀请了检察院、法律顾问、律师协会专业人士以及南通市环境保护志愿者协会等参与，最终签订了生态损害修复赔偿协议，要求环保公司缴纳1500万元修复保证金并自行进行修复。2018年9月，委托第三方进行环境调查和风险评估工作，编制修复项目环境影响报告表并获得环评批复。2019年底完成了全部修复施工，并于次年初进行了专家验收，通过了修复工程的验收。

案例19：2021年3月22日，镇江市生态环境局、镇江市丹徒区生态环境局和台州市生态环境局三门分局召开铝灰倾倒善后处置和磋商前沟通会议，就固体废物处理和生态环境损害赔偿工作达成初步意见。2021年6月22日，镇江市生态环境局组织磋商会议，邀请市公安局食药环侦支队、市人民检察院、市司法局、市财政局和宜城街道办事处参加。经磋商，达成协议：由台州市三门县人民政府代为承担生态环境损害赔偿责任，镇江市人民政府不再向赔偿义务人追偿。

案例20：2018年8月，原黔西南州环保局委托华南环境科学研究所进行鉴定评估，并出具了《贵州贞丰县鲁容乡里秀村弃土填埋事件环境损害鉴定评估报告》。2018年12月26日，原黔西南州环保局与公路公司进行了磋商，并通过人民调解委员会达成了调解协议。随后，双方共同向黔西南州中级人民法院递交了

---

[1] 参见贵州省生态环境厅官网：《贵州省发布5起生态环境损害赔偿改革典型案例》，载 https://sthj. guizhou. gov. cn/zwgk/zdlyxx/fgybz/fzjs/202006/t20200605_76925626. html？isMobile = true，最后访问日期：2023年8月20日。

司法确认申请，法院依法审查后裁定确认赔偿协议有效，同意公路公司按照评估的损失金额在项目施工地点进行生态环境修复工作（如植树种草等），要求在2020年12月30日之前完成修复工作。

三、典型意义

案例18、19、20三个案例分别采用邀请检察院、律师协会、环境保护志愿者协会、人民调解委员会参与的方式开展生态环境损害赔偿磋商活动，为生态环境损害赔偿磋商程序提供了新模式和新范例，创新了多方联动协同磋商范式，为合理分配赔偿责任和科学确定赔偿方案等方面提供专业指导，确保了生态环境损害赔偿案件处理的公正性、公开性和科学性，为基层生态环境部门开展生态环境损害赔偿工作提供相关经验借鉴，具有一定的指导意义。

四、核心法理

三个案例分别采用邀请检察院、律师协会、环境保护志愿者协会、人民调解委员会参与的方式开展生态环境损害赔偿磋商活动，通过实践探索了生态环境损害赔偿磋商程序新模式，创新了多方联动协同磋商范式，是生态环境损害赔偿磋商机制的又一重大创新。

（一）多方联动协同磋商的含义

多方联动协同又称为联动性协同，是指不同主体履行职能的过程中，依照统筹思维，加强政策协同对接，统一谋划、一体部署、相互协作、共同实施。生态环境损害赔偿多方联动协同磋商是近年来磋商机制的新拓展成果，是指在办理生态环境损害赔偿磋商案件的过程中，生态环境损害赔偿权利人依法定程序要求司法机关、法律服务组织、社会公益组织以及公民团体、专家等参与磋商过程，联动磋商。主要包含以下含义：

第一，多方联动协同磋商要求磋商参加人为三个以上的主体。从磋商实践案件看，多方联动协同磋商参与主体为三个以上的主体，赔偿权利人与赔偿义务人是法定的恒定主体，第三方主体有可能是司法机关（司法机关因涉及司法确认与诉讼的除外），也可能是另外的行政机关，还可能是法律服务团体和社会工作者，专家个人也是重要的参加人。

第二，多方联动协同磋商不同主体的作用功能不同。检察院、社会组织和法律服务团体以及专家参与生态环境损害赔偿磋商程序分别体现不同的功能。检察院是法律监督机关，参与生态环境损害赔偿磋商程序，起到监督磋商活动合法性的作用；社会组织和法律服务团体参与磋商程序，除了能够彰显公开性外，还能够提供技术性帮助，解决技术疑难问题；专家参与生态环境损害赔偿磋商程序既能彰显公开性、透明性，也能够提供一定的技术性帮助。

第三，多方联动协同磋商的效果，同赔偿权利人与赔偿义务人磋商效果具有一致性。尽管多方联动协同磋商参与人为多数，但签订最终磋商协议的主体还是赔偿权利人与赔偿义务人，其他参与磋商主体均只是参与人或见证人，磋商过程中所提建议均为参考性建议，不具有直接的效力，协议内容仅对赔偿权利人和赔偿义务人具有效力。因此，多方联动协同磋商体现的是磋商过程性作用，而不会直接影响或产生磋商协议内容及其执行问题。

（二）多方联动协同磋商的表现形式

1. 检察机关参加生态环境损害赔偿磋商。磋商是在赔偿权利人的组织下与赔偿义务人进行协商，在"南通启东市某固废处置公司非法填埋危险废物生态环境损害赔偿案"中，赔偿权利人邀请人民检察院相关负责人参与磋商过程，该创新之举对于他案的磋商程序有着借鉴意义。检察机关既是国家法律监督机关，又是社会公共利益的代表，具备生态环境资源类案件所需的专业性、中立性、公正性条件。从专业性方面来看，检察机关熟悉相关法律法规且拥有处理环境公益诉讼的职权，可以为磋商会议提供专业建议；从中立性和公正性方面来看，检察机关作为法律监督机关，可以中立监督磋商会议，可以监督赔偿权利人行使权力和赔偿义务人履行职责。因此在磋商程序中由检察机关参与，对磋商程序公正性和合法性等具有重要作用保证：

第一，平衡磋商主体的地位。赔偿权利人在磋商过程中具有主导性、强势性地位，行政机关是公权力的代表，赔偿权利人与赔偿义务人存在不平等的现实差异。检察机关参与生态环境损害赔偿磋商活动，一定程度上能够削弱赔偿权利人与赔偿义务人之间的"地位差距"，形成较为稳定均衡的三方结构，平衡赔偿权利人与赔偿义务人双方实质地位不平等问题，降低这种实质不平等外溢出的不平等处理结果，最大程度地确保生态环境损害赔偿磋商结果的公平性。

第二，监督磋商主体的职责履行。赔偿权利人作为国家机关，拥有公权力，行政机关滥用职权或不积极履行职责的案件时有发生，因此检察机关的介入能有效监督赔偿权利人履行职责，监督赔偿义务人履行赔偿协议。即使生态环境损害赔偿磋商失败，转入生态环境损害赔偿诉讼，检察机关也可以对生态环境损害赔偿诉讼提供有力支撑，确保生态环境损害赔偿诉讼顺利进行。

2. 第三方参与生态环境损害赔偿磋商。《改革方案》中并没有规定设立第三方调解组织，目前，在实践中各省实行的办法也不一样，"镇江丹徒区蔡某某等人非法倾倒填埋铝灰生态环境损害赔偿磋商案"的磋商中适用了第三方调解组织，设置磋商第三方参与具有以下意义：

第一，保障磋商过程的公平公正。在磋商过程中，双方当事人处于平等地位，若是由赔偿权利人组织磋商程序，那就会造成赔偿权利人既是"裁判员"又是"运动员"的混乱局面，同时也会让人觉得这次磋商以公权力为主导，这就造成了双方地位实际的不平等，违反了民法当中的平等原则，不利于磋商协议的达成。若是由第三方参与其中，则可以在很大程度上避免这类情况发生，确保磋商程序的公平公正。

第二，保障磋商结果的公益性及公众参与。生态环境损害赔偿磋商的产生主要是为了能够在短时间内修复生态环境，避免进入诉讼程序，拖延生态环境的修复进程。而组织磋商主要是为保护社会公共利益，政府作为赔偿权利人应当为维护社会公共利益而进行磋商，在磋商过程中对于磋商协议的内容不可做太大的让步，这就需要独立的第三方调解组织进行监督，确保公共利益得到维护，并且也加大了公众参与度。

第三，确保司法确认能够顺利适用。《若干规定（试行）》第20条规定达成磋商协议的，可以向人民法院申请司法确认。该规定是一个概括性的规则，根据实践中的案例及现行法规，若是没有第三方调解组织参与磋商过程，最后达成的磋商协议则很难适用司法确认。目前对于生态环境损害赔偿磋商协议的司法确认适用的是民事协议司法确认的规则，因此，若是没有第三方组织磋商程序，那么申请司法确认也不符合法律规定。综上所述，在生态环境损害赔偿磋商中是十分有必要设置磋商第三方参与到磋商程序中的。目前，贵州省还专门设立了一个生态环境保护人民调解委员会，实现了与生态环境磋商、司法确认的完美结合。

3. 人民调解委员会参与生态环境损害赔偿磋商。从早期生态环境损害赔偿磋商实践看，生态环境损害赔偿磋商主要由赔偿权利人和赔偿义务人互动进行，很少出现第三方参与其中，即使近年来检察机关、律师团体参加生态环境损害赔偿磋商活动，也属于受邀参加的范畴，赔偿权利人和赔偿义务人依然属于磋商主角。从"贵州某公路工程有限公司施工倾倒渣土案"的处理过程看，赔偿权利人和赔偿义务人并非直接互动式磋商，而是在人民调解委员会主持下，以调解的方式推动赔偿权利人和赔偿义务人磋商生态环境损害赔偿与修复问题，并达成协议。以人民调解的方式开展生态环境损害赔偿磋商活动，强调人民调解委员会的主体作用，赔偿权利人和赔偿义务人转变为人民调解法律关系中的参加人，更加充分地体现了生态环境损害赔偿磋商的平等性。这种模式为新时代生态环境损害赔偿磋商提供了新的选择，进一步丰富了生态环境损害赔偿磋商方式。

依现行《中华人民共和国人民调解法》第31条规定，经人民调解委员会调解达成的、有民事权利义务内容，并由双方当事人签字或者盖章的调解协议，具有民事合同性质，具有法律效力，受法律保护。人民调解委员会主持下达成的生态环境损害赔偿磋商协议，包含生态环境损害赔偿金额和生态环境修复等具体内容时，与赔偿权利人和赔偿义务人直接互动磋商达成的磋商协议具有同样的法律效力。但为了确保磋商协议的高效履行，避免不服人民调解达成的磋商协议陷入诉讼程序影响生态环境修复效能，可以选择司法确认的方式赋予其强制执行力。

案例 21

重庆市长寿区晏家镇沙溪河水体污染生态环境损害赔偿案[1]

一、案情简介

2018 年 1 月 8 日至 10 日，重庆某甲金属制品有限公司、某乙金属制品有限公司、某工业有限公司分公司委托拥有无危险废物经营许可证的丁公司处理总计50.04 吨未经处理的废酸液。然而，丁公司将废酸液直接倾倒至重庆市长寿区晏家镇化南二路的一个雨水井，导致无名小溪断面 COD 超标 27.1 倍、总磷超标5.05 倍、锌超标 17.3 倍、镍超标 35.1 倍、铁超标 7799 倍、锰超标 257 倍，晏家镇沙溪河遭到污染。

二、办理结果

2018 年 1 月 9 日，附近居民发现沙溪河水变色且有刺鼻气味，立即报警。重庆市长寿区环境执法支队、九龙坡区环境行政执法支队、江津区环境保护局立案调查，并对甲、乙、丙三公司分别处以罚款。随后，案件移交至重庆市渝北区人民检察院审查起诉，在审查起诉期间，双方召开磋商会议并达成赔偿协议。2018年 11 月 22 日，渝北区人民法院判决甲、乙、丙、丁公司犯污染环境罪，处以相应罚款。

三、典型意义

侵权人既要承担刑事责任，又不能免除民事责任，这是对"环境有价值，损害需担责"原则的具体实践。这不仅有助于及时有效地修复受损的生态环境，还对潜在的违法行为产生了巨大的威慑作用，切实践行了"用最严格的制度、最完善的法律保护生态环境"的要求，有利于生态环境的修复。本案之所以成为典型案例，主要在于其在环境污染犯罪案件审理中，同步推进了生态环境损害赔偿磋商，将赔偿磋商情况及赔偿义务人及时履行赔偿协议的情况提交人民法院供定罪

---

〔1〕 中国法律服务网：《水体污染生态环境损害赔偿案以案释法》，载 https://alk.12348.gov.cn/ Detail?dbID=37&sysID=10219，最后访问日期：2024 年 10 月 7 日。

量刑参考，有助于受损的生态环境及时修复。

四、核心法理

本案探索了生态环境损害刑事案件与生态环境损害赔偿磋商之间的衔接问题，诠释了"生态环境损害刑事案件适用赔偿磋商程序""刑事案件与生态环境损害赔偿磋商衔接"等法理问题。

（一）生态环境损害刑事案件适用赔偿磋商程序的内涵

生态环境损害刑事案件适用赔偿磋商程序是指生态环境损害构成刑事犯罪后，司法机关在追究行为人的刑事责任时，在一并处理生态环境损害赔偿问题时可以采取生态环境损害赔偿磋商方式处理赔偿和生态环境修复问题。该程序适用主要有以下作用：

第一，确定赔偿权利人在生态环境损害刑事案件审判各个阶段适用磋商，可以很好地解决生态环境损害赔偿和生态环境修复问题，避免因为周期长的问题，导致生态环境得不到及时修复。同时，还可以通过双方的磋商结果，判断侵权人对于自己的违法行为是否愿意积极承担责任，从而作出合理、公正的判决。

第二，在生态环境损害刑事案件审判过程中引入磋商程序，可以有效地节约行政资源。在刑事案件中，不管在哪一个阶段，都会调查相关的证据，同时，在行政执法机关移送案件时，也会移送相关的调查证据，这样，若赔偿权利人在刑事案件的审判过程中启动磋商，则可以减少相应的工作量，对于相关的证据经过相关部门的鉴定之后便可以直接适用，避免行政资源的浪费，实现刑事证据与民事证据的有效衔接。

第三，在生态环境损害刑事案件审判过程中，将磋商结果作为量刑的参考因素，可以促使犯罪行为人积极承担生态环境修复责任，及时对受损的生态环境进行修复。这样其不仅承担了修复责任，还可以在一定程度上减轻刑罚，实现惩罚与教育有效结合的目的。

（二）生态环境损害刑事案件与生态环境损害赔偿磋商的衔接

在生态环境损害赔偿磋商中，赔偿权利人是省级、市级的人民政府及其指定的相关部门，其提起赔偿主要是为了维护公共利益；而赋予检察机关提起公益诉讼的权利同样也是为了维护公共利益，恢复生态环境。因此，两者存在交叉竞合的关系。尤其是损害环境的行为既会引起生态环境损害赔偿，同时还涉及环境刑事犯罪时，到底是适用生态环境损害赔偿磋商还是刑事附带民事公益诉讼呢？在本案中，重庆市渝北区法院先审理了刑事附带民事公益诉讼案件，法院判决前后，重庆市生态环境局启动了生态环境损害赔偿磋商程序，即在案件审理过程中，赔偿权利人才启动磋商和索赔程序，这是重庆的又一次创新。但是，如果涉及刑事犯罪案件，又该如何进行处理呢？这需要从多方面进行考虑。例如，《贵州省生态环境损害赔偿案件办理规程（试行）》（以下简称《办理规程》）第六章第31条规定了"程序衔接"规范，即体现了生态环境损害赔偿案件与刑事案件衔接问题。依该条规定的程序衔接阶段主要有：一是在案件侦查阶段，可以对赔偿义务人进行调查或与之磋商，调查或磋商结果作为案件材料附卷。二是在审查起诉阶段，可与赔偿义务人开展磋商，磋商结果供检察机关参考。三是检察机关已提起刑事诉讼的，可与赔偿义务人开展磋商，磋商结果供审判机关参考；磋商不成，可以提起生态环境损害赔偿诉讼。在该《办理规程》未颁布之前，大多数生态环境损害赔偿案件都是在刑事案件审理完毕之后才开始启动索赔程序的，这就造成了生态环境修复周期变长，受污染的生态环境一直处于危急状态之中，不利于生态环境的及时修复。在《办理规程》出台之后，就很好地解决了这个问题，在刑事案件的各个阶段，都可以与赔偿义务人进行磋商，同时磋商结果还可以供检察机关参考，用于刑事案件的审判过程中。

第四节　生态环境损害赔偿协议的司法确认

人民法院根据当事人的申请，对生态环境损害赔偿磋商协议进行审查，若协议不违反法律法规的强制性规定，不损害国家和社会公共利益，并且是自愿达成的，则予以确认。通过司法确认，使得协议具有强制执行力，进入民事非诉执行程序。司法确认一定程度上解决了索赔困难的问题，且高效便捷，避免了赔偿权利人面临诉讼的困境，节约了司法资源。如果赔偿义务人拒绝或未完全履行协议，赔偿权利人可以向法院申请强制执行。

案例 22

浙江诸暨某企业大气污染生态环境损害赔偿案[1]

一、案情简介

2017年4月11日，原诸暨市环境保护局与当地公安局联合突击检查浙江某建材公司，发现案涉企业通过干扰在线监测设备，在其取样管上套装管子并喷吹

---

[1] 参见生态环境部官网：《生态环境损害赔偿磋商十大典型案例》，载 https://www.mee.gov.cn/xxgk2018/xxgk/xxgk06/202005/W020200506539623319592.pdf，最后访问日期：2024年2月25日。

中和后的气体，将氮氧化物浓度人为地降低，使其显示的值符合排放标准。经过鉴定评估，该行为造成的生态环境损害数额为 110.4 万元。

二、办理结果

2018 年 8 月 6 日，赔偿权利人指定的部门原绍兴市环境保护局与涉案企业进行磋商并达成协议，由赔偿义务人在其所在地建设一个占地面积 6372 平方米的生态环境警示公园，以承担生态环境损害替代修复责任。赔偿权利人与赔偿义务人一致同意向人民法院申请司法确认，绍兴市中级人民法院于 2018 年 12 月 18 日对此协议进行了司法确认。

三、典型意义

该案为浙江省首个生态环境损害赔偿磋商经司法确认的案件。本案通过司法确认程序，创新使用司法确认的方式，赋予生态环境损害赔偿协议强制执行力，引发学界对于生态环境损害赔偿磋商协议以及司法确认法律性质的系列思考。

四、核心法理

该案的处理不仅拓展了生态环境损害赔偿磋商路径，也解决了生态环境损害赔偿协议效力问题，通过分析生态环境损害赔偿磋商协议司法确认的概念和特点，阐释生态环境损害赔偿磋商协议司法确认的必要性，可以为基层生态环境部门开展生态环境损害赔偿制度工作积累经验，具有一定的指导意义。

（一）生态环境损害赔偿磋商协议司法确认的意涵

1. 生态环境损害赔偿磋商协议司法确认的概念。生态环境损害赔偿磋商协议司法确认首次在《改革方案》中被提出，在生态环境损害赔偿案件中引入司法确认机制，可以解决生态环境损害赔偿磋商协议的效力问题，赋予其法律意义上的强制执行效力，采取申请法院强制执行的方式，解决因赔偿义务人不履行协议内容导致磋商协议履行难的问题。生态环境损害赔偿磋商协议司法确认是指双方当事人在磋商基础上达成生态环境损害赔偿协议，依据双方当事人的申请，对当事人达成的磋商协议进行自愿性、合法性的审查，确认该协议有效并赋予其强制执行力，一方当事人拒绝履行或者未全部履行的，对方当事人可以向法院申请强制执行，以此保障协议履行。[1] 司法确认程序比诉讼程序更为高效、便捷、低成本。

---

[1] 孙佑海、闫妍：《如何建立生态环境损害赔偿磋商协议的司法确认制度》，载《环境保护》2018 第 5 期。

第一，生态环境损害赔偿协议司法确认属于"非法定"程序。生态环境受损后，赔偿权利人与赔偿义务人开展鉴定评估、磋商、修复、赔偿等程序属于法定程序，被规定在《改革方案》等相应规范中，而对于磋商协议的司法确认则并非该类案件的法定程序，目前，无论学界还是实务界，磋商程序终结后开展司法确认，均是双方当事人为使生态环境损害赔偿协议获得强制约束力而自愿向法院申请的行为，目的是为其执行修复、赔偿等获取司法保障。但是，该申请属于协议双方协商一致向法院申请赋予该协议效力的程序，若双方当事人有一方不同意申请，则另一方无权向法院申请对该协议进行司法确认，从而导致该协议并无国家强制力保障。赔偿权利人要追究赔偿义务人的生态环境损害赔偿责任，只能启动生态环境损害赔偿诉讼程序进行追责，无法确保生态环境修复高效履行。

第二，生态环境损害赔偿协议司法确认的效力问题尚处于争议状态。从生态环境损害赔偿追责的权利主体构成、目标等要素来看，生态环境损害赔偿磋商协议属于行政契约的范畴。但是从自然资源国家所有权理论、双方磋商的平等状态看，它又具有民事协议性质。另有学者将生态环境损害赔偿磋商行为视为协商行政，是行政机关为实现填补生态环境损害的公法目标，而借用私法领域的平等协商方式的带有协商性质的行政事实行为。[1] 无论生态环境损害赔偿磋商属于何种行为，达成的生态环境损害赔偿协议均涉及具体权利义务的内容构成，对双方当事人均具有法律效力。但是从合同履行的角度看，合同本身并不具有强制执行力，一旦出现违约情形，只能选择诉讼途径主张合同权利。如果完全遵循合同法律关系结构，生态环境损害赔偿和生态环境修复很难高效履行，与绿色发展和生态环境修复的现实需求不相吻合，会导致生态环境损害外溢危险扩大。因此，最高人民法院通过颁布司法解释的方式，创设生态环境损害赔偿协议司法确认机制，赋予生态环境损害赔偿协议司法强制执行效力，解决现行生态环境损害赔偿协议高效履行法律制度供给不足的问题。

2. 生态环境损害赔偿磋商协议司法确认与人民调解协议司法确认的差异。

第一，主体不同。在人民调解协议的司法确认中，双方当事人都是一般的民事主体；而在生态环境损害赔偿磋商协议的司法确认中，一方是固定的主体——行政机关。这就会让公众误以为双方地位不平等，裁判结果不公平。

第二，客体不同。在人民调解协议的司法确认中，主要是就双方当事人针对的诉讼请求达成合意而申请司法确认；而生态环境损害赔偿磋商协议的司法确认主要是以磋商协议的内容进行司法确认，生态环境损害赔偿磋商协议与人民调解

---

〔1〕 苏钰彤：《我国生态环境损害赔偿磋商制度之性质初探》，载 https://zhuanlan.zhihu.com/p/367625902，最后访问日期：2022年10月25日。

协议两者存在较大的不同。

第三，审查的内容不同。由于生态环境损害赔偿磋商协议的司法确认涉及社会公众的利益，且是环境问题，法院审查的内容也涉及专业的知识，因此，法院承担了更重要的审查职责。

（二）生态环境损害赔偿磋商协议司法确认的价值

生态环境损害赔偿磋商协议司法确认具有重要意义。这一制度不仅能够利用简易程序优势，在生态环境损害赔偿案件中减少诉讼数量，优化环境司法资源配置，还能够实现及时有效修复，达到磋商效率和修复效益的双赢。

第一，可以确保磋商协议的效力，要求赔偿义务人按协议开展生态修复工作。生态环境修复工作周期长、涉及金额较大，若是对磋商协议不进行司法确认则可能会导致赔偿义务人不按协议履行修复工作，或者修复一半由于无经济能力不能再继续履行协议的情况，这样之前的磋商协议则变成了摆设。没有经过司法确认的磋商协议在性质上属于一种合同，仅对双方当事人具有效力，当赔偿义务人不履行义务时则很难要求其继续履行，而对磋商协议进行司法确认则会增强协议的司法效力，确保按协议履行责任，同时还可以保障后续修复方案在实际工作中落实，使得生态环境修复问题得到及时解决。

《改革方案》属于政策规范，具有强大的政策指导力和影响力，但法律规范效力较差，无法直接适用于生态环境损害赔偿案件的审理。为了规范生态环境损害赔偿协议的处理，2019 年最高人民法院发布的《若干规定（试行）》明确规定了生态环境损害赔偿协议的公告、审查、裁定内容和公开要求。司法确认赋予了生态环境损害赔偿协议强制执行力。最高人民法院通过司法解释确认机制，弥补了《改革方案》规范依据的不足，为生态环境损害赔偿协议的有效履行和生态环境的修复提供了坚实的司法保障基础。

第二，可以优化司法资源配置，节约司法成本。基于生态环境遭受损害需要及时恢复，走司法程序审理期限长、耗费成本高的原因，以磋商作为诉讼的前置程序是最有利于环境得以及时修复的办法。磋商达成一致后，再将磋商协议进行司法确认同样可以达到司法强制力保障效果。这样就避免进入诉讼程序，从而节约司法成本，优化司法资源配置。

第三，生态环境损害赔偿协议司法确认能够充分发挥非诉纠纷解决机制的作用，减轻法院系统的办案压力，更能为纠纷当事人排忧解难，提升国家依法治理的能力。[1] 由于生态环境损害赔偿磋商协议具有行政协议属性，它只能在双方

---

〔1〕徐钝：《司法确认制度及其价值的法哲学拷问———一个合法性范式分析视角》，载《法律科学（西北政法大学学报）》2014 年第 4 期。

之间产生合同影响力，不具备强制执行力。在生态环境损害赔偿领域内引入司法确认这一非程序性司法行为，通过司法确认赋予其强制执行力，是对磋商协议本身缺失的强制性进行补充，对不积极履行义务的赔偿义务人进行司法约束，使恢复计划得以实施，保障生态环境受损后及时修复。

案例 23

九江曹某等人非法处置危险废物生态环境损害赔偿案[1]

一、案情简介

2020 年 6 月初，曹某友和杨某农选定了武宁县清江乡汉桥村角山垃圾焚烧站作为焚烧废弃压滤布的场地。2020 年 6 月 15 日，曹某友将大约 20 吨废弃压滤布从甘肃省金昌市运到了武宁县清江乡，存放在武宁县清江乡清江村上湾的废弃砂场里。同年 6 月 16 日和 17 日晚上，他们在角山垃圾焚烧站焚烧了约 700 公斤废弃压滤布，没有采取任何环保处理措施。此外，约有 19.68 吨含镍渣废弃压滤布存放在武宁县华源锑业有限公司。经检测，确认该批废弃压滤布属于危险废物。九江市人民政府指定九江市生态环境局联合市人民检察院、市公安局及武宁县清江乡政府与赔偿义务人进行磋商，并于 2022 年 3 月 8 日达成了《生态环境损害赔偿磋商协议》，双方就生态环境损害赔偿磋商协议向法院申请司法确认。

二、办理结果

九江中级人民法院于 2022 年 3 月 22 日受理了九江市生态环境局与曹某友、杨某农关于司法确认生态环境损害赔偿磋商协议的申请，并审查了协议的自愿性和合法性。为保障公众知情权和参与权，协议内容在法定期间进行了公告，期间未收到异议。经审查，申请人达成的磋商协议未违反国家强制性规定，也未损害国家利益和社会公共利益，符合司法确认的法定条件。九江中级人民法院依法裁定九江市生态环境局与曹某友、杨某农达成的《生态环境损害赔偿磋商协议》有效。之后，曹某友和杨某农履行协议，受损的生态环境得到了有效治理。

三、典型意义

该案严格按照《若干规定（试行）》的司法确认程序进行，为类似案件处

---

〔1〕 微信公众号"九江中院"：《九江中院一司法确认案例入选江西省第二批生态环境损害赔偿磋商十大典型案例》，载 https://mp.weixin.qq.com/s/u8y86N6NdWes0mmUmVIM，最后访问日期：2023 年 8月 20 日。

理提供了有价值的参考经验：一是在受理司法确认申请后，及时对磋商协议进行了为期 30 天的公告，充分保障了社会公众的知情权、参与权和监督权；二是依法审查磋商协议的内容，确保协议符合法律法规的强制性规定，不损害国家利益和社会公共利益；三是赋予生态环境损害赔偿协议一定的强制执行力，通过司法确认申请直接进入民事非诉执行程序，以高效便捷地解决赔偿困难的问题，避免赔偿权利人面临诉讼负担，节约司法资源。

四、核心法理

本案探索了生态环境损害赔偿磋商协议的司法审查问题，通过司法审查协议是否违反法律法规的强制性规定、是否损害国家利益和社会公共利益、磋商协议内容是否自愿等问题，以法院司法确认的形式，赋予生态环境损害赔偿协议一定的强制执行力。

（一）生态环境损害赔偿磋商协议的司法确认

生态环境损害赔偿磋商协议司法确认又叫司法审查，审查磋商协议的形式是否真实、内容是否合法的同时，对磋商协议进行实质性审查也必不可少。[1] 依据《若干规定（试行）》第 20 条的规定，人民法院对经磋商达成的生态环境损害赔偿协议进行确认，需要履行必要审查。司法审查的主要内容包括：

第一，对生态环境损害赔偿协议进行形式审查。人民法院在运用司法确认模式对生态环境损害赔偿协议赋予强制执行力的保障之前，首先要确定是否受理确认申请。在审查受理条件方面，可以参考普通调解协议的相关规定。根据法律规定，司法确认申请要求双方当事人共同向法院提出申请。如果法院发现只有一方当事人提出申请，可通知另一方当事人前来，也可视为该条件满足。对于协议的自愿性和合法性，法院可以根据双方当事人的意思表示来推断其是否自愿，根据法官的专业判断来判断合法性。根据《若干规定（试行）》的规定，形式审查的主要内容包括：一是审查管辖范围。各省市的实践对生态环境损害赔偿协议的确认管辖并不统一，有些地区规定中级人民法院有管辖权，基层法院没有；有些地区规定生态环境侵权行为发生地或损害结果发生地的基层法院有管辖权。二是设置公告程序。法院受理申请后应公告协议内容，公告期间不少于 30 天。三是明确审查内容。公告期满后，法院经审查认为协议内容不违反法律法规强制性规定，且不损害国家利益和社会公共利益，则裁定确认协议有效。

第二，对生态环境损害赔偿协议进行实质审查。生态环境损害赔偿协议司法确认裁定书有利于生态环境损害的及时修复，肯定司法确认裁定书既判力的前提

---

〔1〕　任世丹：《首例生态环境损害赔偿协议司法确认案评析》，载《环境保护》2017 年第 21 期。

是赋予人民法院实质审查的权利。人民法院对生态环境损害赔偿协议进行实质审查的重要意义不仅在于保障生态环境损害赔偿协议的科学性和可行性，同时还肯定了赔偿协议司法确认裁定书的既判力。如上文所述，生态环境损害赔偿协议有别于一般的民事协议和行政协议，它具有较强的专业性内容，比如鉴定评估情况、生态环境修复方式与修复后评估等专业性问题，这就导致法官在审查该协议时需要较强的专业性，并对协议的专业内容进行符合生态环境修复目的与否的判断，因此明确法院对磋商协议进行实质审查的标准很有必要。

实质审查可考量：①生态环境损害赔偿协议内容的科学性，尤其要审查生态环境损害赔偿金额是否与生态环境损害后果相当，是否足够支持生态环境有效修复，考量生态环境修复方案的科学性和可操作性；②审查生态环境损害赔偿协议是否与现行法律规范冲突，尤其是审查生态环境损害赔偿协议与现行法律规范的生态环境保护价值规范是否一致；③必须以国家利益、社会利益作为审查价值判断标准，赔偿义务人利益保护不能对抗国家利益、社会利益。

（二）生态环境损害赔偿磋商协议司法确认的结果

生态环境损害赔偿磋商协议进行审查会产生两种结果：不予确认和予以确认。两种结果会产生不同的法律程序。

1. 不予确认。生态环境损害赔偿磋商协议不予确认是指人民法院受理司法确认申请后，经审查认为生态环境损害赔偿磋商协议不符合法律规定，或不足以保障国家利益和社会公共利益的，向双方当事人释明理由后，对申请确认的磋商协议作出不予确认的处理，并告知双方当事人重新进行磋商。赔偿权利人与赔偿义务人重新磋商达成协议的，由法院再次进行审查；不能达成一致的，告知赔偿权利人可以另行向法院提起生态环境损害赔偿诉讼。

2. 予以确认。生态环境损害赔偿磋商协议经人民法院审查认为磋商协议符合法律规定的，裁定予以确认，赋予其执行效力。依《若干规定（试行）》的规定，生态环境损害赔偿磋商协议经过司法确认的，应当将磋商协议内容在该院所在地省、市（州）级主流媒体进行公告。公告期间不少于 30 日。在磋商阶段已经对磋商协议履行公告程序，且公告后对协议内容无实质性变更的，法院可不再公告。公告期满后，无相关权利人或社会公众提出异议的，人民法院应当依法出具司法确认裁定书。公告期内，相关权利人或社会公众提出异议的，人民法院应当进行审查。如果异议理由成立，应当要求赔偿权利人、赔偿义务人结合该异议重新磋商，如能达成各方认可的赔偿协议，可继续司法确认程序；如不能达成新的协议，则终止司法确认程序，告知赔偿权利人可以另行向法院提起生态环境损害赔偿诉讼。

第五节　生态环境损害赔偿案件办理简易程序

《改革方案》对生态环境损害赔偿案件办理简易程序尚无明确规定，但在试点的 7 个地方所颁布的相关地方性生态环境损害赔偿制度改革方案中，设置了生态环境损害赔偿案件办理简易程序，为各省市创造性地执行国家生态环境损害赔偿制度改革方案设定了空间，有利于促进生态环境损害赔偿案件高效办理。

案例 24

贵阳市息烽县某砂石厂生态环境损害赔偿案[1]

一、案情简介

2019 年 7 月，贵阳市生态环境局发现位于息烽县的一家砂石厂砂石料堆场存在露天堆放问题，未采取防雨防尘措施，给周边环境带来了污染。2020 年 8 月，贵阳市生态环境局委托贵州省分析测试研究院，对该厂砂石料堆场造成的生态环境损害进行调查评估，并编制了《息烽县某砂石厂砂石料堆场生态环境损害鉴定评估报告书》。评估结果表明，砂石料堆场位于矿区，占地面积为 3666 平方米，砂石料的堆放改变了土壤环境的功能，导致原土壤环境的水源涵养功能发生了变化。

二、办理结果

经调查，确定了息烽县某砂石厂为赔偿义务人，并启动了生态环境损害赔偿程序。由于案件事实清晰，权利义务关系明确，赔偿义务人对损害责任也没有异议，因此采用了简易程序办理。2020 年 9 月，贵阳市生态环境局作为赔偿权利人与赔偿义务人就污染清除、生态环境修复、迟延履行金及鉴定评估费用等相关事

---

〔1〕　参见贵州省生态环境厅官网：《贵州省发布 5 起 2021 年生态环境损害赔偿改革典型案例》，载 https：//sthj. guizhou. gov. cn/xwzx/stdt/202107/t20210708_77723503. html，最后访问日期：2024 年 2 月 25 日。生态环境损害赔偿案件的处理，除了一般程序和简易程序外，实践中有些地区还创新了案件归类处理方式和综合认定方式，如在 "无锡某污水处理有限公司排放超标废水生态环境损害赔偿磋商案" 等多起案件中，无锡市生态环境局按照一定标准（如针对同一赔偿义务人，采用合并处理的方式）将其分为三类案件，并交由不同机构办理，在办理过程中共享案件信息和进展，减少事务性支出，切实将生态环境损害赔偿金用到改善生态环境的实处。

项达成了一致意见，并签署了《生态环境损害赔偿协议》。后修复工作全部完成。

三、典型意义

生态环境具有易破坏和难修复的不对称性。生态环境损害赔偿行为发生后，需要高效处理才能有效修复生态环境。因此，各省市开展生态环境损害赔偿制度改革试点时，均尝试通过简易程序机制的建构与适用，实现生态环境损害赔偿和生态修复的高效处理。

四、核心法理

本案从理论上拓宽了生态环境损害赔偿简易程序的适用路径，为实践中多元开展生态环境损害赔偿磋商提供了理论支撑，从理论与实践两个层面互相印证生态环境损害赔偿简易程序的广泛适用性。

（一）生态环境损害赔偿案件办理简易程序的意涵

《改革方案》从宏观上描绘了生态环境损害赔偿工作流程（见图1），但未对生态环境损害赔偿案件办理的简易程序进行过多说明。贵州作为试点省份，贵州省生态环境厅制定的《贵州省生态环境损害赔偿案件办理规程（试行）》第11条明确规定"案件调查结束后，损害量化金额估算在五十万元以下的案件，赔偿义务人对损害责任认定无争议的，采用简易程序办理"，率先通过规范性文件的方式创设了生态环境损害赔偿案件办理简易程序，完善了生态环境损害赔偿案件适用程序的制度供给。简言之，生态环境损害赔偿案件办理简易程序是指生态环境损害赔偿案件调查结束后，赔偿权利人可根据案件鉴定评估结果，对符合规定条件的案件采用简易程序办理。

贵阳市生态环境局在处理本案时，根据案情实际对该案适用了一种高效的处理程序——生态环境损害赔偿案件办理简易程序，并通过该程序最终与赔偿义务人达成了生态环境损害赔偿协议，提高了办理生态环境损害赔偿案件的效率，对后续案件的办理具有重要指导价值。从目前各省市生态环境损害赔偿制度改革方案和相应规范性文件关于生态环境损害赔偿案件办理程序设置看，生态环境损害赔偿案件办理适用简易程序制度规范设计尚未统一，还存在标准不一、适用范畴不同等问题，未形成制度化、规范化。

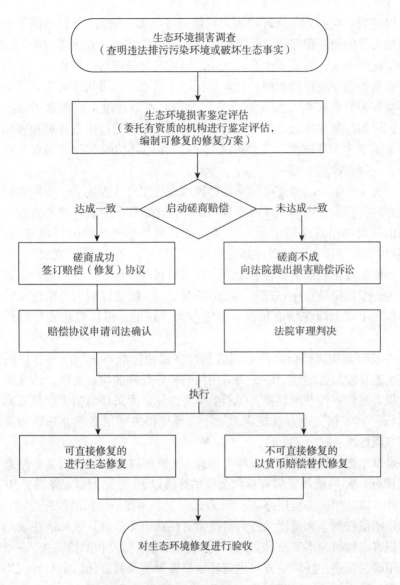

图 1：生态环境损害赔偿工作流程图

（二）生态环境损害赔偿案件办理简易程序的特点

1. 生态环境损害赔偿案件办理简易程序适用范围不一。目前，通过制定规范性文件的方式创设生态环境损害赔偿案件办理简易程序的省份主要有贵州、山东、江西、吉林、广东等。主要模式有三种：一是通过制定生态环境损害赔偿案件办理规程，如贵州省的《贵州省生态环境损害赔偿案件办理规程（试行）》，取代了以前的《贵州省生态环境损害赔偿磋商办法（试行）》，明确了生态环境损害赔偿案件的简易程序。二是诸如山东、吉林、江西等省份通过明确生态环境损害赔偿磋商办法，规范了生态环境损害赔偿案件办理的简易程序。三是通过具体个案探索生态环境损偿案件办理简易程序，例如，在贵州省尚未制定《贵州省生态环境损害赔偿磋商办法（试行）》之前，本案通过个案探索了该项程序的适用性；再如广东省中山市生态环境局与某建筑公司通过生态环境损害赔偿简易程序签订了《生态环境损害赔偿协议》，也为生态环境损失赔偿案件办理简易程序探索了一种途径。

从各省市生态环境损害赔偿案件办理简易程序规范表述看，不同省份适用范畴并不相同，广东、吉林、江西等省将简易程序适用于生态环境损害赔偿磋商环节，而山东和贵州既适用于磋商环节，也适用于整个案件的办理过程。例如，《贵州省生态环境损害赔偿案件办理规程（试行）》第11条则规定，"案件调查结束后，损害量化金额估算在五十万元以下的案件，赔偿义务人对损害责任认定无争议的，采用简易程序办理"。第16条规定，"赔偿权利人与赔偿义务人对生态环境损害事实、调查结论和损害鉴定等无争议的，可以简化程序自行组织磋商"。

2. 生态环境损害赔偿案件办理简易程序适用标准不一。简易程序适用标准是判定生态环境损害赔偿案件是否适用简易程序处理的构成要件。从《贵州省生态环境损害赔偿案件办理规程（试行）》《吉林省生态环境损害赔偿磋商管理办法（试行）》等相关地方性规定看，生态环境损害赔偿案件办理适用简易程序主要有三项标准：

一是以生态环境损害量化金额为标准。《贵州省生态环境损害赔偿案件办理规程（试行）》明确规定损害量化金额估算值以50万元为划定基准，50万元以下的案件可以适用简易程序办理，50万元以上的不能适用简易程序办理。

二是赔偿权利人和赔偿义务人对损害责任认定无争议。该标准主要是针对生态环境损害赔偿行为事实及其责任认定获得赔偿权利人和赔偿义务人一致认可，方能适用简易程序，任何一方对生态环境损害事实及其责任认定有异议均不构成简易程序的适用。

三是不需要进行生态环境损害鉴定评估的案件。《吉林省生态环境损害赔偿磋商管理办法（试行）》第8条规定了简易磋商程序的适用情形，即主要适用于涉案金额较小、争议不大、不需要进行生态环境损害鉴定评估的案件。[1]　吉林省的规定并无具体金额标准，争议不大和不需要进行生态环境赔偿鉴定评估的标准也极其抽象，给赔偿权利人对何种案件适用简易磋商程序留了极大的自由决定空间，这对生态环境损害赔偿案件具体办案人员提出了较高的要求。

---

〔1〕　吉林省环境保护厅、吉林省司法厅：《关于印发〈吉林省生态环境损害赔偿磋商管理办法（试行）〉的通知》，载 https：//sthjt. jl. gov. cn/ztzl/sthjshpc/zcfg/202011/P020230109590681250820. pdf，最后访问日期：2024 年 10 月 7 日。参见《吉林省生态环境损害赔偿磋商管理办法（试行）》第 8 条"简易磋商程序"：涉案金额较小、争议不大不需要进行生态环境损害鉴定评估的案件，省环保厅与赔偿义务人经协商同意的，可以直接出具《生态环境损害赔偿协议书》，协议书中应载明双方当事人名称，事实经过，责任划分以及赔偿方案、赔偿额度，由双方签字盖章，并于协议书签署后 7 个工作日内向责任方下达《结案通知书》，案件材料结案归档。省环保厅可以申请有管辖权的人民法院对《赔偿协议》进行司法确认。

第三章 | 生态环境损害赔偿诉讼

 知识概要

《改革方案》明确最高人民法院负责指导生态环境损害赔偿的审判工作，并对人民法院探索完善赔偿诉讼规则提出了具体要求。2019 年，最高人民法院在总结山东、贵州、云南、江苏等 9 省市出台的审理生态环境损害赔偿案件司法规则以及各地审判经验的基础上，颁布《若干规定（试行）》，明确了生态环境损害赔偿协议的司法确认规则、生态环境损害赔偿诉讼案件的受理条件、审理规则、强制执行规则以及生态环境损害赔偿诉讼与环境民事公益诉讼的衔接规则，创新了生态环境损害赔偿责任体系，为探索完善生态环境损害赔偿制度贡献司法智慧。

第一节　生态环境损害赔偿诉讼规则

随着各省市相继出现生态环境损害赔偿磋商失败案件后，山东、贵州、云南、江苏等 9 省市相继出台审理生态环境损害赔偿案件司法规则，为探索完善生态环境损害赔偿制度贡献了司法智慧。2019 年，《若干规定（试行）》出台后，建构了一系列生态环境损害赔偿诉讼规则体系，为之后实践中案例的司法审判提供了指引。

案例 25

黔西南州某燃气公司油罐车侧翻油品泄漏生态环境损害案[1]

一、案情简介

2020 年 4 月 24 日，某燃气公司的半挂牵引车在汕昆高速公路发生侧翻事故，导致黔西南州兴义市黄泥河段受到油品泄漏影响，造成生态环境污染。黔西南州生态环境局作为赔偿权利人与该燃气公司初步沟通了生态环境损害赔偿事宜，同时启动生态环境损害赔偿。经第三方机构鉴定评估，该事件的直接经济损失和生态环境损害赔偿金额总计为 466.56 万元。

二、办理结果

本案处理过程中，案涉燃气公司不同意磋商，要求通过诉讼解决赔偿事宜。因此黔西南州生态环境局以该燃气公司及有关保险公司为被告，向黔西南州中级人民法院提起诉讼。经审理后，法院判决该燃气公司及有关保险公司承担生态环境损害赔偿总计 447.53 万元。该燃气公司及相关保险公司提出上诉，经贵州省高级人民法院审理后，判决多家保险公司赔偿金额为 433.43 万元。

三、典型意义

在赔偿义务人不愿磋商的情况下，赔偿权利人有权提起生态环境损害赔偿之诉，向赔偿义务人主张生态环境损害赔偿权利，要求其承担生态环境损害赔偿责任。本案司法审判创新之处在于，当生态环境损害赔偿案件发生后，在赔偿义务人不愿意磋商，并且有相关保险的情况下，将赔偿义务人及其所承保的相关保险公司均纳入被告，要求诸被告一起承担生态环境损害赔偿责任。该案的成功审判，为同类案件司法审判积累了经验。

四、核心法理

该案通过适用《改革方案》《若干规定（试行）》的相关规定，在承保的情况下，以司法裁判的方式实现了赔偿义务人及其承保的保险公司的生态环境损害赔偿责任，诠释了新的生态环境损害赔偿责任实现方式，对生态环境损害赔偿诉

---

〔1〕 参见贵州省生态环境厅官网：《贵州省发布 5 起 2022 年生态环境损害赔偿改革典型案例》，载 https://sthj. guizhou. gov. cn/xwzx/tzgg/202210/t20221010_77741135. html，最后访问日期：2024 年 2 月 25 日。类似的生态环境损害赔偿磋商与诉讼衔接的典型案例还有"南通通州区某废油加工厂偷排废油生态环境损害赔偿诉讼案"等。

讼中的管辖、原告、被告及其他相关诉讼规则等核心法理问题进行了解读。

（一）生态环境损害赔偿诉讼的意涵

1. 生态环境损害赔偿诉讼的含义。生态环境损害赔偿诉讼源于政府履行环境保护职责、实施"损害担责"原则、解决生态环境损害索赔主体缺失问题的现实需求。[1] 生态环境损害赔偿制度解决了我国现有法律框架下生态环境破坏与资源受损而无适当索赔主体的问题，确保生态环境违法行为的生态修复和损害赔偿责任能够得到承担。《若干规定（试行）》第 1 条中规定，省级、市地级人民政府及其指定的相关部门、机构，或者受国务院委托行使全民所有自然资源资产所有权的部门，因与造成生态环境损害的自然人、法人或者其他组织经磋商未达成一致或者无法进行磋商的，可以作为原告提起生态环境损害赔偿诉讼。这意味着，生态环境损害赔偿权利人或其指定的代表人可以作为原告，依法定程序对造成生态环境损害负有责任的自然人、法人或非法人组织提起要求其承担修复生态功能、赔偿损失等责任的诉讼，人民法院依法予以受理、审理并作出裁判。政府作为"赔偿权利人"，依托于国家对自然资源的"物权化"来提起此类诉讼。这种表述方式采用了私法逻辑，旨在将资源价值和生态价值与环境要素、生物要素和生态系统结合起来，保护生态环境与资源。

2. 生态环境损害赔偿诉讼的特征。总体看，生态环境损害赔偿诉讼具有以下特征：

第一，生态环境损害赔偿诉讼以生态环境损害赔偿磋商为前置条件。生态环境损害赔偿磋商是生态环境损害赔偿诉讼的前提：①磋商是进行生态环境损害赔偿诉讼程序的重要一步。只有在磋商无法达成一致的情况下，才可以提起生态环境损害赔偿诉讼。这种前置性的设定，旨在为各方提供解决纠纷的机会，避免不必要的法律程序及其所带来的效率低下和成本增加；②磋商有助于保护双方当事人的权益。在生态环境损害赔偿诉讼中，磋商过程为原告和被告提供了平等参与、平等协商的机会。通过磋商，被告可以了解原告的主张，原告可以了解被告的意见，各方可以协商如何进行赔偿或补救等问题；③磋商作为法律程序的一部分，为当事人提供了解决纠纷的机会，保护了双方当事人的权益，并体现了适度和解的原则。因此，在进行生态环境损害赔偿诉讼前，磋商是必要的，其有助于实现有效的纠纷解决和生态环境保护的目标。

第二，生态环境损害赔偿诉讼原告具有多元性。从《若干规定（试行）》第 1 条的规定看，生态环境损害赔偿诉讼原告主要是省级、市地级（设区的市以

---

[1] 彭中遥：《论政府提起生态环境损害赔偿诉讼的制度空间》，载《华中科技大学学报（社会科学版）》2021 年第 4 期。

及直辖市下的区县人民政府）指定的相关部门、机构或受国务院委托行使全民所有自然资源资产所有权的部门，它既可以是生态环境主管部门、水利主管部门、文化主管部门，也可以是自然资源主管部门。

第三，生态环境损害赔偿诉讼原告资格的确立主要以主管职责为确定标准。主管职责划定标准强调生态环境损害赔偿诉讼"谁管理，谁具有原告资格"；案件类型标准以生态环境损害赔偿案件损害对象为识别标志，如是生态环境损害或破坏案件，则生态环境主管部门具有原告诉讼资格；如是自然资源损害案件，则自然资源主管部门具有原告诉讼资格。此外，生态环境损害赔偿案件哪怕产生了自然资源实际受损，但多数包含生态环境损害结果，实践中也多数由生态环境主管部门提起生态环境损害赔偿诉讼。但就《若干规定（试行）》规定及其法理而言，自然资源主管部门在此类案件中具有直接提起生态环境损害赔偿诉讼的资格。

（二）生态环境损害赔偿诉讼的法律属性

1. 国益诉讼学说。该学说认为，自然资源归国家所有，由政府代表国家行使其所有权，并负责维护国家利益。[1] 根据该观点，检察机关和社会组织无权就损害生态环境公共利益的行为提起赔偿诉讼。然而，该观点未能充分考虑到根据相关政策和《若干规定（试行）》构建的"生态环境损害赔偿诉讼"实际上包括了生态环境和自然资源两个领域。该观点以自然资源所有权为基础，对生态环境损害赔偿诉讼的法律属性进行的界定存在瑕疵。

2. 公益诉讼学说。该学说认为，生态环境损害赔偿诉讼旨在保护和救济生态环境的公共利益，该公共利益属于全体人民所有。省级、地（市）级人民政府作为原告，与生态环境污染和破坏之间并无直接利益，其提起诉讼并非出于私人利益。该观点认为，界定生态环境损害赔偿诉讼的法律属性应关注诉讼的目的，而不仅仅关注原告的资格差异。由于生态环境损害赔偿诉讼的目的是维护生态环境的公共利益，因此其法律属性应该是公益诉讼。然而，该观点存在一个最大的问题，即具有维护生态环境公共利益功能的诉讼并不都是公益诉讼，因为私益诉讼中也可能包含公益诉求。此外，该观点没有注意到生态环境损害赔偿诉讼救济的对象存在本质差异，即生态环境和自然资源系公共利益和国家利益，未充分考虑到生态环境损害赔偿诉讼的目的相比环境民事公益诉讼更为广泛。

3. 直接利害关系说。该学说认为，生态环境损害赔偿诉讼是私益诉讼。该观点认为，国家作为自然资源的所有者，与生态环境被破坏时有直接的利益，并

---

〔1〕 彭中遥：《生态环境损害赔偿诉讼的性质认定与制度完善》，载《内蒙古社会科学（汉文版）》2019年第1期。

代表国家利益。[1] 然而，该观点没有区分生态环境和自然资源之间的差异。因《民法典》没有明确规定国家为民事主体，法院支持的诉讼请求中的财产权益应归于国库或公益诉讼专项基金，而不是由诉讼主体拥有，不能通过直接利害关系来界定生态环境损害赔偿诉讼的法律属性为私益诉讼。

4. 私益诉讼向公益诉讼过渡说。该学说认为，根据《改革方案》，生态环境损害赔偿诉讼是以国家所有权为基础的私益诉讼。然而，随着《民法典》的生效，《改革方案》的历史使命已经完成，此时提起生态环境损害赔偿诉讼应视为维护生态环境公共利益的公益诉讼。[2] 以规范依据的变动来界定诉讼的法律属性依然是不科学的。此外，该观点没有区分生态环境和自然资源的权属差异，也没有考虑到生态环境损害赔偿诉讼救济对象的不同，因此有着漏洞和不足之处。

5. 特殊的环境民事公益诉讼说。该学说认为，生态环境损害赔偿诉讼的本质是为了维护生态环境公共利益，具有公益诉讼的特点，[3] 但又不同于环保组织或检察院提起的环境民事公益诉讼。因此，它可以被界定为特殊的环境民事公益诉讼。[4] 该观点承认了生态环境损害赔偿诉讼与环境民事公益诉讼在诉讼目的方面的相似之处，并且考虑了两者在诉讼主体方面的差异。然而，该观点忽视了生态环境和自然资源之间的权属差异以及生态环境损害与自然资源损害之间的不同，需要进一步修正和完善。

（三）生态环境损害赔偿诉讼规则

随着最高人民法院出台《若干规定（试行）》，各省市司法机关结合实际相继颁布了生态环境损害赔偿案件规程，对生态环境损害赔偿诉讼中的管辖、举证责任、与环境民事公益诉讼之间的衔接规则、磋商协议的司法确认、裁判的强制执行等内容作出了具体、细化的规定。

1. 生态环境损害赔偿诉讼的管辖。生态环境损害赔偿案件具有高度复合性和专业技术性，决定了生态环境损害案件的审判必须走专门化审判道路。我国的环境司法专业化发轫于生态环境区域治理的司法实践，全国各地陆续设立环境与资源专门审判机构。环境与资源审判庭具有完善环境司法审判规则、推动环境资源审判专门机构设立、促进对公民环境权益的保护、助力环境公益诉讼的开展和

---

〔1〕彭中遥：《生态环境损害赔偿诉讼的性质认定与制度完善》，载《内蒙古社会科学（汉文版）》2019年第1期。

〔2〕占善刚、陈哲：《〈民法典〉实施背景下生态环境损害赔偿诉讼定位研究》，载《干旱区资源与环境》2021年第3期。

〔3〕程多威、王灿发：《生态环境损害赔偿制度的体系定位与完善路径》，载《国家行政学院学报》2016年第5期。

〔4〕李浩：《生态损害赔偿诉讼的本质及相关问题研究——以环境民事公益诉讼为视角的分析》，载《行政法学研究》2019年第4期。

服务保障生态文明建设等方面的作用。

《若干规定（试行）》第 3 条规定："第一审生态环境损害赔偿诉讼案件由生态环境损害行为实施地、损害结果发生地或者被告住所地的中级以上人民法院管辖。经最高人民法院批准，高级人民法院可以在辖区内确定部分中级人民法院集中管辖第一审生态环境损害赔偿诉讼案件。中级人民法院认为确有必要的，可以在报请高级人民法院批准后，裁定将本院管辖的第一审生态环境损害赔偿诉讼案件交由具备审理条件的基层人民法院审理。生态环境损害赔偿诉讼案件由人民法院环境资源审判庭或者指定的专门法庭审理。"该规定明确了生态环境损害赔偿案件法定管辖法院为中级人民法院，确有必要时，可以采用裁定管辖的方式交由具备审理条件的基层人民法院管辖。另外，该条还确定了生态环境损害赔偿案件专门化司法审判机制，即生态环境损害赔偿诉讼案件由具有管辖权的环境资源审判庭专门审理。如果具有管辖权的人民法院没有设置环境资源审判庭，可以指定专门法庭审理。例如，A 中级人民法院对某生态环境损害赔偿诉讼案件具有管辖权，但 A 中级人民法院没有设置环境资源法庭，而其辖区内的 B 县人民法院设置了环境资源审判庭，则可以指定 B 县人民法庭予以审理。从实践看，早期的生态环境案件审理即是如此布局。贵阳市 2007 年设置清镇环保法庭负责贵阳市所有环境资源诉讼审判就具有这样的功能。

2. 生态环境损害赔偿诉讼当事人。生态环境损害赔偿诉讼的启动，使得受生态环境损害赔偿法律规范调整的生态环境损害赔偿诉讼法律关系随即产生。除了人民法院这一重要主体外，生态环境损害赔偿诉讼当事人始终是生态环境损害赔偿诉讼法律关系的当然主体。但是，由于生态环境损害赔偿诉讼是因损害生态环境利益而引起的诉讼，其法益损害直接指向公共利益，生态环境损害赔偿诉讼法律关系中很难涉及第三人权益与生态环境损害法益的竞合。因此，生态环境损害赔偿诉讼中第三人很少出现。此外，《若干规定（试行）》第 2 条第 1 项明确规定："下列情形不适用本规定：（一）因污染环境、破坏生态造成人身损害、个人和集体财产损失要求赔偿的，适用侵权责任法等法律规定"。这意味着即使生态环境损害赔偿案件涉及第三人的人身权、财产权损害，也只能依据《民法典》"侵权责任编"提起环境侵权诉讼。因此，生态环境损害赔偿诉讼当事人主要有原告、被告。

（1）生态环境损害赔偿诉讼的原告。与"以自己的名义提起诉讼，请求法院保护其合法权益，因而使诉讼成立"的民事诉讼原告、行政诉讼原告不同，生态环境损害赔偿诉讼原告具有一定的资格要求：具有生态环境资源利益代表资格的一定层级的人民政府，具有公共利益代表属性，而非私益的法定所有权人。根据 2015 年《试点方案》规定，经国务院授权的试点地方之省级政府可作为该行政区内的"生态环境损害赔偿权利人",其可自行提起或指定相关部门、机构提起生态环境损害赔偿诉讼。之后,2017 年《改革方案》将"生态环境损害赔偿权利人"的范围和层级从省级政府扩张至省级、地(市)级政府,意即省级、地(市)级政府及其指定的有关部门和机构均可作为原告,对生态环境危害行为人提起生态环境损害索赔之诉。从先行试点的省(直辖市)实践情况看,江苏、湖南、重庆、贵州、云南等省份(直辖市)规定了由省级政府指定环保、资源、国土、林业及水利等与生态环境保护有关的行政职能部门在各自主管的领域内负责具体的生态环境损害索赔工作(见表 6)。此外,湖南还将生态环境损害索赔诉权进一步下放至州、县市区人民政府层面;贵州甚至专门发文,明确相关生态环境部门可以其名义自行对生态环境危害行为人提起索赔之诉。[1]

表 6:各地实践中关于生态环境损害赔偿诉讼原告资格的细化规定[2]

试点省份	原告资格的细化规定
吉林省	指定省级环保行政主管部门负责生态环境损害赔偿的具体工作。
江苏省	省生态环境厅负责生态环境损害赔偿的组织协调工作,国土资源、住房城乡建设、水利、农业、林业、海洋与渔业等相关部门根据职责分工,分别负责矿产、土地、水资源、耕地、森林及湿地、渔业(淡水)资源等损害的索赔工作。
湖南省	指定环境保护、国土资源、住房城乡建设、水利、农业、林业等生态环境保护行政管理部门按法定职能行使生态环境损害索赔权。损害行为不涉及跨市州或县市区行政区域的,可根据实际情况指定有关市州、县市区人民政府行使上述权利。
重庆市	市环保局负责生态环境损害赔偿的具体工作。
贵州省	省环境保护厅、省国土资源厅、省住房城乡建设厅、省水利厅、省农委、省林业厅、省交通运输厅七部门,在各自职权职责范围内代表省人民政府行使生态环境损害索赔诉权。

---

〔1〕 参见《贵州省人民政府关于指定省环境保护厅等相关部门代表省人民政府行使生态环境损害赔偿权利人权利有关事项的通知》第一段:"……在我省开展生态环境损害赔偿制度改革试点工作期间,指定省环境保护厅、省国土资源厅、省住房城乡建设厅、省水利厅、省农委、省林业厅、省交通运输厅等涉及生态环境保护职能的省有关部门代表省人民政府行使生态环境损害赔偿权利人权利"。

〔2〕 彭中遥:《生态环境损害赔偿诉讼制度研究》,中国社会科学出版社 2022 年版,第 85 页。

试点省份	原告资格的细化规定
云南省	省国土资源厅、省环境保护厅、省住房建设厅、省农业农村厅、省林业厅、省水利厅等部门负责其职责范围内生态环境损害赔偿的具体工作。

2019 年《若干规定（试行）》出台后，依其第 1 条的规定，生态环境损害赔偿诉讼原告主要分为两个层次：一是省级人民政府及其指定的相关部门、机构，或者受国务院委托行使全民所有自然资源资产所有权的部门，依法取得生态环境损害赔偿原告诉讼资格。实践中，一般表现为省级人民政府及其指定的生态环境厅或自然资源厅等行政主管部门。二是市（地）级人民政府及其指定的相关部门、机构，或者受国务院委托行使全民所有自然资源资产所有权的部门，依法取得生态环境损害赔偿原告诉讼资格。实践中，一般表现为市（地）级人民政府及其指定的生态环境局或自然资源局等行政主管部门。根据我国市（地）级人民政府行政区划设置实际构成，《若干规定（试行）》第 1 条第 2 款专门规定，市地级人民政府包括设区的市，自治州、盟、地区，不设区的地级市，直辖市的区、县人民政府。

（2）生态环境损害赔偿诉讼的被告。《改革方案》明确将生态环境损害赔偿义务人规定为"违反法律法规，造成生态环境损害的单位或个人"。如此规定，意味着生态环境损害赔偿诉讼应适用过错责任原则。换言之，生态环境危害行为人（单位或个人）违反法律法规，并且造成了严重的生态环境损害后果，省级、市（地）级人民政府及其指定的相关部门、机构可作为原告，对生态环境危害行为人提起生态环境损害索赔之诉。与此同时，《改革方案》明确规定各试点地方可根据实际情况与客观需求，适当扩大生态环境损害赔偿义务人的范围。经比对发现，除湖南之外，[1] 其余 6 省市基本沿用了《改革方案》中"生态环境损害赔偿义务人"的有关规定。

但是，从本案的处理看，赔偿义务人如果在实施生态环境损害行为之前已承保，符合启动生态环境损害赔偿诉讼条件时，赔偿权利人会将承保的保险公司一起作为被告纳入生态环境损害赔偿诉讼法律关系中。因此，除了生态环境损害赔偿义务人是恒定的被告外，与生态环境损害后果存在一定关联性的企业、个人或

---

〔1〕《湖南省生态环境损害赔偿制度改革试点工作实施方案》明确规定，机关、企业事业单位、社会组织和个人实施建设工程、生产经营和其他社会活动造成生态环境损害的，应当作为赔偿义务人承担生态环境损害赔偿责任；历史遗留且无责任主体的生态环境损害问题由所在地人民政府纳入正常环境治理工作，不纳入赔偿试点范围。国家法律法规及我省另有规定的，按规定执行。

社会组织，在满足一定条件的情况下，也会成为生态环境损害赔偿诉讼的被告。

3. 生态环境损害赔偿诉讼的举证责任。生态环境损害赔偿诉讼既不适用单一的原告举证规则，也不完全适用举证责任倒置规则，而是根据生态环境损害赔偿诉讼原告被告具体的诉求分配举证责任，实行"原告举证+被告举证"的两种举证模式。生态环境损害赔偿诉讼举证责任配置源于两种规范：一是国家生态环境资源保护领域的特别法律规范设计，如《中华人民共和国水污染防治法》（以下简称《水污染防治法》）等；二是源于《民法典》《若干规定（试行）》的规范设计，对原告被告的举证责任分类予以明确。这两种路径的规范设置，共同构造了生态环境损害赔偿诉讼"依诉求分配举证责任"的证明体系。

（1）原告举证责任。依《若干规定（试行）》第 6 条的规定，生态环境损害赔偿权利人作为原告，主要是就生态环境损害结果以及赔偿费用产生等事实性问题负有举证义务：一是原告认为被告实施了污染环境、破坏生态的行为或者具有其他应当依法承担责任的情形，应当举证证明生态环境损害行为确系被告实施；二是原告主张被告承担生态环境损害赔偿责任时，需举证证明生态环境受到损害的事实，以及生态环境修复所需修复费用、损害赔偿等具体数额；三是原告需要证明被告污染环境、破坏生态的行为与生态环境损害之间具有关联性，即具有因果关系。

（2）被告举证，又称为举证责任倒置。《若干规定（试行）》第 7 条规定："被告反驳原告主张的，应当提供证据加以证明。被告主张具有法律规定的不承担责任或者减轻责任情形的，应当承担举证责任。"从第 7 条的规定看，在生态环境损害赔偿诉讼过程中，被告具有通过举证反驳原告主张的权利。原告被告双方就生态环境损害及后果等事实都可以举证，二者举证责任配置均是围绕相同的事实不同的主张进行。《民法典》第 1230 条规定："因污染环境、破坏生态发生纠纷，行为人应当就法律规定的不承担责任或者减轻责任的情形及其行为与损害之间不存在因果关系承担举证责任。"《民法典》以环境侵权诉讼的方式明确了赔偿义务人的举证范畴，与《若干规定（试行）》的规定一致。《水污染防治法》第 98 条规定："因水污染引起的损害赔偿诉讼，由排污方就法律规定的免责事由及其行为与损害结果之间不存在因果关系承担举证责任。"该规定和《民法典》的规定具有一致性，所规定的排污方作为行为人、赔偿义务人，有权就自己法定的免责事由及其行为与损害结果之间不存在因果关系进行举证，以此实现对抗原告主张的权利。

《若干规定（试行）》《民法典》《水污染防治法》等关于生态环境损害赔偿诉讼中的被告举证责任配置具有一个共同点：以反驳原告主张为基本点。虽然从规范解释的视角看，这是一种举证责任的规范要求，但如果被告与原告主张具有一致性，实质意义上是一种举证权利配置，不是简单的举证责任倒置。因此，生态环境损害赔偿诉讼举证责任主要奉行以诉求配置举证权责，给予原告被告双方进行举证的权利配置，更有利于审理生态环境损害赔偿案件，高效推动生态环境修复。

4. 其他诉讼规则。我国 2015 年《试点方案》与 2017 年《改革方案》对生态环境损害赔偿诉讼制度进行了原则性规定，最高人民法院于 2019 年出台《若干规定（试行）》，对生态环境损害赔偿案件的受理条件与前置程序、审理程序、与环境民事公益诉讼之间的衔接规则等内容作出了具体规定，为我国生态环境损害赔偿审判工作的顺利、有效开展提供有力指导。与此同时，各省市司法机关根据自身司法实践，也出台了相应的生态环境损害赔偿诉讼办理规程，例如本案处理过程中，司法机关依据《贵州省高级人民法院关于审理生态环境损害赔偿案件的诉讼规程（试行）》（以下简称《诉讼规程（试行）》）审理此案，《诉讼规程（试行）》全文共计 47 条，进一步细化了生态环境损害赔偿案件的前置程序、管辖与受理程序、赔偿责任与修复评估体系、禁止令及财产保全等制度（见表 7）。

表 7：《诉讼规程（试行）》中有关规定

相关内容	对应条款
生态环境损害、生态环境损害赔偿诉讼的定义	第 1~2 条
赔偿权利人、赔偿义务人及其诉讼权利义务	第 3~7 条
赔偿协议的审查及司法确认	第 8~9 条
磋商与诉讼衔接程序（前置程序）	第 10~11 条
管辖与受理	第 12~16 条、第 18 条
审理程序	第 17 条、第 24~25 条
与环境民事公益诉讼的衔接规则	第 19~21 条
调解程序	第 26 条
赔偿责任与修复评估体系	第 23 条、第 38~44 条
证据与举证责任	第 27 条、第 31~37 条
禁止令及财产保全制度	第 28~30 条
生态环境损害赔偿金	第 45 条

（表格来源：整理形成）

2019 年《若干规定（试行）》之出台是我国生态环境损害赔偿司法审判工作的重大进步。但同时应当看到，最高人民法院基于为我国生态环境损害赔偿法律制度之构建保持开放性，以及为相关司法实践之探索留有余地等方面的考量，暂未就生态环境损害赔偿审判工作中一些具有较大争议的问题（如生态环境损害赔偿诉讼的诉权来源、法律性质等问题）作出明确规定。相较于《改革方案》而言，2019 年《若干规定（试行）》至少有两大亮点：

（1）建立健全我国生态环境损害赔偿法律责任体系。一方面，为突出生态修复的诉讼目标，首次将"生态修复"纳入生态环境损害赔偿责任的承担方式之中；[1] 另一方面，将制定修复方案的费用、修复期间的监测监管费用，以及修复完成后的验收费用、修复效果后评估等费用纳入生态修复费用之范畴。

（2）为避免生态环境损害赔偿诉讼和环境民事公益诉讼之间的"冲突"与"碰撞"，《若干规定（试行）》从案件受理、案件审理以及裁判生效等阶段出发，明确规定了上述两项诉讼的衔接规则，进而为最大限度节省司法资源并发挥"两诉"之制度合力创造了条件。《民法典》在其"侵权责任编"中明确规定了生态环境损害的修复和赔偿责任规则。[2] 上述条款之出台，为生态环境损害赔偿诉讼制度提供了最基本的实体法依据。

第二节　生态环境损害赔偿磋商与诉讼的衔接

《改革方案》明确提出"主动磋商，司法保障"的工作原则，强调生态环境损害发生后，赔偿权利人应当组织开展生态环境损害调查、鉴定评估、修复方案编制等工作，主动与赔偿义务人磋商。生态环境损害赔偿磋商协议签订后，双方当事人可申请人民法院进行司法确认以产生强制执行的效力；磋商协议未达成的，赔偿权利人应当及时提起生态环境损害赔偿诉讼。

---

〔1〕　江必新：《依法开展生态环境损害赔偿审判工作 以最严密法治保护生态环境》，载《人民法院报》2019 年 6 月 27 日，第 5 版。

〔2〕　参见《民法典》第 1234~1235 条之规定。

案例 26

吉林省生态环境局诉某水务有限公司及其污水处理分公司生态环境损害赔偿案[1]

一、案情简介

经环境监测机构监测，某水务有限公司吉林市污水处理分公司在 2018 年 7 月 9 日、10 日、20 日、26 日，2020 年 12 月 12 日~13 日及 25 日总排口存在超标排放的情况。吉林市生态环境局委托鉴定机构对 2018 年 7 月及 2020 年 12 月期间该污水处理分公司污水总排口超标排放造成的生态环境损害进行评估鉴定，鉴定认为由于污水总排口超标排放造成的地表水与沉积物环境损害修复费用为 57142.96 元，鉴定评估费用为 25000 元。因磋商未达成一致，吉林市生态环境局以某水务有限公司及其吉林市污水处理分公司为被告向人民法院提起生态环境损害赔偿诉讼。

二、办理结果

吉林省吉林市中级人民法院经审理认为，吉林市生态环境局系受吉林市人民政府指定主张生态环境损害赔偿权利的部门，其因与某水务有限公司污水处理分公司经三次磋商均未能达成一致，提起生态环境损害赔偿诉讼，符合法律规定。吉林市生态环境局在诉前委托具备环境司法鉴定资质的鉴定机构出具鉴定意见，经庭审质证符合证据标准，可以作为认定案件事实的根据。吉林市生态环境局提交的证据可以证明该污水处理分公司实施了污染环境、破坏生态的行为，对生态环境造成了损害，其行为与生态环境损害之间具有关联性，并能够确定损害赔偿的具体数额，故该污水处理分公司应当对其污染环境、破坏生态的行为承担损害赔偿责任。

三、典型意义

污水处理是城市水环境治理的重要防线，污水处理企业成立目的即为了使污水在净化处置后达标排放，避免水环境受到污染，较其他生产企业应更严格地遵守生态环境保护的规范和标准。本案之所以作为吉林省生态环境损害赔偿典型案例，核心价值在于：生态环境损害赔偿磋商失败后，赔偿权利人采用提起生态环

---

〔1〕 微信公众号"吉林省高级人民法院"：《吉林高院发布环境资源典型案例》，载 https://mp.weixin.qq.com/s/cztatvTJndnJPZFcPhB-Hg，最后访问日期：2024 年 2 月 25 日。

境损害赔偿诉讼的方式维护权利，诠释了生态环境损害赔偿磋商程序与生态环境损害赔偿诉讼程序衔接的重要意义。

四、核心法理

《改革方案》提出了"主动磋商，司法保障"的工作原则，但未明确两种制度在解决生态环境损害赔偿问题时具体的衔接模式。本案处理不仅明确了生态环境损害赔偿磋商程序是生态环境损害赔偿诉讼的前置程序，还回答了生态环境损害赔偿磋商程序与生态环境损害赔偿诉讼程序的衔接路径等问题。

（一）生态环境损害赔偿磋商程序与生态环境损害赔偿诉讼程序衔接的必要性

生态环境损害赔偿磋商与生态环境损害赔偿诉讼两种程序在保护生态环境上各具优势，在整个生态环境损害赔偿制度中，磋商与诉讼互为补充，都是面对生态环境损害时有效的救济途径，因此有衔接的必要。

第一，生态环境损害赔偿磋商程序与诉讼程序相比要"快"，更具效率。为了尽快地完成对生态环境的修复，磋商程序追求在较短的时间内完成与赔偿义务人的协商，通过达成赔偿协议去完成生态环境的修复。在生态环境损害赔偿制度中，磋商程序的出现并不是偶然的，而是必然的。例如在本案中，某水务有限公司吉林市污水处理分公司污水总排口超标排放造成生态环境损害，时间因素就成为影响生态环境修复的重要因素，吉林市生态环境局必须快速做出反应，启动对该事故的处置方案，尽快进行生态环境修复，对赔偿义务人赔偿责任的确立也要尽快，这时便需要一个比诉讼程序更加快速的程序出现，而若在磋商程序中达成磋商协议就可直接避免进入繁琐的诉讼程序，缩减了生态环境损害赔偿程序中进行诉讼对抗的环节。

第二，生态环境损害赔偿磋商程序有利于促进当事人平等沟通。生态环境损害赔偿磋商程序尽管与民事诉讼中的调解程序具有差异性，但两者也具有一些相似性，最相似的一处即都为当事人提供了一个可以平等沟通的平台，在磋商过程中，赔偿义务人与赔偿权利人处于平等地位，都可以就本方权益提出意见，对赔偿协议的制定提出建议，并在双方达成共识后通过签订生态环境损害赔偿协议来达成共赢局面。相比于生态环境损害赔偿诉讼程序，磋商程序少了些许对抗性，双方更加侧重于协商性，在适用上可以更加灵活。此外磋商程序还少了些强迫性，可以大大促进赔偿协议的达成，它更像一个谈判的过程，赔偿权利人与赔偿义务人可以在磋商中提出自己的要求，双方进行一种博弈，对于通过磋商程序达成的结果，双方更容易接受，在后续的修复工作中也会减少一些麻烦。

第三，生态环境损害赔偿诉讼能够有效弥补生态环境损害赔偿磋商失败后生态环境修复不及时的困境。生态环境损害赔偿诉讼程序作为磋商失败后生态环境损害赔偿程序的后续阶段，在整个生态环境损害赔偿程序中是不可或缺的。在之前对环境的保护主要集中在民法与刑法中，保护的权益也是个人或集体的权益，反而缺乏对生态环境本身的保护，使得修复生态环境的责任过多依赖于政府。但生态环境损害赔偿诉讼的出现弥补了这一缺口，通过诉讼进行生态环境损害索赔是司法领域保护生态环境的重要方式。

第四，生态环境损害赔偿诉讼程序能够形成国家保护生态环境的权力集合，实现"行政+司法"协同保护架构。生态环境损害赔偿诉讼作为一种诉讼制度具有所有诉讼制度的共性，依靠国家机器保护受损权利，诉讼是一种完全的司法保护手段，它不同于前置的磋商程序，一旦司法权介入，该案件的处理就有了国家公权力的支撑。法院作为司法机关介入生态环境损害赔偿案件中，就意味着当事人必须接受法律对其的规制。作为中立者，法官依法审理案件，其介于天平的中心，对于受损的生态环境司法机关也会尽力去保护，诉讼参与者也不能再对一部分权益进行让步，一旦确定了诉讼请求，便不可没有理由地随意变更，对于法院的判决即使赔偿义务人不愿意接受，在强制力的作用下也要接受，生态环境损害赔偿诉讼程序也就成为了保护生态环境的一道有力防线。生态环境损害赔偿诉讼程序还具有一种不易察觉的优势，即引入公权力来对生态环境损害赔偿案件进行监督，从而避免因为个人利益而损害社会利益行为的出现。通过分析对比生态环境损害赔偿磋商程序与生态环境损害赔偿诉讼程序的优势发现，在一些方面，一方刚好可以做另一方缺憾的补充，这也是《若干规定（试行）》将磋商程序作为生态环境损害赔偿诉讼前置程序的目的所在。

（二）生态环境损害赔偿磋商程序与生态环境损害赔偿诉讼程序衔接的必然性

从生态环境损害赔偿诉讼程序设立实施这一步起，该诉讼就已经突破了法律保留原则，[1] 根据《中华人民共和国立法法》的规定，[2] 诉讼和仲裁制度是要由法律来规定的。分析生态环境损害赔偿诉讼程序出现的时间与《民法典》出台的时间，可以发现，在很长一段时间里，该诉讼程序是缺失法律依据的。生态环境损害赔偿诉讼实施的依据是《改革方案》，《改革方案》的制定主体是中共中央办公厅和国务院，因此它的确立不同于其他诉讼制度，在缺乏法律依靠的情况下，使得生态环境损害赔偿诉讼的确立既不能缺少行政机关，也不能缺少司

---

〔1〕 扶婷：《行政和司法互动视野下的生态环境损害赔偿诉讼研究》，湘潭大学 2021 年博士学位论文。

〔2〕《中华人民共和国立法法》第 11 条："下列事项只能制定法律：……（十）诉讼制度和仲裁基本制度……"

法机关。而正是这两种机关的共同推进，即磋商程序是行政机关主导的，诉讼程序又为司法机关主导，这从一开始就为磋商程序与诉讼程序的衔接埋下了渊源。中共中央办公厅和国务院作为《改革方案》的发布主体，对于一些制度的规定是从行政机关办理案件的考虑出发的，自然在《改革方案》中出现的生态环境损害赔偿诉讼也就与行政行为相联系了起来，除此之外，对于开展生态环境损害赔偿诉讼程序的一些配套措施也是充分考虑到的，磋商程序作为行政机关联系赔偿义务人进行赔偿事项商谈的程序，一旦失败，司法机关也就会立即着手对案件的审理。从《改革方案》与《若干规定（试行）》的出台时间与出台主体来看，从一开始便是行政机关在积极推动这项诉讼程序的设立，后来司法机关也积极响应，细化了生态环境损害赔偿诉讼程序的规定。生态环境损害赔偿诉讼制度确立的特殊经历，使得从一开始该制度就出现了行政和司法交错的现象，行政机关与司法机关都积极推进该制度，两者相互配合，从一开始就为生态环境损害赔偿磋商程序与生态环境损害赔偿诉讼程序的衔接做好了基础准备，所以两者衔接具有发展必然性。

综上所述，在生态环境损害赔偿纠纷的解决过程中，磋商和诉讼都有其不可替代的优势，但也有不可避免的劣势。我们不应当将两者简单地割裂甚至抛弃任意一个。结合生态环境损害的特点和我国环境基本法的要求，多元化的法律救济模式是全方位保护生态环境的必然要求，各种手段各有优劣，需要相互协调和补充。由于诉讼需要耗费较长的时间，可能会导致生态环境损害的扩大，而磋商达成的赔偿协议是基于赔偿权利人与赔偿义务人的谈判博弈，通常是符合赔偿义务人的心理预期的，这样的赔偿协议本身也更能促进赔偿义务人的主动履行，因此，推荐在第一时间积极运用磋商手段进行索赔。但当磋商因为各种原因出现拖延的时候，可以通过向诉讼转移确保目的的实现。即当赔偿义务人能与赔偿权利人达成生态环境损害赔偿协议，并自愿履行，则可不必动用司法资源；只有当赔偿义务人未能与赔偿权利人达成生态环境损害赔偿协议时，才有必要由被指定作为赔偿权利人的环境保护主管部门向法院提起生态环境损害赔偿之诉，或由社会组织、检察机关向法院提起环境民事公益诉讼。据此，《改革方案》完善了《试点方案》的规定，在实际情况允许的条件下，尽可能地节省司法资源，发挥非诉的多元化机制在解决生态环境损害赔偿问题上的积极作用。[1]

发生生态环境损害后，应该及时展开生态环境损害鉴定评估工作，省级、市（地）级政府机关指定的部门和机构作为赔偿权利人，应当根据相关评估报告积

---

〔1〕 何晓雯：《生态环境损害赔偿磋商与诉讼制度衔接模式研究》，北京理工大学 2017 年硕士学位论文。

极组织磋商：成功达成协议的，为保证履行，应当将生态环境损害赔偿协议向法院申请司法确认，赋予其强制执行力；未能达成协议的，赔偿权利人应当提起生态环境损害赔偿诉讼，通过司法程序获得生态环境损害赔偿或修复救济。磋商失败后，若赔偿权利人不及时提起生态环境损害赔偿诉讼，则社会组织可以直接请求或通过向检察机关举报来间接督促相关赔偿权利人提起诉讼，赔偿权利人仍然不履行生态环境损害索赔职责的，适格的社会组织应当提起环境民事公益诉讼。磋商失败后，经过合理的督促和通告，赔偿权利人不提起生态环境损害赔偿诉讼，同时也没有社会组织提起环境民事公益诉讼的，检察机关应该及时提起相应的环境民事公益诉讼。

（三）生态环境损害赔偿磋商程序与生态环境损害赔偿诉讼程序衔接的路径

1. 理顺生态环境损害赔偿磋商程序与生态环境损害赔偿诉讼的顺位关系。《改革方案》《若干规定（试行）》明确，磋商程序优先于诉讼程序。该顺序的选择遵循了效率与效益双保障的原则，在生态环境保护上尽可能花费少的时间，让双方的当事人用最小的成本得到最优的解决对策，以此达到赔偿修复目的。既然在顺序的选择中出于节省时间的要求，选择磋商程序先于诉讼程序，那么对于磋商次数也应该加以限制，以防止赔偿权利人多次开启磋商程序背离磋商程序设立的初衷。对于磋商程序具体在规定的时间内可以开展几次，《改革方案》《若干规定（试行）》都没有加以规定，但各省份为了规范磋商程序，已经相继在一些文件中做出了初步尝试。例如在《贵州省生态环境损害赔偿磋商办法（试行）》中就明确规定磋商次数原则上不超过2次，首次磋商的时间间隔一般不超过10个工作日。湖南省也有对磋商次数作出限制，它以3次为限，还详细地规定了不启动磋商或终止磋商的情形。为了最大限度地节约司法成本，高效处理生态环境损害赔偿案件，需要对磋商次数加以设置，好明确生态环境损害赔偿诉讼应在何时介入，更好地完成磋商程序与诉讼程序的衔接。

同时，在对磋商未果这一情况的叙述上，规章或文件应该表达清晰。在现有的文件中模糊地提到在磋商未达成一致或者赔偿协议经司法登记确定前，赔偿义务人反悔拒不履行赔偿协议的，及时提起生态环境损害赔偿诉讼，在《若干规定（试行）》中的第1条对原告提起生态环境损害赔偿诉讼用的词语是"可以"。那么面对磋商失败，行政机关是否必须提起生态环境损害赔偿诉讼呢？这一问题值得深入研究。

2. 明确生态环境损害赔偿诉讼主体顺位的问题。生态环境损害赔偿案件磋商未果后转入诉讼程序，赔偿义务人与赔偿权利人的身份也会发生变化，法院作为审判者也会进入该程序，所以在程序的转化过程中，应该理顺各个机关与各个当事人之间的身份，避免身份的错乱导致诉讼程序不合法。

在生态环境损害赔偿案件中，磋商程序与诉讼程序有几个不变的因素：一是双方当事人的身份。虽说赔偿义务人与赔偿权利人在程序的变化中会新增原告被告的身份，但依然是磋商程序中的当事人。二是案件事实。受损害的生态环境是客观存在的，案件事实也是存在的，而作为生态环境损害赔偿案件中使用的证据在程序变化的情况下应如何采用？当行政机关决定开启磋商程序时，就已经展开过调查评估等环节并进行了证据固定，相关的证明材料也大致准备齐全，对损害事实与损害情况基本了解。所以对于后续诉讼，在磋商过程中收集的证明材料行政机关是可以直接当证据提交质证的，并且行政机关提供的证明材料具有极大的公信力。此外，在生态环境损害赔偿诉讼过程中，行政机关基本上不会重新取证，因为生态环境是随着时间变化的，不是一成不变的物品，所以对生态环境造成的损害也是变化的，一旦等到进入诉讼程序再重新取证，即使在没有人力破坏的情况下，证据也会损毁甚至灭失，导致在诉讼过程中原告无证可取。为了避免这个问题，最好的方法是认可这些前期取得的证据。所以磋商程序中取得的证明材料应当能够作为诉讼程序中的证据使用，并且必要时可以由行政机关向法院申请诉前证据保全措施。在证据的调查收集中，行政机关在前期的活动中应当严格遵守程序性规定，客观严谨地展开调查与鉴定评估工作，因为行政机关的特殊性质，经过其收集的证据应符合合法性、合理性，不能借助自己的特殊身份在证据收集中弄虚作假，丧失社会对其的信任。

3. 明确证据适用规则。经行政机关调查评估在磋商程序中形成的证明材料，即使在磋商程序失败行政机关提起生态环境损害赔偿诉讼后，只要是其按照法律规定取证，不会出现证据因不符合合法性、合理性等情况的，就依然可以在生态环境损害赔偿诉讼程序中继续做证据使用。但这并不是说明，在诉讼过程中，对于行政机关提交的证据，被告就不能提出异议，如果赔偿义务人在协商的过程中对证据材料产生异议，应当允许其提交符合条件的相反证据，但鉴定与评估均应由具备相应资质的机构进行。在后续的诉讼过程中如果被告对上述证据材料存在异议，可以按照程序法相关规定申请重新鉴定。[1]

第三节　生态环境损害赔偿诉讼与环境公益诉讼的衔接

生态环境损害赔偿诉讼与环境公益诉讼之间既有区别，又有联系。两种诉讼

---

〔1〕　参见别涛、刘倩、季林云：《生态环境损害赔偿磋商与司法衔接关键问题探析》，载《法律适用》2020年第7期。

的主体、实施程序、启动条件不同；但在价值目标、主要内容、请求、客观功能等方面具有一致性。依据《若干规定（试行）》，对于同一环境损害行为，生态环境损害赔偿诉讼具有优先权，而民事公益诉讼仅就未涵盖的诉讼请求提起诉讼。民事公益诉讼已经审理完毕并作出裁判，生态环境损害赔偿诉讼只能基于前诉审理时未发现的环境损害行为为提起。

案例 27

中国生物多样性保护与绿色发展基金会与山东某重油化工有限公司等侵权责任纠纷案和山东省生态环境厅诉山东某重油化工公司、山东某新能源公司生态环境损害赔偿案[1]

一、案情简介

山东某重油化工有限公司等公司长期违法倾倒危险废物导致当地土壤、地下水和大气环境严重污染，农作物产量减少。被告淄博临淄鲁威化工有限公司在无危险废物处理资质的情况下，从被告山东金诚重油化工有限公司处低价购买废碱液，转包给无资质的主体倾倒至上述废弃煤井内，从中赚取处置费用。2015年10月21日，在违法倾倒危险废物的过程中，导致现场4名违法倾倒人员中毒死亡。

2015年8月，山东某新能源公司委托具备废物处理资质的人员将废酸液倾倒至济南市章丘区的废弃煤井中。同年10月20日，山东重油化工公司进行了类似的倾倒行为，导致4名涉嫌非法排放危险废物的人中毒身亡。根据《试点方案》，山东省人民政府委托省生态环境厅进行生态环境损害赔偿工作。但是，重油化工公司和新能源公司未能与山东省生态环境厅达成协议，因此，山东省生态环境厅向济南市中级人民法院提起诉讼，要求两家公司赔偿2.3亿余元的应急处置费用、服务功能损失费用和生态环境损害赔偿费用，并要求向省级以上媒体公开道歉。

二、办理结果

在此案中，中国生物多样性保护与绿色发展基金会提起了民事公益诉讼，检

---

〔1〕　参见中国生物多样性保护与绿色发展基金会与山东金诚重油化工有限公司等侵权责任纠纷一审民事判决书（2016）鲁01民初780号；山东省环境保护厅诉山东金诚重油化工有限公司等土壤污染责任纠纷一审民事判决书（2017）鲁01民初1467号。

察机关和山东省生态环境厅支持起诉。但是由于该民事公益诉讼需要以尚未审理完毕的刑事诉讼结果为依据，故人民法院裁定中止审理。中止期间，山东省生态环境厅与部分被告达成赔偿协议，继而对于未成功磋商的被告提起了生态环境损害赔偿诉讼。法院受理生态环境损害赔偿诉讼之后，裁定中止审理民事公益诉讼，在审理生态环境损害赔偿诉讼完毕之后再对未追究赔偿责任的诉讼请求依法作出裁判。

三、典型意义

生态环境损害赔偿制度与环境公益诉讼的顺位是理论与实务界探讨的一个热点话题。两者的衔接可分为生态环境损害赔偿诉讼与环境公益诉讼的衔接，生态环境损害赔偿调查、磋商与环境公益诉讼的衔接。本案的典型意义在于：人民法院在受理就同一污染环境行为提起的生态环境损害赔偿诉讼和环境民事公益诉讼后，先行中止环境公益诉讼案件审理，待生态环境损害赔偿案件审理完毕后，就环境公益诉讼中未被前案涵盖的诉讼请求依法作出裁判，对妥善协调两类案件的审理进行了有益探索。

四、核心法理

本案司法审理厘清了生态环境损害赔偿诉讼与环境公益诉讼的差异与联系、两诉顺位，创新了环境公益诉讼与生态环境损害赔偿诉讼的有效衔接等法理问题。

（一）生态环境损害赔偿诉讼与环境公益诉讼的衔接基础

1. 两诉异同。生态环境损害赔偿指特定的国家机关依据法律授权，对违反法律污染环境、破坏生态、损害生态环境公共利益的行为，通过生态环境损害赔偿磋商的方式追究其法律责任。所谓环境公益诉讼是指由于自然人、法人或其他组织的违法行为或不作为，使环境公共利益遭受侵害时，法律规定的机关和有关组织为维护公共利益而向人民法院提起的诉讼。环境公益诉讼与生态环境损害赔偿的性质一致。环境公益诉讼毫无疑问，具有公益属性，保护的是环境公共利益。生态环境损害赔偿同样以保护生态环境免受侵害为目的，具有绝对的公益属性。环境公益诉讼与生态环境损害赔偿在价值目标、主要内容、请求、客观功能等方面相同，二者之间性质一致，目标一致，具有相辅相成，互相形成合力的基础。但是，两种诉讼也具有明显的不同之处：

（1）两种诉讼的主体不同。根据《中华人民共和国民事诉讼法》（以下简称《民事诉讼法》）第58条的规定，环境公益诉讼主体为"法律规定的机关和有关组织",[1] 而在没有前款规定的机关和组织或者前款规定的机关和组织不提起诉讼的情况下,人民检察院可以向人民法院提起诉讼。生态环境损害赔偿诉讼主体是指省级、市地级人民政府及其指定的相关部门、机构,或者受国务院委托行使全民所有自然资源资产所有权的部门。[2]

(2)两种诉讼的实施程序不同。生态环境损害赔偿诉讼主要以磋商为主,磋商是提起生态环境损害赔偿诉讼的前提。而环境公益诉讼中并无前置程序的要求,只有在人民检察院作为环境民事公益诉讼起诉主体时,需要先公告后起诉,其中公告作为诉讼的前置程序。

(3)两种诉讼启动的条件不同。生态环境损害赔偿诉讼依据《改革方案》对生态环境损害的定义,即指"因污染环境、破坏生态造成大气、地表水、地下水、土壤、森林等环境要素和植物、动物、微生物等生物要素的不利改变,以及上述要素构成的生态系统功能退化"。环境公益诉讼要求对同等要素的起诉条件为"有社会公共利益受到损害的初步证据",其中包括受到实质损害的证据和具有损害风险的证据,对于环境公益诉讼来讲,有无实害并不构成提起诉讼的必要条件。

2. 两诉顺位。就诉讼主体顺位而言,存在省级、市地级人民政府提起的生态环境损害赔偿诉讼,社会组织提起的环境公益诉讼,检察机关提起的环境公益诉讼等方式,当前在理论研究、实践做法方面存在差异。

(1)提起两诉的主体顺位。有学者主张应将社会组织设为第一顺位,行政机关设为第二顺位。[3] 社会组织的成立是以保护生态环境、维护公共利益等为目的的,它们具有维护公共环境利益的迫切愿望,具有公益性,这与环境公益诉讼的目的相契合,而且社会组织较普通公民更具专业性,对涉及的环境污染和生态破坏等损害公共环境利益的行为认知更深入。为鼓励社会组织积极参与公共环境利益的维护,相关学者认为应将社会组织设为第一顺位。当社会组织没有或无法完成相关工作时,再由行政机关履行职责。而对于检察机关而言,其基本职责是法律监督,从职责方看,行政机关比检察机关更有优势,更有利于生态环境损害问题的及时解决,因此,应将行政机关设为第二顺位。也有学者认为,不同诉

---

〔1〕《民事诉讼法》中所说的"有关组织",在《环境保护法》中有所规定,具体是指依法在设区的市级以上人民政府民政部门登记、专门从事环境保护公益活动连续五年以上且无违法记录的社会组织。

〔2〕个别省份明确了有关生态环境部门可以其名义自行对环境危害行为人提起索赔之诉,如前文所述《贵州省人民政府关于指定省环境保护厅等相关部门代表省人民政府行使生态环境损害赔偿权利人权利有关事项的通知》第一段:"……在我省开展生态环境损害赔偿制度改革试点工作期间,指定省环境保护厅、省国土资源厅、省住房城乡建设厅、省水利厅、省农委、省林业厅、省交通运输厅等涉及生态环境保护职能的省有关部门代表省人民政府行使生态环境损害赔偿权利人权利。"

〔3〕黄旭东:《诉前程序基于诉权顺位构建运行机制》,载《检察日报》2017年5月15日,第3版。

讼主体顺位的设置应从职能性、代表性、便利性等方面加以考虑确定。[1]

首先，从职能性看，国家或政府的基本职能是为社会需要而生产或提供公共物品和公共服务，[2] 检察机关的职能是法律监督和督促，而环保组织是旨在保护生态环境的非营利性民间组织，不具有行政权力。行政机关在生态环境损害索赔中的作用要高于检察机关和社会组织。

其次，从代表性看，诉讼主体能否代表不特定的社会公众提起生态环境损害赔偿诉讼或公益诉讼，能否得到被代表的不特定的社会公众的认可，也是在确定诉讼主体顺位时应考虑的重要因素。

最后，从便利性看，要考虑何种诉讼主体参与诉讼程序更为便捷、便利，更能节约资源，此外还要更能有助于推动诉讼程序的顺利进行。

在上述因素的基础上，结合自然资源所有权和环境权等基础理论，省级、市地级政府作为诉讼主体相较于检察机关和社会组织应更具有优先性。《土壤污染防治法》第 97 条、《固体废物污染环境防治法》第 121 条均规定，污染环境、破坏生态，损害国家利益、社会公共利益的，有关机关和组织依据有关法律规定向人民法院提起诉讼，表述均为"有关机关和组织"。《民法典》第 1234 条的表述为"国家规定的机关或者法律规定的组织"。上述法律均将"机关"放在了前面，说明从国家层面来讲，有关机关的顺位要优先于社会组织，生态环境损害赔偿诉讼要优先于环境公益诉讼。

（2）两诉顺位的司法认定。首先，司法审判方面，最高人民法院 2019 年发布的《若干规定（试行）》规定，在生态环境损害赔偿诉讼案件审理过程中，同一损害生态环境行为又被提起民事公益诉讼，符合起诉条件的，应当由受理生态环境损害赔偿诉讼案件的人民法院受理并由同一审判组织审理。人民法院受理因同一损害生态环境行为提起的生态环境损害赔偿诉讼案件和民事公益诉讼案件，应先中止民事公益诉讼案件的审理，待生态环境损害赔偿诉讼案件审理完毕后，就民事公益诉讼案件未被涵盖的诉讼请求依法作出裁判。从上述规定可以看出，最高人民法院认为生态环境损害赔偿诉讼具有优先性。

其次，司法检察方面，根据《民事诉讼法》第 58 条的规定，检察机关只有"在没有前款规定的机关和组织或者前款规定的机关和组织不提起诉讼的情况下"才可以提起诉讼。因此，检察机关提起环境公益诉讼应属最后顺位。检察机关发现因环境污染和生态破坏损害国家利益、社会公共利益的，应当根据规定首

---

〔1〕 李美玲：《生态环境损害索赔主体的顺位研究》，贵州大学 2019 年硕士学位论文。

〔2〕 程多威、王灿发：《生态环境损害赔偿制度的体系定位与完善路径》，载《国家行政学院学报》2016 年第 5 期。

先向有关的国家机关、社会组织发出检察建议，有关机关或组织未提起诉讼的，检察机关才有权提起诉讼。

（3）生态环境损害赔偿诉讼优先的法理基础。

第一，就诉权基础而言，生态环境损害赔偿诉讼原告的诉权来源于政府对全体人民所负有的生态环境保护义务所派生出来的环境监管职权，而环境公益诉讼原告的诉权则来源于法律法规赋予的诉讼实施权。

第二，就适用范围而言，生态环境损害赔偿诉讼适用于侵害国家利益和社会公共利益的情况，而环境公益诉讼仅适用于损害社会公共利益的行为。就程序设置而言，生态环境损害赔偿诉讼在程序上要求先进行磋商，而环境公益诉讼原告可以直接提起诉讼而无需与被告磋商。

第三，从环境行政与环境司法关系看，保护环境公共利益应充分发挥行政权的专业性和司法权的监督作用，并遵循"相互尊重专长"和"行政权优先"等原则。其中，应以环境行政为主要应对方式，环境司法则重点关注对行政权的有效控制。[1] 行政机关提起生态环境损害赔偿诉讼是履行其法定职责的重要行政执法方式，而社会组织提起公益诉讼是行使权利，应作为行政执法的补充而非替代。

第四，生态环境损害赔偿与环境公益诉讼之间有一定的衔接关系。根据《若干规定（试行）》第17条和第18条规定，法院在受理由同一环境损害行为引起的生态环境损害赔偿诉讼和民事公益诉讼案件时，应该优先处理生态环境损害赔偿诉讼，而暂时中止民事公益诉讼的审理。[2] 总的来说，对于同一环境损害行为，生态环境损害赔偿诉讼具有优先权，而民事公益诉讼仅能就未涵盖的诉讼请求提起诉讼；但如果民事公益诉讼已经审理完毕并作出裁判，生态环境损害赔偿诉讼只能基于前诉审理时未发现的环境损害行为提起。

综上，生态环境损害赔偿诉讼与环境公益诉讼衔接方面，应确认生态环境损害赔偿诉讼具有优先性。从本案的处理过程看，先行审理行政机关提起的生态环境损害赔偿诉讼，中止审理中国生物多样性保护与绿色发展基金会的民事公益诉讼，即是遵循生态环境损害赔偿诉讼的优先性原则。需要注意的是，民事公益诉

---

〔1〕 王明远：《论我国环境公益诉讼的发展方向：基于行政权与司法权关系理论的分析》，载《中国法学》2016年第1期。

〔2〕 见《最高人民法院关于审理生态环境损害赔偿案件的若干规定（试行）》第17条："人民法院受理因同一损害生态环境行为提起的生态环境损害赔偿诉讼案件和民事公益诉讼案件，应先中止民事公益诉讼案件的审理，待生态环境损害赔偿诉讼案件审理完毕后，就民事公益诉讼案件未被涵盖的诉讼请求依法作出裁判。"第18条第1款："生态环境损害赔偿诉讼案件的裁判生效后，有权提起民事公益诉讼的国家规定的机关或者法律规定的组织就同一损害生态环境行为有证据证明存在前案审理时未发现的损害，并提起民事公益诉讼的，人民法院应予受理。"

讼的中止状态并未因原告申请以及中止事由消灭而解除，而是在审理生态环境损害赔偿诉讼完毕之后再对未追究赔偿责任的诉讼请求依法作出裁判。

第四节　刑事附带生态环境损害赔偿诉讼

生态环境损害赔偿案件显示，生态环境损害行为经常会导致刑事违法、行政违法、民事违法的同时出现，这种多重违法属性，既涉及生态环境损害赔偿诉讼，也涉及生态环境损害刑事诉讼，学界和司法实务界将其命名为"刑事附带生态环境损害赔偿诉讼"。司法机关如何在"刑事附带生态环境损害赔偿诉讼"审理过程中协调与衔接好两种诉讼是目前一项重要的司法智慧考验。

案例 28

遵义市播州区"10·19"违法倾倒工业废水生态环境损害赔偿案[1]

一、案情简介

2021 年 10 月 19 日，遵义市生态环境局播州分局接报"在三合镇芦苇村金竹组落桶坝有不明废水经雨水沟渠顺小溪流入水泊渡水库"。经调查，本事件是由贵阳市万创环保有限公司委托的装有钼镍矿洗选矿液残留液体的车辆在三合镇卢岩村巷三公路郭家坡大桥处公路边违法倾倒导致的，贵州万创环保有限公司受贵州新创环保服务有限公司委托处置废液，处置过程中，又委托周德武转运废液，转运过程中，驾驶员郭宇兵将废液违法倾倒在路边导致本次事件发生。经委托贵州省监测技术研究应用中心鉴定评估，本次倾倒废液为危险废物，事件共造成生态环境损害约 392 万元。

二、办理情况

遵义市生态环境局两次组织赔偿义务人就赔偿事宜进行了磋商，但因各赔偿义务人对本次违法倾倒废液责任大小及损害金额均存在争议，遵义市生态环境局遂终止本案磋商，依法提起刑事附带生态环境损害赔偿诉讼。一审法院审理后除

---

　〔1〕　参见贵州省生态环境厅官网：《贵州省生态环境保护委员会办公室关于印发〈2023 年贵州省生态环境损害赔偿改革典型案例〉的通知》，载 https：//sthj. guizhou. gov. cn/xwzx/tzgg/202312/t20231227_83411904. html，最后访问日期：2024 年 2 月 25 日。

判决各被告承担刑事责任外，还判决贵州新创环保服务有限公司、贵州万创环保有限公司、周德武、郭宇兵于判决生效后 30 日内向附带生态环境损害赔偿诉讼原告遵义市生态环境局缴纳生态环境损害赔偿金约为 284.88 万元、惩罚性赔偿金 37.72 万元，共计约为 322.60 万元。周德武、贵州新创环保服务有限公司对一审判决不服，依法向遵义市中级人民法院提出上诉。经审理，遵义市中级人民法院裁定驳回上诉、维持原判。

三、典型意义

本案系全国首例非法倾倒危险废物引发的刑事附带生态环境损害赔偿诉讼案件。案件处理过程中，检察机关提起公诉，生态环境部门同时提起生态环境损害赔偿诉讼。本案在全国首次探索"检察机关公诉+行政机关起诉+人民法院裁判"的全新审判模式，在刑事诉讼程序中引入生态环境损害赔偿诉讼，将刑事责任与生态环境损害赔偿责任同步审理、同步评价、同步定责，充分保障生态环境损害赔偿制度价值功能得到及时发挥。

四、核心法理

该案通过实践诠释了刑事附带生态环境损害赔偿诉讼的基本法理问题，阐释了生态环境损害赔偿案件中的刑事诉讼与损害赔偿诉讼协调问题。这是本案之所以被纳入生态环境损害赔偿典型案例的重要原因。

（一）刑事附带生态环境损害赔偿诉讼的内涵

实践中，最早出现的是刑事附带环境民事公益诉讼，主要是解决生态环境与资源保护过程中出现的刑事责任与民事责任竞合问题。近年来，在各地方法院审理案件的过程中，开始出现了刑事附带生态环境损害赔偿诉讼案件，引起了学界和实务界的关注。

刑事附带生态环境损害赔偿诉讼是指生态环境损害行为发生后，造成严重后果，既构成刑事犯罪，又产生生态环境损害赔偿责任，在刑事诉讼过程中一并提起生态环境损害赔偿诉讼的活动。主要包含以下内容：

第一，刑事附带生态环境损害赔偿诉讼以刑事案件审理为主，附带一并审理生态环境损害赔偿请求。因此，刑事附带生态环境损害赔偿诉讼司法裁判先判决被告应该承担的刑事责任，后判决生态环境损害赔偿责任。但是，在涉及刑事责任附加险，如罚金的履行与生态环境损害赔偿责任履行冲突时，依据《生态环境损害赔偿管理规定》第 10 条第 1 款中的规定，赔偿义务人的财产不足以同时承担生态环境损害赔偿责任和缴纳罚款、罚金时，优先用于承担生态环境损害赔偿责任。

第二，刑事附带生态环境损害赔偿诉讼以分别履行的方式承担责任。刑事责任有主刑和附加刑，生态环境损害赔偿诉讼以生态环境损害赔偿责任履行和生态环境修复为主。依《生态环境损害赔偿管理规定》第 10 条第 1 款中的规定，赔偿义务人因同一生态环境损害行为需要承担行政责任或者刑事责任的，不影响其依法承担生态环境损害赔偿责任。有关国家机关应当依法履行职责，不得以罚代赔，也不得以赔代罚。

第三，刑事附带生态环境损害赔偿诉讼中刑事裁判可以作为生态环境损害赔偿诉讼的证据材料使用。《若干规定（试行）》第 8 条规定："已为发生法律效力的刑事裁判所确认的事实，当事人在生态环境损害赔偿诉讼案件中无须举证证明，但有相反证据足以推翻的除外。对刑事裁判未予确认的事实，当事人提供的证据达到民事诉讼证明标准的，人民法院应当予以认定。"因此，在刑事附带生态环境损害赔偿诉讼中，刑事部分的审理尤为关键，对生态环境损害赔偿诉讼具有直接影响力。

（二）刑事附带生态环境损害赔偿诉讼的顺位模式

目前，刑事附带生态环境损害赔偿诉讼案件尽管已出现，但刑事附带生态环境损害赔偿诉讼中的生态环境损害赔偿责任还存在定性不明的问题。学界多数从生态环境损害赔偿民事赔偿的视角进行解读，并对刑事附带生态环境损害赔偿诉讼中涉及的这两种诉讼顺序问题提出了不同的思考模式：先刑后民、刑民并行和先民后刑三种模式。

第一，先刑后民模式。该模式是指法院将刑事审判置于民事诉讼之前，民事诉讼裁判要以刑事判决认定的事实为依据的顺位来审理生态环境损害案件。[1] 刑事诉讼是行使国家刑罚权的活动，而民事诉讼则是为了解决民事主体之间的权益纠纷；刑事诉讼主要是保护国家利益和社会公共利益，而民事诉讼更多的是对私人利益的救济。当公权与私权同时需要解决的时候，则优先选择公权，这是先刑后民模式的基础理论依据。[2] 我国先刑后民的模式开始于 20 世纪 80 年代，先刑后民的模式已实行了多年，该模式有其优点，即在一定程度上可以避免一些重复性工作，节约司法资源，还可以避免产生矛盾裁判，但也存在着很多争议和

〔1〕 汪劲、马海桓：《生态环境损害民刑诉讼衔接的顺位规则研究》，载《南京工业大学学报（社会科学版）》2019 年第 1 期。

〔2〕 谢佑平、江涌：《质疑与废止：刑事附带民事诉讼》，载《法学论坛》2006 年第 2 期。

一些弊端。[1] 在涉及刑事诉讼的生态环境损害赔偿案件中，由于刑事诉讼的周期会比较长，而环境污染和生态破坏的鉴定往往具有时效性，虽然刑事诉讼侦破阶段也会对生态环境损害进行认定，但其侧重点往往与民事赔偿对损害的认定存在差异，若等刑事诉讼判决结束再启动民事诉讼，一方面可能会因污染物的自然扩散、迁移或降解等，导致无法准确确定责任人的损害范围、程度和赔偿额度等，造成与实际损害程度不符；另一方面较长的诉讼周期不利于生态环境损害的及时控制及受损生态环境的及时有效修复；此外，还存在责任人将财产进行转移或隐匿而不履行赔偿责任的风险，再次造成受损生态环境修复由政府"买单"的局面。

第二，刑民并行模式。该模式是指刑事诉讼和民事诉讼相对独立，可分案处理，可同时审理，互不影响的模式。[2] 在该模式下，赔偿权利人可在刑事案件作出裁决之前和之后的任意时段，提起民事诉讼。[3] 在我国，当前附带民事判决存在执行难的困境，执行率较为低下，[4] 刑事附带民事诉讼这些弊端的存在也使得民事赔偿无法得到根本解决，不利于受损生态环境的修复。

第三，先民后刑模式。该模式是指先进行民事诉讼调解和审理，再进行刑事诉讼审理，并将民事诉讼的审理结果作为刑事量刑依据的一种模式。[5] 采用该模式的法院会将民事诉讼的结果作为刑事裁决量刑依据。关于是否应当将积极补偿损害、履行赔偿义务、与被害人达成和解等作为量刑的依据还存在一些争议，有学者认为被告造成了生态环境损害，就应当履行赔偿的义务，不能作为从轻处罚的依据，并且若将其作为刑事量刑的依据，还会造成被告为了逃避法律责任或获得从轻处罚而积极赔偿，这是非常危险的方式。关于该模式的优点和弊端，也存在一些其他的争议，有学者认为该模式可以较好地解决民事赔偿得不到解决的问题，但也有学者认为民事诉讼的周期一般比较长，这会造成法院长时间对被告进行羁押但无法定罪量刑，导致诉讼成本提高和司法效率降低。[6]

---

〔1〕 例如，王福华等认为该模式使刑事诉讼的判决结果对于民事诉讼的判决具有绝对的既判力，不允许民事诉讼推翻其判决结果，参见王福华、李琦：《刑事附带民事诉讼制度与民事权利保护》，载《中国法学》2002年第2期；王林清等认为有些刑事案件的侦破期长，可能导致民事诉讼超过时效而无法提出诉求，参见王林清、刘高：《民刑交叉中合同效力的认定及诉讼程序的构建：以最高人民法院相关司法解释为视角》，载《法学家》2015年第2期。

〔2〕 于改之：《刑民交错案件的类型判断与程序创新》，载《政法论坛》2016年第3期。

〔3〕 汪劲、马海桓：《生态环境损害民刑诉讼衔接的顺位规则研究》，载《南京工业大学学报（社会科学版）》2019年第1期。

〔4〕 陈瑞华：《刑事附带民事诉讼的三种模式》，载《法学研究》2009年第1期。

〔5〕 陈瑞华：《刑事附带民事诉讼的三种模式》，载《法学研究》2009年第1期。

〔6〕 汪劲、马海桓：《生态环境损害民刑诉讼衔接的顺位规则研究》，载《南京工业大学学报（社会科学版）》2019年第1期。

在上述三种模式中，有学者认为采用先民后刑模式较其他两种模式有其优势，认为如果生态环境损害赔偿民事诉讼在先，刑事诉讼在后，将民事判决作为刑事判决量刑的依据，会使赔偿义务人为了争取在刑事诉讼中得到从轻或者减轻处罚，而及时采取相应的污染控制及生态环境修复措施并积极履行赔偿义务，这样从根本上是有利于控制损害的范围和程度以及受损生态环境的修复，有利于保护环境利益和国家利益。[1]

第五节　调解在生态环境损害赔偿诉讼中的适用

生态环境损害赔偿诉讼是否可以调解结案，学界尚无定论。《试点方案》《改革方案》《若干规定（试行）》和《生态环境损害赔偿管理规定》等规范对生态环境损害赔偿诉讼调解问题没有明确表示，部分学者从生态环境损害赔偿诉讼属于政府提起的民事诉讼的视角主张生态环境损害赔偿诉讼可以适用调解。此外，《最高人民法院关于审理环境民事公益诉讼案件适用法律若干问题的解释》明确肯定了生态环境公益诉讼调解结案的规范。从司法案件的审理实践看，部分案件也适用调解结案的方式处理生态环境损害赔偿诉讼。

案例 29

六盘水某铝业有限责任公司、阮某某、田某某生态环境损害赔偿诉讼案[2]

一、案情简介

自 2017 年起，六盘水某铝业公司和田某某、阮某某非法倾倒电解铝固体废物至花溪区董家堰村附近的塘边寨，并未采取防雨防渗措施。随后，这些疑似危险废物被转移到修文县龙场镇营关村的废弃洗煤厂非法填埋。根据环境损害鉴定

---

[1]　汪劲：《确立生态损害索赔诉讼与关联诉讼程序与证据规则》，载《中国环境报》2017 年 12 月 20 日，第 3 版。

[2]　参见贵州省生态环境厅官网：《贵州省发布 5 起生态环境损害赔偿改革典型案例》，载 https：//sthj. guizhou. gov. cn/zwgk/zdlyxx/fgybz/fzjs/202006/t20200605_76925626. html？isMobile = true，最后访问日期：2024 年 2 月 25 日。类似开展替代性修复的案例还有"湖南省沅江市 3 家公司污染大气生态环境损害赔偿案""贵州省遵义市某公司未批先建生态环境损害赔偿案"等，以前者为例，由于该案中 3 家公司的生态环境损害行为属于同一类型，发生在同一地区和时间段，赔偿金额较小，且不适宜原地修复，为了达到更好的环境质量改善效果，在湖南省生态环境厅的指导下，益阳市生态环境局选择了集中替代修复的方式，建设了益阳沅江生态环境损害赔偿警示林。

评估，该行为共导致 413.78 万元的危险废物处置费用、场地生态修复费用以及综合整治和生态修复工程监督费用等。贵阳市生态环境局与三名责任人多次磋商未果，因此向贵阳市中级人民法院提起生态环境损害赔偿诉讼。

二、办理结果

经贵阳市中级人民法院调解，双方达成以下协议：①涉及倾倒场地的危险废物处置费用、化验费用、鉴定费用、场地生态修复费用和后期跟踪监测费用由三名被告承担；②涉及废弃洗煤厂的危险废物处置费用、化验费用、鉴定费用、场地生态修复费用和后期跟踪监测费用也由三名被告承担；③赔偿权利人贵阳市生态环境局应在 2019 年 6 月 1 日前组织启动污染地块的后期修复和监测工作。贵阳市中级人民法院对调解协议进行公告，并无异议。经审查后，法院依法制作了民事调解书并将其送达各方当事人。后铝业公司、田某某和阮某某已按调解书内容履行了总计 413.78 万元的生态环境损失费用。

三、典型意义

本案的典型意义在于，人民法院在审理生态环境损害赔偿案件的过程中以"生态环境修复"为中心的价值遵循，跳出生态环境损害赔偿诉讼因磋商不成或不一致而启动的困境，在对环境污染问题进行全面调查的基础上，多次与赔偿权利人、损害行为人（涉案企业和公民个人）沟通协调，运用调解的方式高效审理了本案，促进了生态环境及时修复，为同类案件司法审理提供了样本经验，诠释了生态环境损害赔偿诉讼适用调解手段结案的重要价值。

四、核心法理

本案以调解结案的方式处理生态环境损害赔偿诉讼，诠释了生态环境损害赔偿诉讼适用调解的一系列法理问题，回答了调解为什么能够适用于生态环境损害赔偿案件，生态环境损害赔偿诉讼适用调解的核心范畴是什么等问题，这是本案之所以入选生态环境损害赔偿改革典型案例的关键。

（一）生态环境损害赔偿诉讼调解结案的内涵

民事诉讼中，诉讼当事人根据自愿原则可以达成调解或和解，达成和解后只需向人民法院提出撤诉或者出具调解书即可结案。但是，生态环境损害赔偿诉讼案件适用调解结案稍微不同，生态环境损害赔偿诉讼调解结案是指人民法院在对生态环境损害事实全面调查了解的基础上，促进赔偿权利人与损害行为人沟通协调，在法院主导下达成一致意见，并制作调解书，送达双方当事人执行。它具有以下特征：

第一，生态环境损害赔偿诉讼调解以人民法院为主导。一般民事诉讼调解结案既可以由法院主导强制调解（如婚姻家事纠纷），也可以由双方当事人申请调解结案。由于生态环境损害赔偿诉讼启动前置条件是"与造成生态环境损害的自然人、法人或者其他组织经磋商未达成一致或者无法进行磋商的"，双方实质意义上已经在诉前不具备和解可能。生态环境损害赔偿诉讼前置条件的设置，并非给生态环境损害赔偿诉讼适用调解结案设置阻却性条款，也不是强调生态环境损害赔偿诉讼只能通过司法审判才能结案，反而显示了在双方空间范围之外，给人民法院这种强有力的案件审理主体适用调解结案留下足够空间。

生态环境损害赔偿磋商法律关系的主体无论事实地位怎样，在生态环境损害赔偿磋商法律关系中均处于平等地位。生态环境损害赔偿诉讼法律关系的主体包含人民法院、诉讼当事人以及有可能存在的第三人，几者之间的法律地位并非一致，人民法院始终是生态环境损害赔偿诉讼最重要的主体之一，主导生态环境损害赔偿诉讼的全过程，有权根据案件具体情况合法合理地运用不同审理方式处理案件。

第二，生态环境损害赔偿诉讼调解事项具有限定性。生态环境损害赔偿诉讼与生态环境公益诉讼案件一样，法益涉及国家利益、公共利益和私人利益，生态环境损害赔偿诉讼适用调解结案可参考《最高人民法院关于审理环境民事公益诉讼案件适用法律若干问题的解释》的规定。赔偿义务人可以对调解内容所涉的私益予以处置，但赔偿权利人代表国家提起诉讼，调解内容所涉权利有限定性要求：一是调解结案必须以有利于生态环境修复为宗旨，调解内容必须确保该目标的实现；二是调解内容限定为修复生态环境的相关费用与损害赔偿所涉相关费用，可依据合理性原则和可履行性原则调解具体数额的承担；三是不得损害公共利益，确保生态环境损害赔偿诉讼维护的法益免受削弱。

第三，生态环境损害赔偿诉讼调解内容需向社会公示。目前，生态环境损害赔偿诉讼尚无明确的规范性文件设置调解规则，因其与环境公益诉讼具有相同的法益结构，司法实践多数参考《最高人民法院关于审理环境民事公益诉讼案件适用法律若干问题的解释》第 25 条关于调解要求的规定，[1] 对生态环境损害赔偿诉讼调解达成的协议内容、时间以及调解书等相关内容予以公告，接受社会监督，无异议后方予以执行。

---

〔1〕《最高人民法院关于审理环境民事公益诉讼案件适用法律若干问题的解释》第 25 条："环境民事公益诉讼当事人达成调解协议或者自行达成和解协议后，人民法院应当将协议内容公告，公告期间不少于三十日。公告期满后，人民法院审查认为调解协议或者和解协议的内容不损害社会公共利益的，应当出具调解书。当事人以达成和解协议为由申请撤诉的，不予准许。调解书应当写明诉讼请求、案件的基本事实和协议内容，并应当公开。"

（二）生态环境损害赔偿诉讼调解的范围

从民事诉讼的视角看，只要不损害社会公共利益，法院均可以主导和支持当事人调解结案。尽管最高人民法院《若干规定（试行）》没有明确规定生态环境损害赔偿诉讼调解规则，但生态环境损害赔偿诉讼以促进生态环境修复为宗旨，遵循不得损害公共利益的原则，可参考《改革方案》《生态环境损害赔偿管理规定》以及《若干规定（试行）》的相关规定，在调查清楚生态环境损害事实和程度的情况下，适用调解的事项主要有：

第一，修复生态环境的技术方案。生态环境修复是生态环境损害赔偿制度的核心目标，也是我国生态环境损害赔偿制度改革的初衷。生态环境损害赔偿无论是磋商，还是诉讼均以修复生态环境作为根本的价值追求。生态环境损害赔偿诉讼适用调解必然涉及生态环境修复方案的制定。从实践看，修复生态环境的技术方案主要包含以下内容：

（1）修复目标。设定合理的修复目标和应达到的效果，是生态环境修复质效的重要保障。因此，需要根据案件客观事实以及被告的履行能力调解商定。

（2）修复方式。生态环境修复有两种方式：一是原位直接修复；二是替代性修复。替代性修复主要适用于不具备进行原位直接修复条件的案件。一般情况下，以开展选择替代性修复，实现生态环境及其服务功能等量恢复为主。

（3）修复实施方案。包含实施主体、时间、设备和技术保障以及费用预算等。

（4）修复效果评估。在修复工作结束后，需要对修复效果进行监测，以评估修复效果是否符合预期。

第二，生态环境损害赔偿费用问题。依《生态环境损害赔偿管理规定》第5条的规定，生态环境损害赔偿范围主要包括：①生态环境受到损害至修复完成期间服务功能丧失导致的损失；②生态环境功能永久性损害造成的损失；③生态环境损害调查、鉴定评估等费用；④清除污染、修复生态环境费用；⑤防止损害的发生和扩大所支出的合理费用。这5种类型的费用也在损害赔偿磋商的范围内，只要不影响社会公共利益，法院均可以协调原告和被告就生态环境损害赔偿费用问题达成和解协议。

第三，生态环境损害赔偿的责任承担方式和期限问题。从本案的调解看，法院不仅协调原告和被告就具体的赔偿费用进行了调解，还明确约定，原告履行生态环境损害修复内容。这说明，生态环境损害赔偿诉讼的责任履行既可以约定被告履行，也可以约定在被告承担经济赔偿后，原告承担一定修复义务或代修复的义务。

生态环境损害赔偿的协同治理

协同是协同作用或协同效应的简称，强调开放系统中大量子系统之间的相互作用所产生的整体效应，从而实现对原系统的超越，是一种质的变化。[1] 按照协同主体的不同，生态环境损害赔偿的协同分为行政系统内部协同、行政机关与司法机关、社会公众、社会组织等的协同。实践中，各部门围绕"生态环境损害赔偿"相关工作文本、内容等维度进行探索，多层面固化了生态环境损害赔偿的协同制度。就社会协同而言，"公众参与是实现环境权的有效途径和手段"，应逐步提高公众的参与意识，让公众参与在生态环境损害磋商制度中充分发挥作用。

第一节　生态环境损害赔偿案件处理的部门协同

协同是指为了共同的目的或者结果而进行的一种联动的行为（不限于联合或者同步行为），[2] 强调社会治理方式或路径上的联动。传统法学意义上的协同多来自于民事诉讼上的观点，主张促进司法活动中各个主体之间的协调，以推动民事诉讼程序的正常实施。实践中存在多种类型的案件种类以及各种纠纷处理方式，涉及不同的主体及不同的职责，因此在不同的案件中、不同的主体中、不同的争议处理方法中，加强沟通与协调显得尤为重要。生态环境损害赔偿部门协同作为生态环境治理的重要手段，其以灵活、机动、高效的属性，成为破解生态环

---

〔1〕　秦天宝：《我国流域环境司法保护的转型与重构》，载《东方法学》2021 年第 2 期。
〔2〕　参见李立景、黄龙：《纠纷的协同治理：国家治理现代化视阈下中国式解纷理念与路径》，载《广西社会科学》2016 年第 10 期。

境地方保护主义、部门主义、本位主义等"顽疾"之重要工具，为生态环境损害赔偿制度改革提供强大的制度保障。

案例 30—31

生态环境损害赔偿案件部门协同处理系列案

一、案情简介

案例 30（黑龙江省伊春市某公司尾矿库泄漏污染部分河段、农田及林地生态环境损害赔偿案[1]）：2020 年 3 月 28 日，伊春某公司尾矿库 4#排水井井架倒塌，导致 253 万立方米尾矿砂浆泄漏，造成铁力市第一水厂停止取水，伊春市、绥化市境内部分河段、农田及林地污染。经认定，该事件是一起因工程质量不合格造成尾矿库排水井损毁，进而导致尾矿砂浆大量泄漏的次生重大突发环境事件。黑龙江省政府指定省生态环境厅作为牵头单位，成立由省自然资源厅、农业农村厅、水利厅、林草局等部门组成的联合调查组，启动生态环境损害赔偿索赔工作。

案例 31（重庆两江新区某企业非法倾倒混凝土泥浆生态环境损害赔偿案[2]）：2019 年 3 月，重庆市生态环境局两江新区分局发现某企业在 2007 年和 2008 年私自在两江新区翠云街道云竹路厂区外修建了两个沉淀池，但未采取防渗措施，导致泥浆水长期渗漏，污染了 12000 平方米的农田。调查发现，该企业自 2018 年以来非法倾倒清洗水和泥浆，导致厂区外北侧山坡的 400 平方米土壤出现板结情况；2019 年 4 月 4 日，该企业擅自挖开山坡下的泥浆水塘，导致 2000 平方米的农田遭到污染。鉴定评估结果显示，共有 14400 平方米的农田受到损害，生态环境损害金额为 948.2 万元。

二、办理结果

案例 30：2021 年 12 月 28 日，黑龙江省生态环境厅组织联合调查组成员单

---

〔1〕 参见生态环境部官网：《生态环境部公布第三批生态环境损害赔偿磋商十大典型案例》，载 https：//www. mee. gov. cn/ywgz/fgbz/sthjshpczd/202310/t20231013_1043094. shtml，最后访问日期：2024 年 1 月 30 日。

〔2〕 参见生态环境部官网：《生态环境损害赔偿磋商十大典型案例》，载 https：//www. mee. gov. cn/xxgk2018/xxgk/xxgk06/202005/W020200506539623319592. pdf，最后访问日期：2024 年 2 月 25 日。类似体现生态环境损害赔偿部门协同的典型案例有"湘西州某锰业有限责任公司超标排放污染河流生态环境损害赔偿案"，参见微信公众号"湖南生态环境"。

位，邀请损害结果地两市政府和省检察院等单位与赔偿义务人，召开磋商会议。赔偿义务人同意支付生态环境损害金额 8120.41 万元和其他合理费用 1205.61 万元（含生态环境损害评估、律师服务、修复效果评估及后续跟踪监测评估费用等），实现一次性磋商成功。此后，赔偿义务人主动清理了尾矿砂，积极修复受损环境，做到"应清尽清"。

案例 31：两江分局与自然资源、城管、公安、检察等部门召开联席会议，依据各自职责依法对企业进行了全面检查，对发现的违法行为均进行了立案查处，及时督促整改。2019 年 7 月，赔偿权利人安排重庆市生态环境局两江分局与涉案企业举行磋商会议，就土地修复、生态环境修复期间的损失赔偿以及评估费用进行讨论，双方取得一致意见，并签署了赔偿协议。随后，涉案企业在 2019 年 10 月积极履行生态环境修复责任，清理了 4.05 万立方米的污染物，恢复了 1.32 万平方米的绿地。

三、典型意义

案例 30 中赔偿权利人根据《改革方案》规定，指定黑龙江省生态环境厅协调自然资源厅、农业农村厅、水利厅、林草局等部门组成联合调查组，协同调查受损生态环境。案件初期，环境保护部门发现违法犯罪线索后，及时将案件移交给公安机关，公安机关在接收环境保护部门材料后，成立联合调查组，进行调查取证，全程参与现场笔录和问询笔录的制作，为案件办理和有效收集证据提供了合法保障。案件办理过程中，环境保护部门与公安、检察、安监等部门进行反复沟通和协调，以确保生态环境损害赔偿案件依法精确处理。此外，由于生态环境损害跨伊春、绥化两市，因此在磋商过程中邀请两市政府参与磋商，可以充分反映实际受损地对损害赔偿的诉求，有利于不同地区环境利益的平衡和生态环境修复的进行。该案办理过程中，多部门协同配合贯穿于前期调查、中期磋商和后期修复的整个过程，因而使得整个案件的磋商、磋商结果的执行、生态环境修复等都进行得比较顺利，是一个高效推进的典型案例。[1]

案例 31 充分体现了部门联动的作用，实现行政、刑事、民事责任同步追究，构建严密责任追究法网。两江分局与自然资源、城管、公安、检察等部门召开联席会议，依据各自职责依法对企业进行了全面检查，对发现的违法行为均进行了立案查处，及时督促整改；公安机关对涉嫌环境污染犯罪行为，依法立案调查追究刑事责任；生态环境部门提起生态环境损害赔偿，督促开展生态环境损害修

---

〔1〕 中国政法大学王灿发教授对本案的点评。

复。[1] 生态环境损害赔偿制度改革工作的有效推进，需要多部门协同合作，比如在案例线索移交和索赔工作的具体分工等方面"团结各种力量"，建立良性协作机制将极大促进工作顺利开展。该案的亮点主要体现在生态环境等行政主管部门之间以及与司法部门的良好互动，保障案件的快速处理。

四、核心法理

两案之所以成为生态环境损害赔偿典型案例，在于两案较好地协调了生态环境部门与其他行政部门、检察机关等协同处理生态环境损害赔偿案件，运用"行政机关+行政机关"和"行政机关+司法机关"两种部门协同治理模式，协同开展调查，协同收集证据，协同固定证据，共同高效处理生态环境损害赔偿案件，创新了生态环境损害赔偿制度改革模式。

（一）生态环境损害赔偿案件部门协同处理的意涵

生态环境损害赔偿部门协同是指赔偿权利人指定相关部门和机构按照法定职责协同处理生态环境损害赔偿案件的活动，它是协同治理的一种重要表现形式。生态环境损害赔偿部门协同主要有以下特征：

第一，生态环境损害赔偿部门协同以赔偿权利人为主导。生态环境损害赔偿案件发生后，赔偿权利人作为省市地级人民政府，有权指定相关部门和机构作为代表人处理生态环境损害赔偿案件，其他相关部门和机构与赔偿权利人属于领导与被领导的关系，赔偿权利人有权主导案件的处理。但是，由于各级人民政府属于宏观的政府构成，需要借助具体的职能部门才能行使管理权。因此，《改革方案》明确规定省市地级人民政府可以指定相关部门和机构处理生态环境损害赔偿案件。从实践案例看，生态环境部门和自然资源部门作为生态环境与自然资源的主要部门，生态环境损害赔偿案件发生后他们是案件的主要管理部门，在案件处理过程中起到召集、协调各部门的作用。因此，尽管生态环境损害赔偿案件处理是部门协同的结果，但在结案或生态环境损害赔偿磋商协议签订时，均以生态环境主管部门作为当事人一方，其他协同部门并未出现在磋商协议或案件处理文书上。

第二，生态环境损害赔偿部门协同以相应职能的设定为标准。《改革方案》规定，生态环境、国土资源、住房城乡建设、水利、农业、林业等相关部门应当按照职责开展必要的生态环境损害调查、鉴定评估以及索赔等工作。如生态环境损害赔偿案件涉及环境犯罪的，公安机关与检察机关都会参与相关案件的处理，因此会出现多部门协同情形。但是，不同省份生态环境损害赔偿部门协同治理存

---

[1]　北京大学汪劲教授对本案的点评。

在不同构成，例如，宁夏回族自治区除了《改革方案》中规定的赔偿权利人及其指定的部门和机构需开展的工作外，对其他一些具体的职责也予以明确，宁夏回族自治区生态环境厅联合 13 个部门及单位印发的《关于落实生态环境损害赔偿制度职责分工的通知》，明确了各单位履行相应职责，形成工作合力，如"自治区卫生健康委员会同生态环境厅开展环境健康问题调查研究、环境与健康综合监测与风险评估""自治区市场监管厅配合有关部门开展生态环境损害鉴定评估相关的计量工作，支持有关部门依据法律法规制定符合我区特点的地方生态环境损害标准"等。[1]

第三，生态环境损害赔偿部门协同具有全过程协同特性。从案例 30 和案例 31 的协同处理看，生态环境主管部门协调自然资源、农业农村、水利、林草局、公安、检察等部门全程参与案件处理。案件初期，各部门协同调查受损生态环境，生态环境保护部门发现违法犯罪线索后，及时将案件移交给公安机关，公安机关在接收生态环境保护部门材料后，成立联合调查组，进行调查取证，全程参与现场笔录和问询笔录的制作，为案件办理和有效收集证据提供了合法保障；案件处理过程中，生态环境保护部门与公安、检察、安监等部门进行反复沟通和协调，以确保生态环境损害赔偿案件依法精确处理；生态环境损害赔偿磋商过程中，各部门受邀参加磋商程序。总体看，两案办理全过程均有部门协同的痕迹。

（二）生态环境损害赔偿案件部门协同处理模式

依参与生态环境损害赔偿协同处理的部门职能和性质不同，生态环境赔偿案件的部门协同处理模式可分为不同的类型。

1. 行政协同模式。生态环境损害赔偿案件行政协同处理是指生态环境损害赔偿案件发生后，生态环境主管部门协调其他行政职能部门联合处理案件的活动。它包含以下含义：

---

〔1〕《关于落实生态环境损害赔偿制度职责分工的通知》在第二点"职责分工"中介绍：自治区各有关部门按照《规定》要求，履行相应职责，形成工作合力，进一步促进生态环境损害赔偿工作的有效开展。具体分工如下：1. 自治区科技厅负责指导区内高等院校或科研机构开展有关生态环境损害鉴定评估技术研究工作。2. 自治区公安厅负责指导公安机关依法办理涉及生态环境损害赔偿的刑事案件，支持有关部门办理涉嫌破坏环境资源保护犯罪案件的生态环境损害赔偿的调查等工作。3. 自治区司法厅负责指导有关环境损害司法鉴定管理工作，鼓励和引导区内优质科研院所、高等院校申请准入登记。4. 自治区财政厅负责指导有关生态环境损害赔偿资金管理工作。5. 自治区卫生健康委会同生态环境厅开展环境健康问题调查研究、环境与健康综合监测与风险评估。6. 自治区市场监管厅配合有关部门开展生态环境损害鉴定评估相关的计量工作，支持有关部门依据法律法规制定符合我区特点的地方生态环境损害标准。7. 自治区高级法院负责指导生态环境损害赔偿案件的审判；指导行政机关申请的经磋商与赔偿义务人达成的生态环境损害赔偿协议的司法确认工作。8. 自治区检察院负责指导生态环境损害赔偿案件的检察工作，做好检察机关提起的环境民事公益诉讼和行政机关办理的生态环境损害赔偿案件之间的衔接；支持行政机关对涉嫌破坏环境资源保护犯罪案件的生态环境损害赔偿的调查；支持行政机关办理生态环境损害赔偿的磋商或诉讼。

第一，生态环境损害赔偿案件行政协同处理具有动态和静态的双重价值属性。从动态的视角看，生态环境损害赔偿行政协同是行政职能部门协同处理案件的联动行为，具有联合行动的特性；从静态的视角看，生态环境损害赔偿行政协同是一种国家生态环境行政执法力量相互协调、相互配合、共同开展生态环境保护联合行动形成的机制，充分发挥政府在生态环境保护中统一系统的功能，以协同保护的模式将各相关行政职能部门等子系统有机地组织起来，实现保护生态环境的目标。

第二，生态环境损害赔偿案件行政协同处理的法律效力以独立行为为主。生态环境损害赔偿行政协同从行为主体特性和行政法理看，具有联合或共同行政的特性，属于共同行政行为。但是，从生态环境损害赔偿行政协同的独特实践看，它仅是赔偿权利人协调相关部门按照各自职责开展的联动行为，它是相关职能部门依职权实施的若干行为在程序上和职能配合上的叠加，相关行政职能部门在生态环境损害赔偿协同行动中依然是独立存在的法定主体，其依职权实施的行为属独立的行政行为，各部门之间并没有产生实质性的共同行政行为。因此，一旦生态环境损害赔偿行政协同发生纠纷或争议，行政相对人只能针对相应的部门所实施的行为申诉或维权，不能以共同行政行为作为申诉或维权的对象。

第三，生态环境损害赔偿案件行政协同处理具有能动协同特性。基于我国特色政法体制，我国生态环境损害赔偿行政协同呈现了政治引领、政府观照、生态部门主导的协同现象，是生态环境协同治理的重要表现样态。依《改革方案》的规定，生态环境损害赔偿行政协同以相关行政部门职责履行为基础，具有主观能动的特点，无论是否具有明确的部门协调，相关职能部门必须在政治引领下，主动积极履行相关职责，积极发挥能动性、主动履行、能动配合开展生态环境损害赔偿治理活动。

2. "行政+司法"协同模式。生态环境损害赔偿案件"行政+司法"协同处理是指生态环境损害赔偿案件发生后，生态环境行政主管部门与司法机关协同处理案件的活动。它包含以下含义：

第一，生态环境损害赔偿案件"行政+司法"协同处理是行政部门和司法机关的集合行为。顾名思义，生态环境损害赔偿"行政+司法"协同由行政机关与司法机关联合或互相实施具有关联性的行为，共同开展生态环境损害赔偿治理活动，它包含行政机关和司法机关两类主体，其中司法主体既可能是人民法院，也可能是检察机关。

第二，生态环境损害赔偿案件"行政+司法"协同处理以行政机关处理案件为主，司法机关为辅助。生态环境损害赔偿"行政+司法"协同表现为两种形态：一是"行政机关+人民法院"协同处理生态环境损害赔偿案件，即生态环境损害赔偿案件发生后，生态环境损害赔偿案件先由行政主管部门开展调查鉴定评估与磋商，然后申请人民法院予以司法确认，赋予生态环境损害赔偿磋商协议强制执行效力；二是"行政机关+检察机关"协同处理生态环境损害赔偿案件，即生态环境损害赔偿案件发生后，由行政主管部门联合公安、检察院等部门开展调查鉴定评估与磋商等活动，检察机关除了起到法律监督作用外，还起到提供法律专业技术服务的作用。

第三，生态环境损害赔偿案件"行政+司法"协同处理效力具有独立性。生态环境行政主管部门处理生态环境损害赔偿案件，主要集中于生态环境损害赔偿事实鉴定、评估磋商等行为。依据《改革方案》的规定，生态环境损害赔偿磋商属民事行为，生态环境损害赔偿磋商不具有强制执行力。为保障生态环境损害赔偿磋商协议执行力，实践中，各省市创新了司法确认机制为生态环境损害赔偿磋商协议赋予强制执行力，从而形成了一种生态环境损害赔偿"行政+司法"协同形态。但是，从生态环境损害赔偿案件处理全过程看，生态环境损害赔偿调查鉴定评估磋商以及生态环境损害赔偿诉讼的提起，都是行政机关作为赔偿权利人指定的代表人实施的行为，具有独立的行为体系和约束力。生态环境损害赔偿磋商司法确认是为了解决磋商协议执行力而生成的行为，生态环境损害赔偿诉讼也是为了解决生态环境损害赔偿磋商不能或无法磋商的问题而提供的司法救济，行政机关和司法机关两大主体之间并不存在行为集合或效力复合的问题。因此，生态环境损害赔偿"行政+司法"协同仅聚焦于协同解决生态环境损害赔偿问题，但不同主体实施的行为效力却具有独立性。此外，检察机关参与生态环境损害赔偿案件的处理，多数以法律监督主体的身份参加，其身份和行为效力也具有独立性，具有监督赔偿权利人和监督赔偿义务人的双重地位，与行政主体之间也不存在行为集合或效力符合的效应。

3. 党政协同模式。坚持党领导生态环境工作是我国生态环境治理的基本原则。党领导生态环境工作主要通过制定生态环境保护政策和承担一定的生态环境保护责任两个层面体现。前者重在体现党的生态环境保护意志，后者重在配置党的生态环境保护责任。党的十八大以来，生态环境保护越发重要，党领导生态环境工作格局也成为生态法治建设的根本准绳。"党政协同是指中国共产党和政府机关在领导的领域、执政的方式、运作的程序等方面，予以一定的协调和同步，本质上是党政关系的一种状态。"[1] 生态环境损害赔偿领域党政协同是指中国共产党和政府机关在生态环境损害赔偿领域予以一定的协调和同步，是党政协同治理生态环境损害的一种表现形态。生态环境损害赔偿领域党政协同主要表现在以

---

〔1〕 张忠民：《中国环境司法的能动协同现象与形成发展逻辑》，载《中国法学》2023 年第 5 期。

下几个方面：

第一，生态环境损害赔偿政策法律化。我国生态环境损害赔偿领域党政协同治理经历了两个过程：从生态环境损害赔偿制度改革到生态环境损害赔偿法律制度建构。前者主要表现为党政机关通过制定和颁布生态环境损害赔偿规范性文件的方式，以制度改革的形式体现党政协同治理生态环境的意志，比如以《关于构建现代环境治理体系的指导意见》《生态环境损害赔偿制度改革方案》等为代表的诸多文件都是通过党政联合发文的方式来实现。但是，党政联合发文建立生态环境损害赔偿政策体系属于静态的意志体现，在法治社会其实施效力具有内部适用的局限性，需要通过立法实现生态环境损害赔偿政策法律化的升华，具备法治时代的生态环境治理元素。"'环境政策法律化'是党政体制内的政策与决策上升成为法律意志的过程，体现出党内法规和国家政策在生态环境立法中的重要作用。"[1]从最近这些年地方立法实践看，许多省市通过地方立法制定了较多的生态环境损害赔偿地方性法规或规章以及办案规程，一定程度上实现了动态的立法转化。

第二，党政领导生态环境治理共担生态环境保护职责。一方面体现在生态环境治理制度层面的"党政同责"。在流域生态环境治理上设置河湖长制，由"党政领导"共同担任各级河湖长；在森林资源保护领域设置林长制，由"党政领导"共同担任各级林长，党政领导协同负责生态环境资源保护工作，共担领导责任。另一方面体现在生态环境治理组织层面上"环保督察"的产生与发展。2019年，中共中央办公厅、国务院办公厅出台《中央生态环境保护督察工作规定》，明确规定环保督察的组织架构为党政合署，[2]"环保督察"制度得以正式确立。"环保督察"这一环境治理组织的诞生打破了环保领域中党政责任与行政责任的二分结构，建立起了"一岗双责"的责任模式。"党"和"政"分别是代表着决策端和执行端，它们本来就关系非常、密不可分。而通过不断的党政联合发文等方式，"党"的领导方式和"政"的执行方式都得到进一步明晰，这也极大地强化了党政协同的能力。[3]

第二节　生态环境损害赔偿案件处理的社会协同

随着"推进国家治理体系和治理能力现代化"这一改革目标的确立，协同

〔1〕 参见陈海嵩：《中国环境法治中的政党、国家与社会》，载《法学研究》2018年第3期。
〔2〕 参见王旭：《当前生态环境责任落实的新思路》，载《人民论坛》2020年第34期。
〔3〕 张忠民：《中国环境司法的能动协同现象与形成发展逻辑》，载《中国法学》2023年第5期。

治理在国内研究和各领域的建设实践中逐渐升温，并成为一种治理范式。党的十八大以来，我国特别重视生态环境保护，协同治理随着系统论、统筹观等提出后，逐渐被移植到生态环境法治实践中，成为生态环境治理体系与治理能力现代化的重要抓手。此外，《中华人民共和国长江保护法》《中华人民共和国黄河保护法》（以下简称《长江保护法》《黄河保护法》）对协同保护的规范构建，确立了政府、部门协同机制，而《环境保护法》第53条规定"公民、法人和其他组织依法享有获取环境信息、参与和监督环境保护的权利""各级人民政府环境保护主管部门和其他负有环境保护监督管理职责的部门，应当依法公开环境信息、完善公众参与程序，为公民、法人和其他组织参与和监督环境保护提供便利"，确立了生态环境治理的社会协同规范。

案例 32—33

生态环境损害赔偿案件社会协同处理系列案

一、案情简介

案例 32（重庆市南川区某公司赤泥浆输送管道泄漏污染凤咀江生态环境损害赔偿案[1]）：重庆市南川区生态环境局于 2020 年 3 月 12 日接到群众举报后，展开调查一起生态环境损害事件。调查发现，凤咀江福南桥段出现死鱼现象。进一步的检查显示，凤咀江水面出现赤泥料浆泄漏，并导致水体呈现蓝白相间的颜色，造成大量鱼类死亡。为应对此突发事件，重庆市生态环境局和南川区生态环境局立即启动了应急处置工作，并进行了生态环境损害鉴定评估。经过几天的努力，到 2020 年 3 月 17 日，水质恢复至标准，紧急响应解除。经调查发现，涉案公司的赤泥浆输送管道长期承受高压冲击导致破裂，17 立方米的赤泥浆流入了凤咀江，导致水体碱度升高，鱼类因碱中毒和鳃堵塞缺氧而死亡。第三方机构评估确认，这次泄漏事故属于一般（Ⅳ级）突发环境事件，对凤咀江的水生态环境和天然渔业资源造成了严重损害。根据评估，生态环境损害金额为 70.58 万元。

案例 33（河北省邯郸市某污水处理厂超标排放生态环境损害赔偿案[2]）：

---

〔1〕 参见生态环境部官网：《生态环境部公布第二批生态环境损害赔偿磋商十大典型案例》，载 https：//www.mee.gov.cn/xxgk2018/xxgk/xxgk06/202112/W020112275854966616654.pdf，最后访问日期：2024 年 2 月 25 日。

〔2〕 参见生态环境部官网：《生态环境部公布第三批生态环境损害赔偿磋商十大典型案例》，载 https：//www.mee.gov.cn/ywgz/fgbz/sthjshpezd/202310/t20231013_1043094.shtml，最后访问日期：2024 年 2 月 25 日。

2021 年 12 月，邯郸市某污水处理厂因运维不当，导致出水口自动在线监测数据（总氮）自 2021 年 12 月 31 日至 2022 年 2 月 19 日长时间超过标准限值，违反《水污染防治法》第 10 条"排放水污染物，不得超过国家或者地方规定的水污染物排放标准和重点水污染物排放总量控制指标"的规定。邯郸市生态环境局开展线索核查，决定依法追究该公司生态环境损害赔偿责任。2022 年 4 月，邯郸市生态环境局与赔偿义务人共同委托鉴定评估机构开展鉴定评估工作。经评估，因超标排放造成滏阳河地表水 1044.90 万元的生态环境损害。

二、办理结果

案例 32：南川区生态环境局于 2020 年 5 月 25 日对涉案公司处以 1.9 万元的行政处罚。随后，重庆市生态环境局召开与相关部门的磋商前沟通会议，并于 7 月 2 日邀请市检察院三分院、市农业农村委、南川区生态环境局、南川区农业农村委、相关领域专家、当地居委会及村民代表和新闻媒体一起召开磋商会，会议达成一致意见并形成了赔偿协议。截至 2020 年 9 月 26 日，跨江的赤泥浆输送管道密封罩和废水收集池的整改工作已验收完成。

案例 33：2022 年 7 月 1 日，邯郸市生态环境局与涉案公司磋商达成初步意见后，邀请邯郸市生态环境纠纷人民调解委员会及相关社会公众参加，就生态环境损害赔偿事宜公开听证，最终达成一致意见，并于 2022 年 8 月 8 日签订了赔偿协议。根据赔偿协议，该公司缴纳了 100 万元赔偿金，并制定了总投资额为 1534 万元的应急能力提升及配套设备建设方案。

三、典型意义

案例 32 系重庆市首例突发环境事件应急处置与生态环境损害赔偿同步追责的案件。该案整合了司法机关、行政机关、企业、公众、媒体等各方力量，邀请检察机关、专家、当地居委会及村民代表和新闻媒体参加磋商和增殖放流工作，接受公众监督，共同推动生态环境损害赔偿制度实施，对推进"环境有价、损害担责"理念深入人心起到了积极示范作用，在创新索赔工作机制、宣传教育等方面积累了较好的经验。

案例 33 系典型的污水处理厂超标排放污染生态环境案。该案灵活运用生态环境损害赔偿磋商程序中的听证机制，邀请其他相关部门、单位、公众参与听证会，对生态环境损害赔偿责任承担方式和期限、违约责任承担、争议解决途径等进行充分讨论，保障了生态环境损害赔偿磋商公平性。[1] 该案以听证的方式创

---

〔1〕　中国人民大学李艳芳教授对本案的点评。

新了多方联动参与生态环境损害赔偿磋商机制。

四、核心法理

两案灵活适用《改革方案》和《环境保护法》的相关规定，创新多方联动参与生态环境损害赔偿磋商机制，邀请相关部门、社会组织、专家以及社会公众共同参加生态环境损害赔偿磋商会议，融合部门协同与社会协同力量，公平公正高效地处理生态环境损害赔偿案件，实现了生态环境损害赔偿磋商法治效果和社会效果的统一。

（一）生态环境社会协同治理的渊源

生态环境协同治理源于西方社会协作治理理论和实践模式。20世纪90年代后期，环境污染、气候变化等"棘手问题"（wicked problem）大量涌现，给西方国家传统的公共行政管理造成了困扰。跨机构的（cross-agency）、跨部门的（cross-sector）、跨区域的（cross-boundary）协作（collabo ration）开始成为公共管理学界和实践界的关注热点。数十年间，政府组织、私营部门、社会团体和社会公众共同参与的治理机制——协作治理在西方国家已成为解决复杂性棘手问题的新路径。期间，除了府际间开展协作治理外，私营部门、社会团体和社会公众也出现在协作治理实践中，"政府间、部门间协作治理"与"社会协作治理"共同构成了西方国家协作治理模式。因此，西方公共管理学界将协作治理视为一种新的公共治理范式，甚至将其誉为"重建公共管理理论的契机"。[1]

20世纪末，协作治理最初被引入我国主要是用于工商管理、经济学和国际关系领域的研究，2003年才开始在公共管理领域尝试使用。[2] 2010年前后，国内学者开始译介协作治理的外文著作。[3] 随着国家治理体系和治理能力现代化的提出，以治理理论为基础的协同治理逐渐升温，并成为学界的重要研究热点和实践探索模式。除了西方国家治理理论外，有学者认为我国传统文化和哲学思想，如黄宗羲的新民本思想与中国传统哲学的协同理念[4]等也包含了丰富的协同治理元素。随着协同治理理论与实践模式的升温，协同治理逐渐进入各领域，特别是生态环境治理领域。党的十八大后，随着系统论和统筹论的提出，生态环

---

〔1〕 Michael McGuire，"Collaborative Public Management：Assessing What We Know and How We Know It"，*Public Administration Review*，Special Issue，2006，pp. 33-43.

〔2〕 李婷婷：《协作治理：国内研究和域外进展综论》，载《社会主义研究》2018年第3期。

〔3〕 如［美］罗伯特·阿格拉诺夫、迈克尔·麦圭尔：《协作性公共管理：地方政府新战略》，李玲玲、鄞益奋译，北京大学出版社2007年版；［德］赫尔曼·哈肯：《大自然成功的奥秘：协同学》，凌复华译，上海译文出版社2018年版，等等。

〔4〕 刘华安：《黄宗羲君主政治理论中的"协同治理"思想探析》，载《浙江社会科学》2010年第9期。

境协同治理开始实现全过程全方位的实践模式，更是从部门协同、社会协同的主体协同向工具、手段、机制等内容的全面协同转化升级。

（二）生态环境损害赔偿社会协同治理的意涵

英文文献中通常用"collaborative governance"作为协同治理的关键词，[1]但当"collaborative governance"被译为中文时，就出现了包括"协作治理""协同治理""合作治理"在内的一组语词外形上极为相似的概念。[2]从中文词性看，"协作治理""协同治理""合作治理"均具有联动行动之意，三者间并无本质区别。但是，协同治理的理论认知有广义和狭义之分。广义上的协作治理或协同治理指的是一套在公共政策制定和公共管理中的程序和相应的组织架构——当某特定的公共目标必须通过跨公共机构的、跨政府层级的或是跨域（公、私、公民社会）的协作才能够实现而别无他法时，这套程序和组织架构能够为各主体建设性地参与提供平台和保障。[3]狭义的协作治理或协同治理，是指一种在政策制定和执行过程中，或是公共项目和事务的管理过程中，由有权机关正式发起、政府和非政府的利益相关方参加的以合意为导向的、协商性的治理机制。[4]在国内，协同治理从广义的视角，认为它是通过平等、互动与协商，使政府、企业、非政府组织和公民社会构建起伙伴关系，共享利益、共担风险，在社会事务的管理中实现各参与主体的多赢。[5]

从前述国内外学者对协作治理或协同治理的含义解读看，它包含了政府部门协同治理和社会协同治理两种形态，部门协同强调以政府机构职能履行为基准做协同治理，社会协同强调政府组织与非政府组织以及社会公众联合开展社会事务治理。因此，生态环境损害社会协同治理是指为实现生态环境资源保护目标，政府组织与非政府组织和社会公众依法共同参与生态环境损害赔偿案件处理活动。

（三）生态环境损害赔偿社会协同治理的特征

生态环境损害赔偿社会协同治理主要特征如下：

第一，生态环境损害赔偿社会协同治理法益以公共利益为基准。因国家性质不同，在西方国家社会协同治理过程中，保护公共利益目标实现之余，非政府组织或社会公众会寻求一定的私益实现。在我国，无论是政府部门协同还是社会协

---

〔1〕吕志奎、孟庆国：《公共管理转型：协作性公共管理的兴起》，载《学术研究》2010 年第 12 期。

〔2〕李婷婷：《协作治理：国内研究和域外进展综论》，载《社会主义研究》2018 年第 3 期。

〔3〕Kirk Emerson、Tina Nabatchi、Stephen Balogh，"An Integrative Framework for Collaborative Governance"，*Journal of Public Administration Research and Theory*，Vol. 22，Number 1，2012，pp. 1-29.

〔4〕Chris Ansell、Alison Gash，"Collaborative Governance in Theory and Practice"，*Journal of Public Administration Research and Theory*，Vol. 18，Number4，2008，pp. 543-571.

〔5〕耿亚东：《我国公共管理领域合作治理研究述评》，载《内蒙古大学学报（哲学社会科学版）》2017 年第 5 期。

同，其法益主要是公共利益，以公共利益目标实现为宗旨，非政府组织和社会公众协同参与社会事务管理不存在私益实现。

第二，生态环境损害赔偿社会协同治理坚持政府部门主导，社会组织和社会公众监督的原则。一是《改革方案》明确规定，生态环境损害赔偿磋商程序由赔偿权利人负责召开，生态环境主管部门负责与赔偿义务人进行磋商，在磋商的过程中，生态环境主管部门负责邀请相关部门、社会组织和专家以及社会公众参加。这种制度布局充分表明，生态环境损害赔偿磋商法律关系的主体主要为赔偿权利人与赔偿义务人，受邀请的社会组织和社会公众、专家具有发言权，机关提供的是技术性支持的作用，但同时也有监督的作用。二是我国《环境保护法》赋予了社会公众参与生态环境治理的权利，突出了人民的社会治理地位。"环境保护和自然资源开发利用必须依靠社会公众的广泛参与。"[1]《环境保护法》第57条第1款规定："公民、法人和其他组织发现任何单位和个人有污染环境和破坏生态行为的，有权向环境保护主管部门或者其他负有环境保护监督管理职责的部门举报。"该条第2款规定："公民、法人和其他组织发现地方各级人民政府、县级以上人民政府环境保护主管部门和其他负有环境保护监督管理职责的部门不依法履行职责的，有权向其上级机关或者监察机关举报。"《改革方案》也规定，生态环境损害调查、鉴定评估、修复方案编制等工作中涉及公共利益的重大事项应当向社会公开，并邀请专家和利益相关的公民、法人和其他组织参与。《关于推进生态环境损害赔偿制度改革若干具体问题的意见》也规定，赔偿权利人及其指定的部门或机构可以积极创新公众参与方式，可以邀请专家和利益相关的公民、法人、其他组织参加生态环境修复或者赔偿磋商工作，接受公众监督。此外，各省份结合自身实践，出台了生态环境损害赔偿信息公开和公众参与办法，细化了《改革方案》中关于信息公开和公众参与的相关规定。因此，应逐步完善信息公开和公众参与制度，充分发挥公众参与和监督的作用。

第三，生态环境损害赔偿社会协同治理方式方法及其程序缺乏刚性规范。从《改革方案》以及现行相关法律法规的规定看，生态环境损害赔偿社会协同治理缺乏明确的内容构造，其程序和方式方法多数参照一些司法程序和公众参与的方式进行。例如，生态环境损害赔偿磋商活动的公众参与，实践主要是参考公益诉讼中调解协议的公告程序实现磋商协议的公示程序。在公益诉讼审理中，开庭审理阶段，人民法院应当邀请当地人大代表、政协委员、环境保护公益组织出席并就相应问题提出意见，对所提出的意见，人民法院应当认真考虑。鉴于该类诉讼的公益性质，应当强化监督，人民法院不仅要对调解协议依法进行公告，听取社

---

〔1〕 韩德培主编：《环境保护法教程》，法律出版社2018年版，第61页。

会公众的意见和建议，而且公告期满后还要进行认真审查，认为调解协议或者和解协议的内容不损害社会公共利益的，才可以出具调解书。

　　总之，案例 32 和案例 33 为使社会公众知晓赔偿权利人与赔偿义务人是否就生态环境损害进行磋商，赔偿权利人自与赔偿义务人开始磋商时起，就向社会公众公开赔偿权利人与赔偿义务人就生态环境损害赔偿事宜进行磋商的相关信息，并邀请社会组织参与相关磋商或听证会。此举有利于逐步提高公众的参与意识，让公众参与在生态环境损害赔偿磋商制度中充分发挥作用。

第五章 | **特殊生态环境损害赔偿案件处理规则**

■ 知识概要

　　自 2015 年试点推行生态环境损害赔偿制度改革以来，各省市不断创新生态环境损害赔偿制度改革实践，演绎和诠释了一系列生态环境损害赔偿制度新法理。与此同时，各省市也出现了部分"群发性、应急性以及跨区域"等新型生态环境损害赔偿案件，此类案件存在涉案主体多、责任认定和归责难、生态修复执行难等困境，如何解决这些现实困境，对各省市生态环境主管部门是一项重要考验。从典型案例的处理看，各省市实务部门做出了诸多创新性机制探索，诠释了特殊类型生态环境损害赔偿案件的应用规则和法理。

第一节　群发性生态环境损害赔偿案件的处理

　　群发性生态环境损害赔偿案件，涉案主体多、责任分配难度大、追偿难度高。如何进行责任认定及责任分配，如何建立生态环境损害赔偿责任社会分担机制，这是此类生态环境损害赔偿案件处理的核心法理。

案例 34—36

生态环境损害赔偿案件中多个赔偿义务人责任系列案

一、案情简介

　　案例 34（江苏省南通市 33 家钢丝绳生产企业非法倾倒危险废物生态环境损

害赔偿系列案[1]）：2017 年 5 月，南通市生态环境局开发区分局在执法巡查中发现，张江公路西侧的一片空地堆积了大量白色固体，疑似磷化渣。该渣未采取污染防治措施，导致场地及周围土壤变白变绿。经核实，这种白色固体是钢丝绳生产废料磷化渣，属于危险废物。开发区部分钢丝绳企业将生产过程中产生的磷化渣交由无危险废物经营许可证的第三方进行处置，第三方将收集到的磷化渣堆放在无防渗措施的土地上。南通市生态环境部门委托第三方鉴定评估机构进行生态环境损害评估，并采取应急处置措施，处理了约 18000 吨磷化渣。经评估，违法堆放磷化渣造成土壤、河道底泥、地下水、地表水的损害，生态环境损害赔偿金额达 3100 多万元。

案例 35（江西省吉安市某循环经济产业园相关企业违法排放生态环境损害赔偿案[2]）：2021 年 4 月，中央第四生态环境保护督察组督察发现，江西省吉安市某循环经济产业园内环境污染严重，园区企业长期违法排污，周边群众反映强烈。经立案调查，对产业园内相关企业的生态环境违法行为依法实施行政处罚，共计罚款 316.4 万元，并将 5 名责任人员移送公安机关行政拘留。吉安市生态环境局、永丰县人民政府与产业园内相关企业共同委托鉴定评估机构对该循环经济产业园生态环境损害情况进行鉴定评估，量化了生态环境损害。确认受损沟渠长度共计约 2.41 千米，受损河道长度约 6.1 千米，受损农用地面积共计约 1458 亩，受损林地表层土壤面积 4705.8 亩。

案例 36（山东济南章丘区 6 企业非法倾倒危险废物生态环境损害赔偿案[3]）：2015 年 10 月 21 日凌晨 2 时，山东省济南市章丘区普集镇上皋村发生了一起重大非法倾倒危险废物事件。在废弃的 3 号煤井中，废酸液和废碱液被非法倾倒，混合后产生了有毒气体，导致 4 人当场死亡。此事件被认定为重大突发环境事件，严重污染了土壤和地下水。经过调查和评估，确定有 6 家企业非法处置危险废物，造成了济南市章丘区 3 个街道的生态环境污染，估计生态环境损害约达 2.4 亿元。

---

〔1〕　参见生态环境部官网：《生态环境部公布第二批生态环境损害赔偿磋商十大典型案例》，载 https://www.mee.gov.cn/xxgk2018/xxgk/xxgk06/202112/W020211227585496616654.pdf，最后访问日期：2024 年 2 月 25 日。

〔2〕　参见生态环境部官网：《生态环境部公布第三批生态环境损害赔偿磋商十大典型案例》，载 https://www.mee.gov.cn/ywgz/fgbz/sthjshpczd/202310/t20231013_1043094.shtml，最后访问日期：2024 年 2 月 25 日。

〔3〕　参见生态环境部官网：《2020 年生态环境损害赔偿磋商十大典型案例》，载 https://www.mee.gov.cn/xxgk2018/xxgk/xxgk06/202005/W0202005065396233195292.pdf，最后访问日期：2024 年 2 月 25 日。

二、办理结果

案例34：南通市生态环境局经过仔细研究，与相关企业展开多次沟通协商，通过召开专题会议、解释生态环境损害赔偿政策法规等，从企业发展的角度出发，分析利益关系。2018年11月，经过多轮磋商，南通市生态环境局开发区分局与33家企业签订了一系列生态环境损害赔偿协议。这些企业按照协议约定，缴纳了3108.6万元的生态环境损害赔偿金。根据评估情况，不同倾倒地块内的土壤受到的影响程度不同，一些地块需要通过人工修复，而其他地块则不需要。南通市生态环境局结合周边情况和未来用途，对需要人工修复的土壤采取固化、稳定化技术和植物修复技术进行修复，对于不需要人工修复的地块采取市政工程和修复工程相结合的措施。

案例35：2022年8月1日，吉安市生态环境局会同检察机关、法院、司法、林业、自然资源、农业农村等部门与赔偿义务人召开磋商前沟通会议。2022年8月18日，经磋商达成一致意见并签订赔偿协议，生态环境损害赔偿费用共计3861.77万元。通过聘请鉴定评估机构，结合排污方式、特征污染因子以及实地损害情况，对生态环境损害金额进行精准量化。根据鉴定评估结论，经过多轮磋商，3家企业分别承担44%、44%、12%的赔偿责任，由3家企业分别承担赔偿金额1699.18万元、1699.18万元和463.41万元，结合企业实际，同意企业分批支付。截至2023年9月，3家企业共缴纳1621.77万元，已完成受污染耕地环境质量调查，对严格管控类耕地采取休耕和生物治理措施，并分五期对500余亩耕地按季节轮种油葵、油菜（非食用作物），对土壤中的重金属进行吸附。

案例36：山东省生态环境厅作为赔偿权利人指定的部门，与涉案的6家企业进行了4轮磋商。在磋商过程中，生态环境厅与其中4家企业达成一致，签署了4份共计1357.5万余元的生态环境损害赔偿协议。其中3家企业已经履行了协议，而1家企业在履行了协议的第一期100万元后反悔。针对此情况，生态环境厅对该企业提起诉讼，法院判决要求该企业继续履行协议。另外2家企业无法就排放污染物的时间、种类和数量达成共识，因此，生态环境厅提起了生态环境损害赔偿诉讼。法院判决其中1家企业承担20%的赔偿责任，另1家企业承担80%的赔偿责任。此后，修复工作已经基本完成。

三、典型意义

案例34：本案是典型的同类群发性生态环境损害集中索赔案件，牵涉多个主体，赔偿金额较大。本案涉及多个责任主体，责任分配困难，磋商难度大。经过多轮磋商，南通市生态环境局开发区分局与33家企业达成赔偿协议并全面履行，这为类似群发性生态环境损害赔偿案件提供了经验和示范。

案例35：本案生态环境污染主要由某循环经济产业园内相关企业违法排污导致，是典型的群发性生态环境损害集中索赔案件，牵涉多个主体，赔偿金额较大。本案赔偿权利人通过"损害量化，精准定责"的方式，聘请鉴定评估机构结合排污方式、特征污染因子以及实地损害情况，对生态环境损害金额进行精准量化，为磋商认定3家企业分别承担44%、44%、12%的生态环境损害赔偿责任奠定了基础。

案例36：该案件为重大突发环境事件（损害金额达2.4亿元），在全国范围有较大的影响，具有宣传、教育和警示意义。山东省生态环境厅作为赔偿权利人指定的部门，在事件发生后立即启动生态环境损害调查、鉴定评估与修复方案编制工作，根据案件涉及多个赔偿义务人的实际，先易后难、分类处理，主动与赔偿义务人就损害事实、赔偿数额、缴纳方式进行磋商，及时开展了受损生态环境的修复工作，积累了赔偿磋商工作经验。由于该案件部分赔偿义务人对赔偿责任未能达成一致、一家企业对已磋商一致的协议未予执行，因此赔偿权利人分别对相关企业提起诉讼。[1]

四、核心法理

案例34—36是涉及多个赔偿义务人的生态环境损害赔偿责任追索的典型案件，具有责任认定难、责任履行难等特点。但是，各省市生态环境主管部门面对有多个赔偿义务人的案件，充分发挥生态环境损害赔偿办案智慧，运用不同的方式方法较好地解决了此类案件的诸多难点问题，成功地维护了生态环境安全，诠释了群体性生态环境损害赔偿案件责任认定、责任承担以及赔偿义务人违约等诸多法理问题。

（一）群体性生态环境损害赔偿案件的责任认定

生态环境损害赔偿责任认定是处理生态环境损害赔偿案件的基础工作。生态环境损害赔偿义务人是指违反法律法规，造成生态环境损害的单位或个人，应当承担生态环境损害赔偿责任，做到应赔尽赔。按照"谁损害、谁担责"原则，只有在准确调查和鉴定生态环境损害事实后，确定生态环境损害赔偿义务人及其责任份额后，才能有效启动追索程序。从"江苏省南通市33家钢丝绳生产企业非法倾倒危险废物生态环境损害赔偿系列案""江西省吉安市某循环经济产业园相关企业违法排放生态环境损害赔偿案""山东济南章丘区6企业非法倾倒危险废物生态环境损害赔偿案"三案来看，分别是33家、3家、6家企业非法处置危

---

〔1〕 生态环境部环境规划院於方研究员对本案的点评。

险废物，造成了当地的生态环境污染，产生了高昂的生态环境损害修复费用，属于典型的两个以上赔偿义务人案件。由于环境污染物种类多、环境污染成因复杂，造成生态环境损害的危害行为与危害结果之间的关联性认定困难，尤其是涉多个赔偿义务人的环境污染责任认定则更为复杂，我国现行相关法律规范及技术规范尚无具体的规定。

实践中，有经刑事责任认定的赔偿案件和未经刑事责任认定的赔偿案件两种处理模式。

1. 经刑事责任认定的赔偿案件。经刑事责任认定的赔偿案件一般采取以刑事责任作为赔偿责任认定基准。例如，在"山东济南章丘区 6 企业非法倾倒危险废物生态环境损害赔偿案"中，其责任认定方式以"刑事案件认定的排污数量、非法获利和相关企业、人员的经济条件"等综合因素认定各自承担的赔偿金额。但是，实践中并不是所有的经刑事责任认定的赔偿案件都采用此类处理模式解决多个赔偿义务人的责任认定问题，如在"江苏省南通市 33 家钢丝绳生产企业非法倾倒危险废物生态环境损害赔偿案"中，采取的做法是参照刑事案件调查的份额进行民事责任分配，以此为准认定 33 家企业生态环境损害赔偿责任。

2. 未经刑事责任认定的赔偿案件。未经刑事责任认定的赔偿案件中多个赔偿义务人的责任认定，依照《民法典》环境污染和生态破坏责任及《最高人民法院关于审理生态环境侵权责任纠纷案件适用法律若干问题的解释》等规定进行认定：[1] 一是如多个赔偿义务人共同实施污染环境行为造成生态环境损害的，或分别实施污染环境行为造成同一损害后果，其污染行为都足以造成全部损害的，以共同侵权认定生态环境损害赔偿责任，裁定多个赔偿义务人承担连带责任；二是如多个赔偿义务人分别实施污染环境行为造成同一损害，且其行为不足以造成全部损害的，承担按份责任，并根据排污情况及行为对损害后果所起的作用等因素确定各自承担的比例。例如，最高人民法院 2021 年发布的环境资源典

----

[1] 参见《最高人民法院关于审理生态环境侵权责任纠纷案件适用法律若干问题的解释》第 5 条：两个以上侵权人分别污染环境、破坏生态造成同一损害，每一个侵权人的行为都足以造成全部损害，被侵权人根据民法典第一千一百七十一条的规定请求侵权人承担连带责任的，人民法院应予支持。第 6 条第 1 款：两个以上侵权人分别污染环境、破坏生态，每一个侵权人的行为都不足以造成全部损害，被侵权人根据民法典第一千一百七十二条的规定请求侵权人承担责任的，人民法院应予支持。第 7 条第 1 款：两个以上侵权人分别污染环境、破坏生态，部分侵权人的行为足以造成全部损害，部分侵权人的行为只造成部分损害，被侵权人请求足以造成全部损害的侵权人对全部损害承担责任，并与其他侵权人就共同造成的损害部分承担连带责任的，人民法院应予支持。第 8 条：两个以上侵权人分别污染环境、破坏生态，部分侵权人能够证明其他侵权人的侵权行为已先行造成全部或者部分损害，并请求在相应范围内不承担责任或者减轻责任的，人民法院应予支持。第 9 条：两个以上侵权人分别排放的物质相互作用产生污染物造成他人损害，被侵权人请求侵权人承担连带责任的，人民法院应予支持。

型案例"江西省吉安市某循环经济产业园相关企业违法排放生态环境损害赔偿案"裁判认定:某循环经济产业园相关3企业分别实施了违法排污行为,因3家企业实施污染环境行为之时相互之间并无共同意思联络,不能简单认定共同侵权而适用连带责任,应按照其侵权事实分别承担44%、44%、12%的赔偿责任。

（二）群体性生态环境损害赔偿案件归责标准

群体性生态环境损害赔偿案件涉及多个污染者,多个污染者的责任归责是其核心问题。对此,《最高人民法院关于审理生态环境侵权责任纠纷案件适用法律若干问题的解释》第25条第1款规定,两个以上侵权人污染环境、破坏生态造成他人损害,人民法院应当根据行为有无许可,污染物的种类、浓度、排放量、危害性,破坏生态的方式、范围、程度,以及行为对损害后果所起的作用等因素确定各侵权人的责任份额。《民法典》第1231条明确规定,两个以上侵权人污染环境、破坏生态的,承担责任的大小,根据污染物的种类、浓度、排放量,破坏生态的方式、范围、程度,以及行为对损害后果所起的作用等因素确定。

污染物的种类是指导致环境污染损害结果发生的污染物的具体类型。不同的污染物的物理、化学等的性质及毒性等存在差异,其对环境污染损害结果发生的作用程度、作用方式不同,这也意味着排放的污染物不同,造成的损害不同,承担责任的大小也会有所差别。

所谓排放量是指污染物的排放总量乘以排放浓度。对污染物排放量的计算有利于准确计算数人环境侵权行为的原因力,从而确定各自的原因比例。突发事故的排污量可以参照监测数据,累积型的排污量可以以排污单位申报量、日常监测数据、环保部门监测数据、物料衡算等方式确定。除了污染物的种类、排放量外,对原因力的计算还可能综合考虑其他因素,包括破坏生态的方式、范围、程度,以及行为对损害后果所起的作用等。

《最高人民法院关于审理生态环境侵权责任纠纷案件适用法律若干问题的解释》第25条关于数个污染者责任份额标准的规定,属于数个污染者内部份额承担原则还是数个污染者的对外承担原则,学界存在争议,我们在这里不做讨论。实践中,法院主要裁判规则是采纳了按份的外部责任的归责方式,在此情况下,分析各污染行为与损害后果的原因力大小是审理的难点。在单一污染行为尚不足以造成全部损害后果时,按照相关规定由各侵权人承担按份赔偿责任。法官往往结合具体案情进行分析,合理确定污染行为所占原因力的大小并做出判决。

从"山东济南章丘区6企业非法倾倒危险废物生态环境损害赔偿案"实际案情看,6家企业非法处置危险废物,造成了济南市章丘区3个街道的生态环境污染,4人中毒死亡,生态环境损害约达2.4亿元的客观事实,并且该生态环境损害客观事实与6家企业非法处置危险废物的行为具有关联性,6家企业作为生态环境损害侵权人承担相应赔偿责任合法合理。但从具体案件调查情况看，6 家企业非法处置危险废物尽管同在一个废矿井中，但分别在不同时间丢置其中，无法证明 6 家企业之间具有共同实施非法处置危险废物的故意。因此，不能以共同侵权为名认定连带责任，只能依据《最高人民法院关于审理生态环境侵权责任纠纷案件适用法律若干问题的解释》第 25 条的规定，分别认定相应生态环境损害侵权责任，按份承担不同比例的生态环境损害责任。

（三）群体性生态环境损害赔偿案件赔偿义务人之间的责任承担

群体性生态环境损害赔偿案件涉及多个赔偿义务人责任承担问题。案例 36 出现了赔偿义务人通过在内部签订协议的方式自行确定各自的赔偿责任的做法。该做法有助于快速实现生态环境修复的目标，这种创新做法值得推崇。一般来说，在赔偿义务人之间未签订合作协议的情况下，多个赔偿义务人之间的责任分配可适用按份责任或连带责任。具体来说，如果能够通过鉴定评估判断多个责任主体分别造成的损失，则理所应当适用按份责任，但在实践中，无法区分的情况占大多数，在这种情况下，适用连带责任则是一种解决思路，因为如果赔偿责任仅由直接造成损害的义务人承担，对其显然不公，同时还可能因为赔偿义务人负担能力不足，从而导致无法实现索赔目的。适用连带责任，不仅可以减轻主要赔偿义务人的压力，也有利于尽早实现生态环境损害的修复目的。

若多个赔偿义务人之间签订了合作协议，对多方的责任分担进行了规定，那么磋商过程中是否应当采用？按理来说，磋商本身具有民事性质，具备意思自治的特征，对于赔偿义务人之间自愿达成的合作协议，应该采纳。但值得注意的是，合作协议本身也是民事法律行为的一类，其效力自然会受到民事法律行为无效或可撤销情形的限制，如果该合作协议存在意思表示不真实、恶意串通损害他人或国家利益等情况，该行为的效力则存在瑕疵。但如果多个赔偿主体之间签订了某种合作协议，协议内容不违反法律强制性规定，且按照此协议内容进行定责，修复和赔偿工作能够得到落实，则根据意思自治原则，应当认可其效力。

（四）群体性生态环境损害赔偿案件赔偿义务人违约的法律后果

"山东济南章丘区 6 企业非法倾倒危险废物生态环境损害赔偿案"经过了生态环境损害调查、鉴定、磋商和诉讼等程序。从该案处理过程看，生态环境损害赔偿诉讼为被动启动，该案本应在磋商完成后就履行相关磋商协议内容。但山东省生态环境厅（原环境保护厅）作为赔偿权利人指定的部门，与涉案的 6 家企业进行了 4 轮磋商，与其中 4 家企业达成一致，签署了 4 份共计 1357.5 万余元的生态环境损害赔偿协议。其中 3 家企业已经履行了协议，而 1 家企业在履行了协议的第一期 100 万元后反悔，另外 2 家企业无法就排放污染物的时间、种类和数量达成共识，因此，山东省生态环境厅只能启动生态环境损害赔偿诉讼程序追索其法律责任。从《若干规定（试行）》的规定看，从生态环境损害磋商到司法确认再到生态环境损害赔偿诉讼，体现了生态环境损害赔偿磋商与环境司法的衔接问题，体现了生态环境损害赔偿制度实施过程中行政与司法的协同原理与机制建构。

赔偿诉讼双方之间为生态环境损害赔偿法律关系，作为当事人一方的赔偿义务人，无论是连带承担或按份承担，只要造成了生态环境损害，均应承担赔偿责任，做到应赔尽赔。基于诉的标的同一性，行政机关作为原告提起生态环境损害赔偿诉讼，则属于不可分的必要共同诉讼。在此理论框架下，磋商、诉讼程序衔接区分为三种情形：

一是全部赔偿义务人磋商成功。基于意思自治和环境污染责任认定，双方达成的磋商协议是对其自身民事权利义务的分配及确认；达成赔偿协议后，可向人民法院申请司法确认，如上述提及的"江苏省南通市非法倾倒危险废物生态环境损害赔偿案"就是通过集中磋商的方式，与33家钢丝绳生产企业均达成了赔偿协议。

二是全部义务人均不同意磋商或磋商无法达成一致，均被提起赔偿诉讼。由于是不可分之诉，多个义务人必须一同应诉，未一同应诉的，应当予以追加；人民法院必须合并审理，作出合一判决。

三是部分义务人磋商成功，部分义务人被提起赔偿诉讼。"山东济南章丘区6企业非法倾倒危险废物生态环境损害赔偿案"就属于此情形，6家企业中只有4家达成一致意见。此情形相对复杂，因部分义务人已达成赔偿协议，行政机关仅需对达成协议以外的义务人提起赔偿诉讼。

第二节　"多因一果"生态环境损害赔偿案件处理规则

"多因一果"生态环境损害赔偿案件需要厘清诸多导致生态环境损害后果的原因，特别是公共目标之间出现冲突并涵盖社会责任履行时，如何分配责任是对实务部门的重大考验。

案例 37

八耆大坝和上立亭电站造成罗甸县蒙江坝王河特有鱼类国家级水产种质资源保护区生态破坏案[1]

一、案情简介

2021 年 12 月 22 日，生态环境部网站通报了中央第二生态环境保护督察组在黔南州督察发现的问题：罗甸县蒙江坝王河特有鱼类国家级水产种质资源保护区内存在违法建设，严重影响保护鱼类及其生存环境。黔南州农业农村局调查发现，黔南州罗甸县黔甸水务投资开发有限公司建设的八耆大坝和贵州浙贵源电力有限公司建设的上立亭电站在罗甸县坝王河特有鱼类国家级水产种质保护区范围内。两个工程均未通过农业部门水产种质资源保护区影响专题论证，也未建设过鱼设施，工程坝体阻断鱼类洄游，形成的库区淹没激流型鱼类产卵场，影响激流型鱼类繁殖，对罗甸坝王河国家级水产种质资源生存环境造成损害。经委托第三方评估机构评估，认定罗甸县蒙江坝王河特有鱼类国家级水产种质资源保护区生态环境损害赔偿数额共计约为 5753.06 万元。其中，罗甸县黔甸水务投资开发有限公司造成的生态环境损害赔偿金额约为 3037.81 万元，贵州浙贵源电力有限公司生态环境损害赔偿金额约为 2715.25 万元。

二、办理结果

黔南州农业农村局作为赔偿权利人与两家公司作为赔偿义务人召开了罗甸县蒙江坝王河特有鱼类国家级水产种质资源保护区生态环境损害赔偿磋商会议，分别与两个赔偿义务人签订《生态环境损害赔偿协议》，明确两个赔偿义务人按各自造成的生态环境损害赔偿金额承担赔偿和修复责任。

三、典型意义

本案是"多因一果"的生态环境损害赔偿案件，两个赔偿义务人建设的工程违反相关规定，共同造成了罗甸县蒙江坝王河国家级水产种质资源保护区生态破坏，通过评估、磋商确认两个赔偿义务人的赔偿责任，避免责任推诿，有效开展修复及赔偿工作。对同类群发性生态环境损害集中索赔案件处理具有重要参考

---

〔1〕 参见贵州省生态环境厅官网：《贵州省生态环境保护委员会办公室关于印发〈2023 年贵州省生态环境损害赔偿改革典型案例〉的通知》，载 https://sthj.guizhou.gov.cn/xwzx/tzgg/202312/t20231227_83411904.html，最后访问日期：2024 年 2 月 25 日。

价值。

四、核心法理

本案核心法理价值在于厘清了"多因一果"生态环境损害赔偿案件的责任和归责问题，并诠释了生态环境损害赔偿案件的因果关系和社会责任分配机制，对因公共目标实现的建设项目导致生态环境损害的案件进行处理提供了样本经验。

（一）"多因一果"生态环境损害赔偿案件类型

从实践案例看，生态环境损害赔偿案件多数为一因一果或一因多果的案件构成。但也有部分属于多个因素导致一个共同的生态环境损害结果出现的案件。此类案件称为"多因一果"生态环境损害赔偿案件。

在生态环境损害赔偿案件中，个体造成生态环境受损，对于认定侵权人的行为与环境污染之间的因果关系以及责任承担都相对简单。但是，当出现多个侵权人同时造成同一环境被污染时，对于因果关系的认定以及责任的承担则出现许多难题，不同的因果关系会决定侵权人应当承担何种责任。这也是实际案例处理的难点问题之一。根据是否会造成同一环境损害，可以将多人环境污染损害中复数因果关系划分为以下四种类型：

第一种，共同的因果关系，也被称为"部分的因果关系"，[1] 是指多个侵权人分别实施了污染环境行为，造成了同一环境损害。若是将多人的环境污染行为分开来看，每一个污染行为都不足以造成部分或者全部的损害，但是将多人的污染行为相结合之后，就造成了全部的环境损害。

第二种，竞合的因果关系，就是指多个侵权人分别实施了污染环境行为，造成了同一环境损害，但是每一个侵权人的环境行为都足以造成环境损害。这几个污染环境行为一起发生造成环境损害具有偶然性。

第三种，累积的因果关系，是指多个侵权人分别实施了环境污染行为，造成了同一环境损害，其中一个或者部分行为单独发生，也会造成全部环境损害。

第四种，择一的因果关系，是指多人实施了危害环境的行为，其中一人或数人的行为造成了环境损害，但是不能确定究竟是哪一行为或哪几个行为造成的。

（二）"多因一果"生态环境损害赔偿案件的责任认定和责任分配

1. 多人生态环境侵权的责任认定与责任分配。多人环境侵权的规范构造主要有《民法典》和《最高人民法院关于审理生态环境侵权责任纠纷案件适用法律若干问题的解释》。《民法典》"侵权责任编"第 1168 条至第 1172 条对多人侵

---

〔1〕　王利明：《侵权责任法的中国特色》，载《法学家》2010 年第 2 期。

权责任作出了规定；第1170条至第1172条规定了三种类型：共同危险行为、承担连带责任的无意思联络数人侵权、承担按份责任的无意思联络数人侵权。

（1）共同危险行为导致生态环境损害。从民法的视角看，共同危险行为是指数人实施了危及他人人身、财产安全的行为。此类行为由于无法查明是某人造成了损害，因此要求所有行为人承担连带责任。只有当确定了损害是由某一人或数人造成的，其他人才能免责。共同危险行为可以很好地解决择一因果关系中存在举证困难的问题，从而保护受害人权益。

（2）承担连带责任的无意思联络数人环境侵权。承担连带责任的无意思联络数人环境侵权是指数人分别实施了环境侵权行为造成了同一环境损害，每个人的侵权行为都足以造成全部损害，各个侵权行为人承担连带责任。在该种侵权行为中，其因果关系的形态属于竞合的因果关系，因为每一个侵权行为人的行为都足以造成全部损害。

（3）承担按份责任的无意思联络数人环境侵权。承担按份责任的无意思联络数人环境侵权是指数人分别实施了环境侵权行为造成了同一生态环境损害，若是能够确定各个侵权人的责任大小，就各自承担相应的责任，若不能确定的，就平均分配责任。与之对应的因果关系的形态表现为两种共同的因果关系和累积的因果关系。

通过因果关系分析可以发现，案例37涉案的两个开发项目均未建设过鱼设施，导致工程坝体阻断了鱼类洄游，对罗甸坝王河国家级水产种质资源生存环境造成损害，由于两个涉案人都未实施过鱼建设，形成的库区淹没了鱼类产卵场，影响鱼类繁殖，且两个侵权人都不能证明自身的行为不会对水产种质资源造成影响，那么两个涉案人都需要承担责任，属于承担按份责任的无意思联络数人环境侵权、累积的因果关系。

2. "多因一果"生态环境损害赔偿案件的责任认定和责任承担。在司法实践中，对于"多因一果"生态环境损害赔偿案件的责任认定是通过因果关系的类型来予以归责，即不同的因果关系承担不同的责任。目前，我国《民法典》"侵权责任编"以及《最高人民法院关于审理生态环境侵权责任纠纷案件适用法律若干问题的解释》对环境侵权行为的责任认定以及责任承担作出了相关规定，主要分为连带责任与按份责任，主要表现为四种因果关系：

（1）在共同的因果关系中，按份承担生态环境损害赔偿责任。在共同因果关系中，数个生态环境侵权人的行为都是形成同一损害的必要条件，每一个侵权人的行为对造成全部损害仅有部分的因果关系，因此，各个侵权人仅需要按照各自的责任大小承担按份责任。该种类型的构成要件是：其一，主体是两人以上无意思联络分别实施了环境侵权行为；其二，各侵权人的行为仅起到部分作用；其三，数人的侵权行为造成了同一生态环境损害结果。

（2）在竞合的因果关系中，承担连带生态环境损害赔偿责任。在竞合的因果关系中，数个生态环境侵权人的行为造成了同一生态环境损害，且每个侵权人的行为都足以造成全部损害，都具有因果关系。因此，各个侵权人需要对这一损害承担连带责任。该种类型的构成要件是：其一，主体是两人以上无意思联络分别实施了环境侵权行为；其二，各侵权人的行为都足以造成全部环境损害；其三，数个侵权人的侵权行为造成了同一生态环境损害。

（3）在累积的因果关系中，平摊生态环境损害赔偿责任。在累积的因果关系中，数个生态环境侵权人的行为造成了同一生态环境损害，且每一个侵权人对造成的损害都具有因果关系，但其中一人或部分人的行为也会造成全部的环境损害，此时不能分辨数个侵权人的责任大小，则按照平均原则，数个侵权人平均分摊责任。该种类型的构成要件是：其一，主体是两人以上无意思联络分别实施了共同侵权行为；其二，个人或部分侵权人的行为也会造成全部环境损害，责任大小分辨不清；其三，数个侵权人的侵权行为造成了全部环境损害。

（4）在择一的因果关系中，数人承担连带生态环境损害赔偿责任。在择一的因果关系中，数个生态环境侵权人的行为造成了同一生态环境损害，但是实际的损害不能确定是某人或数人造成的，因此，为了保护生态环境，要求数人承担连带责任。该类型的构成要件是：其一，主体是两人以上共同实施了危害环境的行为；其二，一人或数人造成了环境损害；其三，不能具体确认实际的损害人。

综上所述，在案例37中，两个工程均未通过农业部门水产种质资源保护区影响专题论证，也未建设过鱼设施，工程坝体阻断鱼类洄游，形成的库区淹没激流型鱼类产卵场，影响激流型鱼类繁殖，对罗甸坝王河国家级水产种质资源生存环境造成损害。可以确定的是，两家企业的排放行为对于河内水质受污染都有因果关系，但是不能确定的是哪一家企业排放的污水是多少。因此，为了能够使各企业都承担相应的责任，根据《最高人民法院关于审理生态环境侵权责任纠纷案件适用法律若干问题的解释》第6条第1款[1]以及《民法典》侵权责任编第1172条[2]的规定，可以要求涉案企业分摊生态环境损害赔偿相关费用5753.06万元。

（三）"多因一果"生态环境损害赔偿案件社会分担

"黔南州罗甸县黔甸水务投资开发有限公司建设的八斉大坝和贵州浙贵源电

---

〔1〕《最高人民法院关于审理生态环境侵权责任纠纷案件适用法律若干问题的解释》第6条第1款：两个以上侵权人分别污染环境、破坏生态，每一个侵权人的行为都不足以造成全部损害，被侵权人根据民法典第一千一百七十二条的规定请求侵权人承担责任的，人民法院应予支持。

〔2〕《民法典》第1172条：二人以上分别实施侵权行为造成同一损害，能够确定责任大小的，各自承担相应的责任；难以确定责任大小的，平均承担责任。

力有限公司建设的上立亭电站造成罗甸县蒙江坝王河特有鱼类国家级水产种质资源保护区生态破坏案"的处理也提醒我们需要注意，为了建设有助于实现公共管理目标的项目，有可能会导致生态环境损害。这两种法益具有共同性，如何解决共同法益冲突的问题，避免公共利益受损，仅仅依靠生态环境损害赔偿制度还无法解决。"山东济南章丘区 6 企业非法倾倒危险废物生态环境损害赔偿案"等造成巨额生态环境损害修复案件的处理为服务企业经济发展，经磋商同意企业分批次支付赔偿金，解决了赔偿义务人一次性赔偿能力不足的问题。为了使今后类似的生态环境损害能得到及时有效的赔偿，应当考虑逐步建立生态环境损害赔偿责任社会分担机制，即通过建立同类企业的生态环境损害赔偿基金或通过保险制度，化解可能形成的生态环境损害风险。

第三节　突发性生态环境损害赔偿案件处理规则

突发性生态环境损害赔偿案件又称应急性生态环境损害赔偿案件，具有非主观故意的特点，既需要赔偿权利人科学合理运用应急处置机制应对，又需要赔偿权利人考量赔偿义务人的实际情况，做到法理情理有效融合，才能有效解决突发性生态环境损害赔偿案件。

案例 38

铜仁市某公司 "3.2" 柴油泄漏突发环境事件生态环境损害赔偿案[1]

一、案情简介

2022 年 3 月 2 日 14 时 19 分，铜仁市生态环境局江口分局接到市生态环境局碧江分局电话报告，称锦江河坝黄段发现油污，疑似上游柴油泄漏。铜仁市生态环境局、碧江区人民政府、江口县人民政府立即组织相关部门进行周边排查。经

---

〔1〕 参见贵州省生态环境厅官网：《贵州省发布 5 起 2022 年生态环境损害赔偿改革典型案例》，载 https://sthj.guizhou.gov.cn/xwzx/tzgg/202210/t20221010_77741135.html，最后访问日期：2024 年 2 月 25 日。类似生态环境损害赔偿应急处理案件还有 "常德市广东某公司非法转移倾倒废液污染生态环境损害赔偿案"。案件发生时，常德市人民政府立即委托第三方机构制定应急处置方案，并对被污染池塘进行拦截、覆盖和吸收等应急措施，避免了污染扩大，为防患未然，还探索了 "线索移交" 和 "案件移交" 相结合的复合侦办模式。"常州武进区徐某非法收集、处置危险废物生态环境损害赔偿磋商案"，在应急处置和修复方面采取了联合行动，武进生态环境局协同园区公安机关、检察机关提早介入，提供案件指导，确保应急处置及时到位。

核实，事故起因为某市政工程公司（以下简称市政公司）拌合站厂区柴油储油罐泄漏，通过雨水管道泄漏至锦江河，对下游水体产生影响。该事件被认定为一起由企业安全生产事故引发的一般性突发生态环境污染事件。

二、办理结果

在铜仁市生态环境局的指导下，江口县政府和碧江区政府及相关单位迅速采取应急措施，将事故污染河段成功控制在离事故点下游 10 公里范围内。主城区供水和城区河道未受污染，没有引发舆情事件。事故处理过程中，铜仁市生态环境局召集了生态环境损害赔偿工作组，各单位积极参与，共同推动事件调查、评估和磋商。双方与涉事市政工程公司协商并委托第三方对突发环境事件应急处理费用进行评估，评估结果显示生态环境损害对象为地表水和土壤，应急处理费用总计为 698009 元，其中污染控制费用 222075 元，污染清理费用 394134 元，应急监测费用 81800 元。双方经过磋商，达成一致意见并签署了《江口县坝盘"3.2"储油罐泄漏生态环境损害赔偿协议书》。之后，赔偿义务人全额支付相关费用，履行了所有义务。

三、典型意义

本案处理的亮点有：在生态环境损害发生时，相关单位迅速采取应急措施，并通过邀请属地政府、执法部门、鉴定评估机构等多个主体参与磋商会议环节，以及请市人民检察院提供支持和监督，提高了索赔效率；通过日常联络、共同培训、联席会议等方式，提升了办案质量和效率，为类似案件的处理提供了宝贵经验。在处理阶段结束后，组织相关部门认真统计紧急物资和处理费用，并通过启动生态环境损害赔偿程序向企业追偿，改变了政府独自承担突发生态环境污染治理费用的情况，实现了企业真正承担生态环境保护责任的转变。

四、核心法理

本案作为典型的突发性生态环境损害赔偿案件，核心法理价值表现为：一是在生态环境损害赔偿工作中充分考虑了赔偿义务人的主观因素，实现了法理与情理的高度统一；二是通过多方合作的方式，变更突发生态环境损害赔偿事件的处理模式，对完善生态环境损害赔偿协商机制和突发应急机制具有重要参考价值。

（一）突发性生态环境损害案件的涵义

依《中华人民共和国突发事件应对法》的规定，[1] 突发性生态环境损害赔偿案件是指突然发生，造成或者可能造成严重生态环境损害结果，需要采取应急处置措施予以应对的因自然灾害、企业与个人事故引起的生态环境损害案件。它具有以下含义：

第一，突发性。突发性生态环境损害赔偿案件是因为自然灾害或事故突然引起的，不具有可预见性。因此，突发性生态环境损害赔偿案件责任认定的构成要件并不能适用过错责任予以推定。例如，本案中涉事市政工程公司发生柴油泄漏事件，应从民事责任、刑事责任两个方面来分析。柴油泄漏事件属于突发环境生态损害事件，从民事方面来说，根据《民法典》和《最高人民法院关于审理生态环境侵权责任纠纷案件适用法律若干问题的解释》的相关规定可知，市政公司对这次事件承担无过错责任。此次柴油泄漏事件并不符合《最高人民法院关于审理生态环境侵权责任纠纷案件适用法律若干问题的解释》中对主观故意的相关规定，因此市政公司在本次案件中的主观方面并不是故意的。从刑事方面来看，虽然柴油泄漏事件造成环境污染，违反了《水污染防治法》《环境保护法》等法律以及国务院颁布的有关实施细则，但是本次污染事件发生并不是市政公司希望发生的事件，也不存在放任该事件发生的情形，事件发生后市政公司积极参与环境治理磋商，履行社会责任。因此，市政公司的相关行为并不符合《中华人民共和国刑法》第338条相关规定，并不承担刑事责任，在主观方面不存在希望本次事件或者是放任本次事件发生的心态。[2]

第二，严重性。突发性生态环境损害赔偿案件磋商赔偿的启动必须是因为造成严重的生态环境损害后果，否则就不符合《改革方案》关于生态环境损害赔偿案件范畴的规定，只能启动其他法定程序保护生态环境。从本案的处理情况看，尽管该案被认定为一般性突发生态环境污染事件，但是该案造成1386018元的损失，已经构成严重生态环境损害的结果，可以启动生态环境损害案件处理程序。

第三，应急性。在突发性生态环境损害赔偿案件的处理过程中，对突发性事件的应急处理是关键。突发性事件的应急处理主要包括突发性事件风险评估体系和应急体系。风险评估体系主要是对可能发生的突发事件进行综合性评估，减少

---

〔1〕《中华人民共和国突发事件应对法》第2条第1款：本法所称突发事件，是指突然发生，造成或者可能造成严重社会危害，需要采取应急处置措施予以应对的自然灾害、事故灾难、公共卫生事件和社会安全事件。

〔2〕张辉：《论生态环境损害赔偿义务从"认赔"的刑事法律效用》，载《现代法学》2021年第6期。

重大突发事件的发生，最大限度地减轻重大突发事件的影响；应急体系主要是强调在突发性生态环境损害赔偿案件发生后，应当立即启动应急处置工作，应急处理主要包括：案件调查、评估、赔偿磋商和修复等，以便快速高效地应对突发性生态环境损害事件，减少生态环境损害后果，快速修复生态环境。

（二）突发性生态环境损害案件应对方式

尽管各级政府对环境保护越来越重视，但环保部门和环保制度仍有待完善。这种不完善的情况在实际工作中为生态环境保护人员带来了各种困难，从而影响了工作效率。因此，采用多元协同模式，加强各部门之间的协作对于生态环境保护具有积极的作用。

本案中，采用了跨部门协作的方式应对突发环境事件。这一方式的核心在于打破部门之间的壁垒，实现信息共享和资源整合，从而提升应对突发事件的效率和效果。具体而言，市、县、乡三级政府及相关部门在应对突发环境事件时，通过建立协同作战机制，实现了信息的快速传递和共享。在事件发生后，相关部门快速响应，迅速调动各方资源，通过获取准确的信息，根据事件的性质和影响范围，制定出科学合理的应对方案，从而及时有效地控制了突发环境事件，避免了严重后果的产生。

第四节　跨区域生态环境损害赔偿案件处理规则

自 20 世纪 90 年代以来，随着我国城镇化、市场化和区域经济的迅速发展，跨区域公共事务不断增加。一些事务从过去局限于单一行政区内的教育文化、公共安全和社区发展等问题，逐渐转变为涉及跨区域空气污染治理、流域治理和交通运输等公共事务。跨区域公共事务面临着治理困境，仅仅依靠区域内的单一治理主体无法有效治理，需要跨区域多元治理主体的合作。当前，跨区域生态环境污染事件频繁发生，严重威胁人民的社会生活，成为制约国家经济社会发展的主要因素之一。《环境保护法》明确规定了跨行政区域的重点区域、流域环境污染和生态破坏联合防治协调机制，跨域生态环境治理逐步提上议程。《长江保护法》《黄河保护法》的出台，也彰显了我国越来越重视跨区域生态环境保护，并通过构建国家法的方式着力解决跨区域生态环境治理难题。近年来，长江流域、黄河流域、珠江流域、松花江领域出现了多起跨省的生态环境损害赔偿案件，对传统的生态环境行政管理和司法制度提出了一系列挑战。实务部门通过灵活运用生态环境损害赔偿制度，及时高效地处理了跨区域生态环境损害赔偿案件，避免了跨区域生态环境损害赔偿案件行政执法难和司法裁判空转等现实问题。这些典型案例，以实践创新的方式诠释了跨区域生态环境损害赔偿案件的系列法理问题。

案例 39—40

跨省域生态环境损害赔偿系列案

一、案情简介

案例 39（宁夏回族自治区中卫市某公司污染腾格里沙漠生态环境损害赔偿案[1]）：2019 年 11 月，媒体报道了腾格里沙漠内蒙古和宁夏交界区域某公司速生林基地存在环境污染问题。宁夏中卫市和内蒙古阿拉善盟进行了调查，确认某公司于 2003 年 8 月至 2007 年 6 月违法倾倒黑色粘稠状废物，导致 14 个地块的土壤、地下水和植被受损。2020 年 2 月，宁夏中卫市生态环境局、内蒙古阿拉善盟生态环境局和该公司三方共同委托第三方机构进行鉴定评估，量化生态环境损害，并建议通过林区生态建设来补偿损失，以林区的生态效益，替代性补偿本次土壤和地下水环境损害带来的损失；对效益不足的部分，采用其他方式予以补偿。

案例 40（江西某公司向安徽省颍上县跨省倾倒危险废物生态环境损害赔偿案[2]）：2019 年 7 月 15 日，安徽省颍上县生态环境分局接到群众电话反映，刘集乡苏杨村有不明废物倾倒，刺激性气味强烈。经调查发现，现场有一批装有不明液体的塑料桶，气味刺鼻，倾倒与掩埋场地污染痕迹明显。颍上县生态环境分局联合公安机关开展线索核查，经过比对溯源，结合犯罪嫌疑人讯问笔录以及涉案公司提交的情况说明、检测报告数据等资料，确定该废物系邻省江西某公司生产过程中的蒸馏残渣和精馏残渣，属于农药废物（HW04 类），危险特性为 T（毒性），于 2019 年 7 月由涉案公司跨省转运至颍上县倾倒，总量约 35 吨。随后，颍上县及时组织开展应急处置，将清理出的污染物妥善存放，并委托第三方机构进行生态环境损害鉴定评估。

---

〔1〕 参见生态环境部官网：《生态环境部公布第二批生态环境损害赔偿磋商十大典型案例》，载 https：//www.mee.gov.cn/xxgk2018/xxgk/xxgk06/202112/W020211227585496616654.pdf，最后访问日期：2024 年 2 月 25 日。

〔2〕 参见生态环境部官网：《生态环境部公布第二批生态环境损害赔偿磋商十大典型案例》，载 https：//www.mee.gov.cn/xxgk2018/xxgk/xxgk06/202112/W020211227585496616654.pdf，最后访问日期：2024 年 2 月 25 日。

二、办理结果

案例39：赔偿工作分为两个阶段，第一阶段为污染清理工程，支出费用4423万元；第二阶段包括恢复工作、地下水监测、风险管控、林区管护、生态环境效益评估等，通过补偿性恢复和林地生态效益来赔偿生态资源损失，赔偿生态资源期间服务功能损失1.54亿元。2021年3月，中卫市中级人民法院确认了三方达成的赔偿协议。之后，该公司借款支付第一阶段的赔偿金额，赔偿权利人和赔偿义务人共同委托第三方机构进行林区生态环境效益评估。

案例40：2020年4月，阜阳市人民政府指定阜阳市生态环境局与江西涉事公司进行磋商。磋商过程中，该公司主张向政府交纳修复费用，由政府组织开展修复工作。阜阳市生态环境局考虑到实际修复中存在的不确定性，为使受损生态环境得到完全修复，要求该公司自行或委托开展修复。后经双方多次磋商达成一致，签订赔偿协议，由该公司委托具有资质的第三方机构开展修复工作。赔偿协议约定该公司承担赔偿费用合计2709.23万元，并公开赔礼道歉。修复工程分为两个阶段，第一阶段实现土壤无害化处理，地面植被基本恢复，已于2020年底修复完成并验收；第二阶段修复工作于2022年底全部完成。

三、典型意义

案例39：作为首例跨省域的生态环境损害赔偿案件，该案在处理过程中注重多元主体的充分参与，推进了跨省域生态环境损害赔偿协商机制的健全与完善。两地在获取案件线索后，积极开展合作、精准采取措施、科学有效处置，在损害调查、鉴定评估、赔偿磋商、协议签订、司法确认等环节始终保持信息沟通和协调配合，并注重多元主体的充分参与。该案磋商过程中，综合前期参与程度、与赔偿义务人磋商便利性等情况，经双方商定，由中卫市政府牵头磋商工作，阿拉善盟行政公署配合，双方分工合作、共同推进，两地检察机关支持赔偿磋商，保障了赔偿协议的顺利达成。两地还通过签署《推进解决中卫美利林区污染问题协调机制》和《阿拉善盟—中卫市区域环境污染联防联控合作协议》，形成了八项联防联控机制，推动了生态环境损害赔偿制度建设。

案例40：该案是一起典型的跨省倾倒危险废物案件，被列为安徽省2020年度行政执法十大事件之一，对跨省域倾倒案件的协调处置具有借鉴意义。本案处理过程中彰显了科学处置与强化风险管控相结合的原则，以部门联动的方式有效处置跨省倾倒危险废物及附属物。案发后及时组织专业技术人员查看案件现场，研判生态环境安全与风险情况。委托专业机构编制应急风险管控方案，及时采取应急清理与风险管控措施。为规范妥善处置涉案危险废物，案发地县级生态环境部门和公安机关与赔偿义务人所在地生态环境部门、公安机关无缝衔接，监督危险废物的无害化处置。

四、核心法理

跨省联合磋商和司法确认是"宁夏回族自治区中卫市某公司污染腾格里沙漠生态环境损害赔偿案""江西某公司向安徽省颍上县跨省倾倒危险废物生态环境损害赔偿案"两案之所以被纳入全国生态环境损害赔偿十大典型案例的关键。两案处理过程中不仅创新了磋商机制和司法确认机制，还正确诠释了跨省域生态环境损害赔偿案件联合磋商与司法确认的系列法理问题，创造了样本经验。

（一）跨省域生态环境损害赔偿案件的涵义

跨区域生态环境损害赔偿案件是实践中较为特殊的一种案件，关乎区域发展平衡问题。跨区域生态环境损害赔偿案件是指环境污染、生态破坏等行为导致生态环境损害结果发生在不同的行政管辖区域，它具有物理上的空间外延性。在国内，具有省际区域、市际和县际三个边际区域的跨域形态；在国际上，还存在国际区域的跨域形态。跨省域生态环境损害赔偿案件是指环境污染、生态破坏导致生态环境损害结果在不同省际内出现的案件。主要含义如下：

第一，跨省域生态环境损害赔偿案件以跨省行政区域为识别基准。作为跨区域生态环境损害赔偿案件的一种表现形态，跨省域生态环境损害赔偿案件主要是在两个以上的行政省际间产生的案件，涉及的管辖主体为两个以上的行政主体。从省级管辖关系看，管辖主体主要是省级人民政府或生态环境主管部门。但从实际案件的处理过程看，由于多数案件跨省域为省之间的市级和县级行政区域，这两个级别的人民政府和生态环境主管部门也会作为磋商负责人主持生态环境损害赔偿磋商活动，部分影响力较大的案件，省人民政府会以参加人的身份参与生态环境损害赔偿磋商活动，参与相关案件的处理。

第二，跨省域生态环境损害赔偿案件以多元合作治理机制予以处理。跨省域生态环境损害赔偿案件处理既遵循《改革方案》机制，又强调机制创新。多元合作处理机制既包含多元处理方法，也包含多元联动协同机制，既强调主体间的联动联席，也包含"政策+科技+法律"等多元融合的"组合拳"对策。政府间合作治理在强调生态环境逐步优化和区域一体化新形势下，需要构建省际政府生态环境治理合作机制，涵盖环境管理的决策、执行和保障等多个环节，是一个整体性的制度安排和一套制度体系、规则，需要加强建立环境管理决策、执法的合作机制，并完善环境合作治理的组织机构和信息系统等，[1] 通过合作型环境治理[2]机制促进环境的跨区域合作和治理。[3] 习近平总书记在全国生态环境保护大会讲话中指出，要健全美丽中国建设保障体系，统筹各领域资源，汇聚各方面力量，打好法治、市场、科技、政策"组合拳"。目前，长江流域、黄河流域、珠江流域以及京津冀地区的四种政府协作模式——战略合作、协同立法、协同执法、协同司法，已构建起"政策协同"与"法治协同"的大保护、大协同格局。

第三，跨省域生态环境损害赔偿案件主要以生态环境损害结果及其外溢性为构成要件。《改革方案》主要以生态环境损害导致严重后果为标准认定生态环境损害赔偿制度的适用，而环境污染和生态破坏行为并不是生态环境损害赔偿制度适用的认定要件。因此，尽管从实践案例看，生态环境损害赔偿案件有可能出现环境污染和生态破坏行为跨省域的现象，但依然仅以生态环境损害后果及其外溢性作为标准，判断跨省域生态环境损害赔偿案件是否构成。从"宁夏回族自治区中卫市某公司污染腾格里沙漠生态环境损害赔偿案""江西某公司向安徽省颍上县跨省倾倒危险废物生态环境损害赔偿案"两案看，尽管有跨省运输倾倒的行为存在，但主要是以倾倒的危险废物造成的生态环境损害为结果进行立案和处理。

（二）跨省域生态环境损害赔偿案件处理机制

从案例 39 和案例 40 的处理看，两案依据《改革方案》，通过立案、调查和鉴定评估、生态环境损害赔偿磋商、司法确认等程序较为完善地处理了案件。但从案件处理过程看，其处理程序因为跨省域的问题进行了处理机制上的创新。

1. 跨省联合磋商。从生态环境损害的特点来看，生态环境损害结果往往具有类型多样、复杂、影响范围广等特点，生态环境损害赔偿工作程序和环节多，涉及众多部门，为做好生态环境损害索赔和生态环境修复工作，提高工作效率，需加强各部门，甚至是不同行政区域各部门的分工合作，建立良好的协调工作机制。首先，需要明确不同行政区域政府及其职能部门之间的分工。案例 39 中，宁夏中卫市与内蒙古阿拉善盟两地人民政府及其生态环境主管部门协同配合，开展跨省联合磋商，通过了区域环境污染联防联控合作协议，形成了跨域生态环境损害赔偿案件的合作机制。其次，需要明确行政机关与司法机关之间的协调配合。案例 39 中，在形成磋商协议后，两地检察机关支持生态环境损害赔偿磋商，保障了赔偿协议的顺利达成；案例 40 中，案发地县级生态环境和公安部门与赔

---

〔1〕　王玉明：《珠三角城市间环境合作治理机制的构建》，载《城市》2011 年第 3 期。

〔2〕　蒂姆·佛西、谢蕾：《合作型环境治理：一种新模式》，载《国家行政学院学报》2004 年第 3 期。

〔3〕　Jirka Zapletal, "The European Grouping of Territorial Cooperation（EGTC）：A New Tool Facilitating Cross-Border Cooperation and Governance", *Quaestiones Geographicae*, 2010, 29（4）, pp.15-26.

偿义务人所在地生态环境部门、公安机关无缝衔接，监督危险废物的无害化处置也实现了生态环境损害赔偿案件处理的有效协同和衔接。

2. 跨省域生态环境损害赔偿磋商协议司法确认。《若干规定（试行）》第20条规定，经磋商达成生态环境损害赔偿协议的，当事人可以向人民法院申请司法确认。案例39涉及两个省份不同行政区域的生态环境损害赔偿磋商协议签订，为了保障生态环境损害赔偿磋商协议具有执行力，宁夏回族自治区中卫市与阿拉善盟行政公署作为赔偿权利人，共同协商以中卫市生态环境局为牵头人召开生态环境损害赔偿磋商，并在赔偿义务人所在地申请司法确认，从而更加有利于保障赔偿磋商协议的履行。

从《改革方案》《若干规定（试行）》的规定看，仅仅规定了生态环境损害赔偿磋商当事人有权申请向人民法院申请司法确认，但并没有规定司法确认的管辖和级别。这也意味着，生态环境损害赔偿磋商协议的司法确认既可以是基层人民法院，也可以是中级人民法院；既可以是赔偿权利人所在地人民法院，也可以是赔偿义务人所在地人民法院。从实践看，省级生态环境主管部门和地市级生态环境主管部门开展的生态环境损害赔偿磋商生成的磋商协议，其司法确认是中级人民法院，并且是赔偿权利人所在地人民法院。但是，如果从有利于生态环境损害赔偿磋商协议履行的角度看，赔偿义务人所在地人民法院予以司法确认，更能保障其执行力，实现司法确认与赔偿协议执行的有效融合。从案例39生态环境损害赔偿磋商协议选择在赔偿义务人所在地进行司法确认看，更加符合跨省域生态环境损害赔偿磋商协议司法确认和执行的实际，更具合理性。

第
六
章

生态环境损害赔偿的保障机制

◼ 知识概要

　　生态环境损害赔偿保障机制具有多元性，既包含生态环境损害赔偿监督机制、赔偿金管理机制，也包含生态环境修复机制、生态环境损害赔偿履约保证金机制、生态环境责任保险机制、生态保护补偿机制，还包含生态环境企业合规审查等机制。这些保障机制，既有静态的体制机制，也有动态的生态环境损害赔偿实施机制，是生态环境损害赔偿制度改革实施的重要抓手。

第一节　生态环境修复机制

　　根据生态环境修复主体的不同，生态环境修复可分为自行修复和第三方替代修复。根据修复程度的不同，分为原地修复和异地（替代）修复。此外，在实践中还创新运用了禁令、迟延履行金、履约保证金、环境责任保险等。各省市在生态环境损害赔偿案件办理过程中探索和创新了一系列生态环境修复机制。

◼ 案例 41—42

生态环境损害多元修复系列案

一、案情简介

　　案例 41（山东省东营市某公司倾倒危险废物生态环境损害赔偿案[1]）：

---

　　[1]　参见生态环境部官网：《生态环境部公布第二批生态环境损害赔偿磋商十大典型案例》，载 https://www.mee.gov.cn/xxgk2018/xxgk/xxgk06/202112/W020211227585496616654.pdf，最后访问日期：2024年2月25日。

2020 年 5 月 31 日，东营市公安局东营分局接到报警称，在牛庄镇油地融合产业园创新路发现两辆罐车，其中一辆罐车已倾倒废液至沟渠，另一辆罐车内尚有未倾倒的废液，现场发现 3 名男子死亡。初步调查发现，某化工公司违法倾倒了该公司生产过程中产生的废液，导致沟渠附近环境元素如水体、土壤、空气等多方面受到污染。东营市生态环境局、牛庄镇政府进行了现场勘验和应急处置，清理了涉及的废液和底泥 801.2 吨。鉴定评估结果显示，此违法倾倒行为造成案发地区域空气中氨和硫化氢超标，水体和底泥中的氨氮、总磷、COD 和总氮等超标，对案发地及周边区域的水体、土壤和环境空气造成严重污染，损失约 1000 万元。

案例 42（山东省南四湖流域全盐量硫酸盐超标排放生态环境损害赔偿系列案[1]）：最高人民检察院在办理南四湖公益诉讼专案中发现山东省部分企业存在高盐废水治理措施落实不到位，超标排放含盐废水的环境违法行为，并将该案件线索移交山东省生态环境厅。山东省生态环境厅经过排查筛选，发现有 33 家企业排放的废水中硫酸盐、全盐量浓度超过山东省地方标准《流域水污染物综合排放标准 第 1 部分：南四湖东平湖流域》（DB 37/ 3416.1—2018）中的限值，即最大超标倍数分别为硫酸盐 0.10~7.75 倍、全盐量 0.06~3.92 倍，于是立即组织枣庄市、济宁市、菏泽市针对 33 家企业启动索赔程序，并委托鉴定评估机构开展鉴定评估工作。鉴定评估机构结合该案特点，开展了企业排污口、20 余条河流（100 多公里）和南四湖的水质及底泥现场取样、分析，确定了相关企业硫酸盐、全盐量超标排放造成的生态环境损害程度及范围，分别采用虚拟治理成本法、水资源影子价格法、恢复费用法对生态环境损害进行了量化。鉴定评估机构对 33 家企业中的 25 家企业出具了生态环境损害鉴定评估报告，其余 8 家企业完成了损害调查，正在出具鉴定评估报告。根据评估结论，其中 1 家企业造成的生态环境损害显著轻微，无需赔偿；24 家企业硫酸盐、全盐量超标排放对周围的地表水环境造成了损害，可量化的损害金额约 9.2 亿元。

二、办理结果

案例 41：对于无法修复的生态环境损害部分，该公司以改造提升水渠和周边环境质量的方式进行替代修复，并承担相关费用 118.92 万元。案件发生后，东营市生态环境局及时组织了修复工作。2020 年 6 月，赔偿义务人委托第三方单位对受污染的水体进行了修复，2021 年 7 月，涉案沟渠完成了修复和改造提升工程，清淤、清运淤泥，并进行了河道筑胎工程，恢复了河道的灌溉和泄洪功能，

---

[1] 参见生态环境部官网：《生态环境部公布第三批生态环境损害赔偿磋商十大典型案例》，载 https：//www. mee. gov. cn/ywgz/fgbz/sthjshpczd/202310/t20231013_1043094. shtml，最后访问日期：2024 年 2 月 25 日。

提升了水体的自然净化能力，修复了水生态系统。

案例42：24家企业签订磋商协议，其中6家企业的磋商协议经过司法确认。针对已达成磋商的24家企业，通过采取高盐水治理项目提标改造替代、生态环境直接治理、缴纳赔偿金等多种方式，统筹推进受损生态环境修复。之后，11家企业已完成提标改造替代修复，1家企业正在推进中。另外12家企业实现达标排放并缴纳到位赔偿金3485.78万元，其中，枣庄市已收缴的2833.98万元用于建设南四湖恢复性生态环境损害赔偿基地。

三、典型意义

案例41：该案是一起典型的危险废物违法倾倒突发环境案件，造成人员伤亡及水体、土壤、空气多环境要素污染，社会影响大、损害数额高。在案件办理过程中，赔偿权利人与赔偿义务人探索了多种修复方式，对受损的生态环境进行了及时修复，取得了一系列可供参考的经验。本案探索了需要修复和不需要修复两种生态环境损害的责任承担方式：一是对于可以修复的生态环境损害由赔偿义务人自行修复或委托第三方机构进行修复，对此本案针对可以修复的部分，委托第三方机构进行修复；二是对于造成的大气等生态环境损害无法修复的部分，赔偿义务人以改造提升水渠及周边生态环境质量的方式进行替代修复。

案例42：本案是分类推进赔偿，及时修复生态的典型案例。该案办理过程中，将修复受损的生态环境作为损害赔偿工作的根本目标，针对不同企业情况分类提出赔偿方式，探索提高企业排放限值要求、建立南四湖枣庄恢复性生态环境损害赔偿基地等多种方式实现环境修复。办案单位充分认识到该案的特点，有效确保了受损生态环境得到充分救济。针对不同特点的赔偿义务人的具体情况，在坚持修复优先、应赔尽赔的原则下，灵活采取建立修复示范基地、提高企业排放限值等方式，开展生态环境损害的替代修复。[1]

四、核心法理

"山东省东营市某公司倾倒危险废物生态环境损害赔偿案""山东省南四湖流域全盐量硫酸盐超标排放生态环境损害赔偿系列案"两案提供了多元生态环境损害修复样态，第一个案件主要探索了需要修复和不需要修复两种损害的责任承担方式，即委托第三方机构进行修复以及替代修复；第二个案件则采取灵活修复的方式，充分认识案件特点、区分具体案情，有效确保了受损生态环境得到充分救济。生态环境损害修复具有多元性，应根据具体损害情况，选择合适的修复

---

〔1〕　中国人民大学竺效教授对本案的点评。

方式。

（一）生态环境修复责任的承担方式

明确具体责任范围和确定生态环境修复目标后，关键问题是根据生态环境损害情况和赔偿义务人的履行能力确定生态环境修复责任的承担方式。按照《改革方案》中"经磋商或诉讼确定赔偿义务人的，赔偿义务人应当根据磋商或判决要求，组织开展生态环境损害的修复。赔偿义务人无能力开展修复工作的，可以委托具备修复能力的社会第三方机构进行修复。修复资金由赔偿义务人向委托的社会第三方机构支付"、"赔偿义务人造成的生态环境损害无法修复的，其赔偿资金作为政府非税收入，全额上缴同级国库，纳入预算管理。赔偿权利人及其指定的部门或机构根据磋商或判决要求，结合本区域生态环境损害情况开展替代修复"的规定，可以看出，生态环境修复工作可以采取赔偿义务人自行修复、委托第三方机构进行修复以及承担生态环境修复费用等赔偿资金、进行替代修复等方式。采用不同修复方式，其生态环境修复主体、相关方的责任存在一定的差异。

1. 赔偿义务人自行修复。采用该种修复方式，修复主体为赔偿义务人，在修复过程中，要按照磋商或诉讼确定的生态环境修复目标、修复效果、修复方案、修复时间等要求开展和完成修复工作。赔偿权利人及其指定的部门或机构对磋商或诉讼后的生态环境修复过程进行监督、对修复效果进行评估，确保生态环境得到及时有效修复。同时，应将修复进程、资金使用、修复效果等信息及时公开，接受公众监督。

生态环境修复责任最直接的履行方式就是由赔偿义务人对受损生态环境进行修复，不仅要自行对生态环境进行修复，实施具体的修复事项还要承担除修复费用外的其他相关费用，如赔偿权利人前期开展生态环境损害调查、鉴定评估、评估修复效果等费用须由赔偿义务人承担。由赔偿义务人自行修复的方式能够有效追究其损害生态环境及公共环境利益的责任，还能使受损生态环境得到修复。但是这种修复方式在实践中会受到一些限制，对生态环境损害的类型有些要求：

一是受损的生态环境是可以修复的，若受损生态环境无法修复，按照《改革方案》，赔偿义务人需采取承担赔偿资金的方式，由赔偿权利人及其指定的部门或机构根据磋商或判决要求，结合本区域生态环境损害情况开展替代修复。

二是损害类型是相对简单、影响范围相对较小、易于修复的。若损害后果严重、损害范围大、修复难度较大，如土壤、水体受到重金属、有机污染物污染等，这类受损生态环境的修复专业性强，需要专业的修复知识、技术和设备才能实现修复目的，赔偿义务人往往不具备这方面的能力，此时，由赔偿义务人自行修复是行不通的。

三是生态环境损害修复的费用是相对较低的。生态环境损害的类型复杂多样，对其修复所需的费用差别很大，若生态环境损害修复的费用较高，甚至超过赔偿义务人的支付能力时，赔偿义务人往往没有修复的积极性，而是消极对待，这时若采取由赔偿义务人自行修复的方式，一方面行不通，另一方面即使修复也很难保证修复效果。

在不符合上述条件时，赔偿义务人不具备自行修复的条件，需采取其他的修复方式。

2. 赔偿义务人委托第三方机构修复。采用该种修复方式，修复主体仍然是赔偿义务人，也是赔偿义务人自行修复的一种履行方式。在修复过程中，第三方机构要按照磋商或诉讼确定的生态环境修复目标、修复效果、修复方案、修复时间等要求开展和完成修复工作，对赔偿义务人负责。第三方机构与赔偿义务人之间是委托合同关系，对内，双方根据委托合同约定承担相应责任；对外，由赔偿义务人承担全部修复赔偿义务。

在修复过程中，赔偿义务人要监督和督促第三方机构按时、保质保量完成修复工作。同赔偿义务人自行修复的方式一样，采取该种方式，赔偿权利人及其指定的部门或机构也要对磋商或诉讼后的生态环境修复效果进行评估，确保生态环境得到及时有效修复，并加强对修复过程的监督。

3. 赔偿义务人承担生态环境修复费用等赔偿资金。赔偿义务人承担生态环境修复费用，由赔偿权利人或其指定的部门或机构进行修复。采用该种方式，修复主体为赔偿权利人或其指定的部门或机构，赔偿义务人的主要职责是按照磋商或诉讼确定的金额、赔付方式、赔付时间足额缴纳损害赔偿金。在修复过程中，赔偿权利人或其指定的部门或机构应将生态环境损害赔偿款项使用情况、生态环境修复效果及时间向社会公开，接受公众监督，确保生态环境修复效果。这种生态修复方式多适用于多个赔偿义务主体或者赔偿义务人不愿自行修复的情况。

4. 替代修复。替代修复主要用于受损生态环境无法修复的情形，通过替代修复提供某种与受损生态环境原有状态和功能大体相当的替代性生态环境，状态是大气、水和土壤等环境要素的物理、化学和生物学意义上的形态，功能是生态环境所提供的服务和功能。《最高人民法院关于审理环境民事公益诉讼案件适用法律若干问题的解释》第20条第1款规定："……无法完全修复的，可以准许采用替代性修复方式"。《改革方案》规定："赔偿义务人造成的生态环境损害无法修复的，其赔偿资金作为政府非税收入，全额上缴同级国库，纳入预算管理。赔偿权利人及其指定的部门或机构根据磋商或判决要求，结合本区域生态环境损害情况开展替代修复。"

司法实践中，替代性修复方式包括同地区异地点、同功能异种类、同质量异数量、同价值异等级等多种情形，使生态环境恢复到受损害之前的功能、质量和价值。替代修复不是在受损场所原地修复。凡是在原地可以采取措施恢复原状的，将受损生态环境恢复到原来的状态，这种情形不属于替代修复。只有在受损生态环境不能修复或不能完全修复时，才选择进行异地修复等替代修复。替代修复一般由赔偿权利人或其指定的部门或机构进行，替代修复开展前需先制定替代修复方案。采用该种方式，修复主体为赔偿权利人或其指定的部门或机构，赔偿义务人的主要职责是按照磋商或诉讼确定的金额、赔付方式、赔付时间足额缴纳损害赔偿金。

"北京市丰台区某公司违法排放废水生态环境损害赔偿案"中赔偿义务人所实施的"替代修复"并非典型意义上的替代修复行为。丰台区水务局在发现涉事公司向黄土岗灌渠排放污水的行为后，应急组织了相关单位采取封堵排污口、临时导流和河底淤泥清理等处理措施，事实上已经代为采取避免进一步损害的措施，清理污染物并修复环境，赔偿义务人的修复责任实际上已经转换为修复费用的赔偿责任。因此，本案中赔偿义务人出资建设本该属于政府投资建设的公共设施，可以视为是其后续实质上承担了相应数额的赔款。

无论采取哪种方式，目的都是修复生态环境，使赔偿义务人承担其损害生态环境的责任，因此，均应加强修复过程的监督以及修复后效果的评估，确保生态环境得到及时有效修复。需要说明的是，生态环境本身具有自我修复能力，应当全面把握生态环境损害的修复责任内容，不能因生态环境的自我恢复而免除或部分免除损害责任主体的修复或赔偿责任。

（二）恢复性司法在生态环境损害赔偿诉讼中的应用

生态环境恢复性司法指在生态环境领域中，行为人实施了严重破坏生态环境的行为，发生了严重的损害后果，构成生态环境犯罪，在调解人（司法机关）的帮助下，犯罪行为人、具有保护生态环境职责的行政机关以及受犯罪影响的其他个人通过共同参与协商，达成协议，采取措施，并由犯罪行为人积极、自愿、充分实施措施修复受损生态环境，以最大程度保护环境、恢复生态、提升生态环境的综合质量，是一种整体性、全程性的司法理念。

第一，生态环境恢复性司法在生态环境损害赔偿诉讼中的应用以修复治理为核心，主动地、能动地将生态环境修复纳入生态环境司法中。它注重将恢复性司法运用到生态环境治理的全过程，不仅要事后担责，还要事前预防、事中介入。

第二，生态环境恢复性司法在生态环境损害赔偿诉讼中的应用注重恢复性司法程序建设。恢复性司法的程序包括诉前阶段的司法损害预防与提前介入机制、立案阶段的专门司法与适格主体范围扩展、审理阶段的恢复行为激励与多元协同司法机制、执行阶段的损害控制、监督评估机制与方式创新等。[1]

第三，生态环境恢复性司法在生态环境损害赔偿诉讼中的应用将政府放置于生态环境修复的补充位置。在违法行为人存在的前提下，要求违法行为人承担修复生态环境的责任，要求违法行为人组织实施并完成对受损生态环境的修复治理工作，方式包括原地修复、异地修复、可替代性修复等，若是违法行为人不愿自己修复，可出资委托他人代为修复。无论是哪种方式，在生态环境恢复性司法理念下，违法行为人对修复治理义务的履行，势必会减轻政府及社会公众的治理负担，使政府能够以更多的精力致力于对社会其他领域的管理和服务，也真正体现出生态环境案件以修复治理为中心、让损害者真正担责的本质特点，实现了实质意义上的环境公平。

第四，生态环境恢复性司法在生态环境损害赔偿诉讼中的应用主要表现为自行修复和替代修复两种方式，或两种方式混同适用。根据《最高人民法院关于审理环境民事公益诉讼案件适用法律若干问题的解释》第20条的规定，[2]生态修复方式包括赔偿义务人自行修复和支付生态修复费用。从理论上来看，可以将其归纳为自行修复和替代修复两种方式，这两种方式可以同时使用，也可以直接采用替代修复方式。自行修复，即赔偿义务人直接针对受损环境进行修复，采取有效措施使生态恢复到受损前的功能和状态。自行修复方式看似直接，但具有避开计算生态修复费用的优势；而其劣势在于，自行修复方式的适用范围有限，只适用于生态环境损害较轻微的情况，赔偿义务人仅凭自身努力即可完成修复工作，无需依赖专业技术设备。但实际上，生态环境损害往往复杂，科技性高且紧急，修复需要专业人员和设备。因此，对于较为复杂紧急且严重的生态环境损害事件，自行修复方式通常不适用。因此，在无法自行修复生态环境损害时，可以采用替代修复方式。例如，法院可以判令赔偿义务人采取异地补植林木或建设环境公益林等方式实现生态修复，以维持生态系统的动态平衡。当然，当赔偿义务人拒绝或无力承担修复责任时，法院可以直接判令其支付生态环境损害修复费用。综上所述，由于生态修复工作的复杂性和专业性，赔偿义务人自行承担修复责任通常难以达到规定的标准和要求，因此有必要通过支付生态修复费用的方式替代其自行修复责任，由专业人员进行生态修复，以实现生态、社会和法律效果的有

---

〔1〕　李景豹：《论恢复性司法在环境资源案件中的应用》，吉林大学 2022 年博士学位论文。

〔2〕　《最高人民法院关于审理环境民事公益诉讼案件适用法律若干问题的解释》第 20 条规定：原告请求修复生态环境的，人民法院可以依法判决被告将生态环境修复到损害发生之前的状态和功能。无法完全修复的，可以准许采用替代性修复方式。人民法院可以在判决被告修复生态环境的同时，确定被告不履行修复义务时应承担的生态环境修复费用；也可以直接判决被告承担生态环境修复费用。生态环境修复费用包括制定、实施修复方案的费用，修复期间的监测、监管费用，以及修复完成后的验收费用、修复效果后评估费用等。

机统一。鉴于此，我国应明确规定以替代修复为主、自行修复为辅的生态环境损害修复原则。

第二节　生态环境损害修复监督机制

生态环境损害赔偿监督主要包括赔偿权利人的监督、检察机关的监督以及第三方社会组织或社会公众在生态环境损害赔偿中的监督。赔偿权利人通过追偿追责来履行保护生态环境的职责，避免个体原因导致的生态环境损害由全社会承担的经济负担。检察机关是法律监督机关，有权提起环境行政公益诉讼，请求赔偿权利人履行督促赔偿义务人修复或委托第三方修复的职责；第三方以中立性为基础，有一定指导性，具有监督利益相关者的作用。

案例 43—44

生态环境损害修复监督机制探索适用系列案

一、案情简介

案例 43（南京某银制品有限公司非法处置危险废物生态环境损害赔偿磋商案[1]）：2020 年 7 月，南京市江宁区环境监察大队和南京市公安局江宁分局共同对江宁区某银制品有限公司进行现场检查，发现该公司未获得危险废物经营许可证，私自收集危险废物进行贵金属提炼，其中未经处理的废水直接排入水池，部分废水渗漏至外部环境。调查发现，该公司私自收集的危险废物主要来自江苏某药业公司。根据规定，南京市生态环境局启动了生态环境损害赔偿调查，并委托第三方进行调查评估，共计赔偿费用 32.712 万元。

案例 44（浙江省海宁市某科技工业园部分企业废水通过渗坑直排污染土壤生态环境损害赔偿案[2]）：2019 年 11 月，某科技工业园 17 家企业通过渗坑直排废水，污染周边土壤及河道的问题被推动长江经济带发展领导小组办公室曝光。

---

〔1〕 江苏省生态环境厅官网：《关于公布江苏省第二批生态环境损害赔偿磋商十大典型案例及提名表扬案例的通知》，载 https://sthjt.jiangsu.gov.cn/art/2022/8/5/art_83843_10748594.html，最后访问日期：2024 年 2 月 25 日。

〔2〕 参见生态环境部官网：《生态环境部公布第三批生态环境损害赔偿磋商十大典型案例》，载 https://www.mee.gov.cn/ywgz/fgbz/sthjshpczd/202310/t20231013_1043094.shtml，最后访问日期：2024 年 2 月 25 日。

嘉兴市生态环境局海宁分局依法对涉案企业废水通过渗坑直排等违法行为予以4.28万至69.40万不等的行政处罚。2020年10月，嘉兴市生态环境局海宁分局联合海宁市农业农村局委托开展生态环境损害鉴定评估。经鉴定评估，重点调查范围内的48个土壤样品中，8个土壤样品属于轻度盐渍化（16.7%），2个土壤样品为中度盐渍化（4.2%），土壤生态环境损害赔偿金额225万余元。

二、办理结果

案例43：2021年2月4日，南京市江宁生态环境局和江宁区人民检察院共同举行了针对银制品公司环境污染的刑事附带民事公益诉讼听证会兼生态环境损害赔偿磋商会。参会人员包括公安机关、司法鉴定机构和人民监督员。赔偿义务人表示愿意承担相应的生态环境损害赔偿费用，并承诺完成厂房内土壤的环境修复工作。2021年5月25日，修复工作通过验收专家组的现场验收。根据有关规定，江宁生态环境局要求危险废物转移单位药业公司对银制品公司的环境污染行为承担连带责任。2021年11月12日，江宁区人民检察院和江宁生态环境局再次举行了某银制品公司和某药业公司污染环境的刑事附带民事公益诉讼案的听证会兼生态环境损害赔偿磋商会。药业公司当场表示愿意承担与银制品公司同等金额的赔偿责任，并自愿通过开展环境保护公益宣传活动来履行连带责任。

案例44：2021年12月，经多轮磋商，嘉兴市生态环境局海宁分局与17位赔偿义务人签订系列生态环境损害赔偿协议。17位赔偿义务人自愿承担总计229万余元赔偿金（大于评估核定225万元），主要用于支付窨池复垦费用，复垦面积5.67万平方米。根据农田改良方案，窨池复垦后通过水利措施排除土壤中过多的盐分，为农作物创造正常生长的土壤环境，然后进一步运用农作物栽种措施改善土壤的物理、化学和生物性质，提高肥力并防止返盐。所有盐渍化复垦农业用地均已按方案落实灌、排水等措施及多茬作物栽种，经农业农村部门测产和专业机构评估以及检察机关常态化监督，盐渍化土壤均原地得到了有效改良。

三、典型意义

案例43：该案的典型意义主要在于加强公众参与，在磋商、修复和验收过程中，邀请人民监督员参与，加强监督的同时，争取公众的认可，并增加宣传力度。本案中，赔偿权利人及其指定的部门或机构通过创新公众参与方式，邀请专家和利益相关的公民、法人、其他组织参与生态环境修复或赔偿磋商工作，并接受公众监督。在生态环境损害调查、鉴定评估、修复方案编制等工作中涉及公共利益的重大事项，以及生态环境损害赔偿协议、诉讼裁判文书、赔偿资金使用情况和生态环境修复效果等信息，应当依法向社会公开，以保障公众的知情权。

案例 44：该案是多部门协同配合共同开展的一起生态环境损害赔偿案件，对同类案件的办理具有一定的借鉴意义。本案坚持生态环境损害修复多元主体监督机制，凝心聚力共绘生态保护"同心圆"：该案由生态环境和农业农村两个行政部门联合办理，在办理过程中，部门高效联动协同，推进生态环境损害修复和监督。同时，借助检察力量，以常态化监督巩固生态修复治理，体现了生态环境多元共治的先进理念。[1]

四、核心法理

"南京某银制品有限公司非法处置危险废物生态环境损害赔偿磋商案"中原告、环境保护监督管理部门、司法机关和其他社会组织等对被执行人履行生态环境修复义务进行监督，也可对赔偿义务人的生态修复情况进行监督，[2] 该案中不仅上述人员发挥着监督作用，还创新探索人民监督员制度，促进公众参与到生态环境损害赔偿案件的监督过程。"浙江省海宁市某科技工业园部分企业废水通过渗坑直排污染土壤生态环境损害赔偿案"中，坚持生态环境损害修复多元主体监督机制，不仅强化行政部门对生态环境损害修复的监督，还借助检察力量监督生态修复治理。

（一）生态环境损害修复第三方监督机制

《改革方案》没有规定第三方组织对生态环境损害赔偿案件程序，尤其是磋商程序进行监督，各地对于第三方监督的主体身份、范围和参与方式存在差异。《关于推进生态环境损害赔偿制度改革若干具体问题的意见》提到了公众参与，赔偿权利人可以邀请专家和利害关系人参与磋商，[3] 但没有明确规定公益组织和检察院在磋商程序中的监督角色。根据各地试行办法，大部分试点地区将第三方纳入磋商程序，但方式各不相同。例如，贵州省设立调解委员会，以专家组主持磋商，并明确规定公益组织和检察院的参与。这种做法避免了第三方范围扩大对磋商效率的影响。公益组织和检察院的介入有助于限制赔偿权利人的滥权行为，平衡磋商双方利益。然而，第三方介入需要法律授权，并且磋商程序需是一个闭环的管理过程。目前，磋商赔偿制度缺乏对第三方监督程序的合法介入条件规定和法律规范，导致第三方无法进行监督。因此，需要明确第三方的监督资格、范围和方式，充分发挥其在磋商程序中的重要监督作用。

为明确第三方监督制度的介入，应当引入独立的第三方机构，作为非诉讼纠

---

〔1〕 生态环境部环境规划院於方研究员对本案的点评。

〔2〕 如检察院可根据赔偿义务人的修复情况量刑，法院对被执行人履行义务情况进行回访，并对履行不力者及相关责任人采取相应处理措施。

〔3〕 参见《关于推进生态环境损害赔偿制度改革若干具体问题的意见》第13条。

纷解决机制的一部分。第三方机构应以中立性为基础，其地位需要经过科学界定，并具备一定的指导性，以规范其参与磋商程序的工作模式等。通过这样的做法，不仅可以有效监督涉及生态环境损害的利益相关者，还可以获得公众的更多信任。

（二）生态环境损害修复检察监督

《民事诉讼法》第 58 条规定："对污染环境、侵害众多消费者合法权益等损害社会公共利益的行为，法律规定的机关和有关组织可以向人民法院提起诉讼。人民检察院在履行职责中发现破坏生态环境和资源保护、食品药品安全领域侵害众多消费者合法权益等损害社会公共利益的行为，在没有前款规定的机关和组织或者前款规定的机关和组织不提起诉讼的情况下，可以向人民法院提起诉讼。前款规定的机关或者组织提起诉讼的，人民检察院可以支持起诉。"可见，检察机关提起的民事公益诉讼具有滞后性，也就是"在没有前款规定的机关和组织或者前款规定的机关和组织不提起诉讼的情况下"才可提起。检察机关提起的民事公益诉讼，如果是在"前款规定的机关"没有提起生态环境损害赔偿诉讼的前提下提起的，检察机关会启动相应的检察监督程序。

根据《最高人民法院、最高人民检察院关于检察公益诉讼案件适用法律若干问题的解释》第 13 条规定，人民检察院在履行职责中发现破坏生态环境和资源保护，食品药品安全领域侵害众多消费者合法权益等损害社会公共利益的行为，拟提起公益诉讼的，应当依法公告，公告期间为 30 日。公告期满，法律规定的机关和有关组织等不提起诉讼的，人民检察院可以向人民法院提起诉讼。《中华人民共和国行政诉讼法》第 25 条第 4 款规定，人民检察院在履行职责中发现生态环境和资源保护、食品药品安全、国有财产保护、国有土地使用权出让等领域负有监督管理职责的行政机关违法行使职权或者不作为，致使国家利益或者社会公共利益受到侵害的，应当向行政机关提出检察建议，督促其依法履行职责。行政机关不依法履行职责的，人民检察院依法向人民法院提起诉讼。

赔偿权利人符合提起生态环境损害赔偿诉讼条件但没有提起的，人民检察院应督促赔偿权利人依法提起诉讼。赔偿权利人应当在收到督促起诉意见书或者检察建议书后 1 个月内依法办理，并将办理情况及时书面回复人民检察院。没有合法理由，拒不提起生态环境损害赔偿诉讼的，人民检察院有权提起环境行政公益诉讼。

赔偿权利人与赔偿义务人经过磋商达成一致后，围绕生态环境损害修复或赔偿的争议就结束了，但还存在协议能否执行的问题。如果修复或赔偿仅仅停留在协议上，就依然存在生态环境损害无法得到修复的问题，因此，当赔偿权利人与赔偿义务人经过磋商达成协议，但赔偿义务人不履行协议时，赔偿权利人应当及时提起诉讼，否则就没有履行其监督管理国家和集体的生态环境利益的职责。因此，在这种情况下，人民检察院在发出检察建议后如赔偿权利人依然不履行其职责时，人民检察院有权提起环境行政公益诉讼，请求赔偿权利人履行督促赔偿义务人修复或委托第三方修复的职责。

（三）生态环境损害修复公众监督

生态环境损害问题涉及公共利益，全体公民应共同承担维护责任，而不仅仅依赖行政机关。[1] 但实际上，公众对生态环境损害赔偿磋商的关注度较低，通常只参与部分监督环节。《改革方案》规定了"信息共享，公众监督"的原则，但尚缺乏有效激发社会公众监督意愿的系统设计。《环境保护法》和《民事诉讼法》对环境公益诉讼的原告资格和起诉条件进行限制，以防止滥诉。然而，在磋商程序中，作为受损方的生态环境权益享有者应有权参与损害赔偿磋商，追求环境正义。实践案例分析发现，公众对生态环境损害事件和赔偿金额的关注度较高，但对赔偿磋商程序和环境后续修复的关注度较低。主要问题在于，在现行制度框架下，公众无法充分发挥磋商赔偿的监督作用，其作为旁观者，无法履行监督责任。因此，需要科学、完整、系统、合理的设计方法，激发公众的社会责任感，并使其能够便捷高效参与具体的磋商程序，积极发挥其监督作用。

第三节　生态环境损害赔偿履约保证金机制与资金管理机制

生态环境损害赔偿金管理问题是生态环境损害赔偿制度改革中一项重要的保障制度。如何有效管理和科学使用生态环境损害赔偿金，实现生态环境损害修复的公共目标，是各省市在资金管理领域的一项重大考验。尽管各省市在实践中也探索和创新了一些做法，如明确政府可以作为受托人，代为管理和使用生态环境损害赔偿金；政府也可作为委托人将管理职责委托给其他机构，如生态环境损害赔偿基金会代理管理赔偿金等，但目前各省市尚无定论。

---

〔1〕　吕忠梅等：《环境损害赔偿法的理论与实践》，中国政法大学出版社 2013 年版，第 21 页。

生态环境损害修复中迟延履行金适用系列案

一、案情简介

案例45（清镇市4房地产开发项目污染高家河水体生态环境损害赔偿案[1]）：2019年12月，相关环保部门在对清镇市百花社区的高家河进行常规监测时，发现河流水质中出现的氨氮和CODcr超过了《地表水环境质量标准》（GB3838-2002）Ⅲ类水质标准。经贵阳市生态环境局现场调查发现，造成高家河水质受污染的原因主要是百花社区金清大道沿线分布的4个房地产开发项目中的部分生活污水和施工废水排入金清大道沿线的雨水管网，流入排洪沟后汇入高家河致使河水受到污染。贵阳市生态环境局遂启动生态环境损害赔偿工作，经鉴定机构评估，认定高家河生态环境损害赔偿相关费用共计64万元。

案例46（上海奉贤区张某等5人非法倾倒垃圾生态环境损害赔偿案[2]）：2018年6月，位于上海市奉贤区四团镇的沪芦高速公路西侧的断头沟和河滨地区发现了大量非法倾倒的工业和建筑垃圾，且垃圾倾倒过程中没有采取任何防渗措施。奉贤区四团镇的绿化和市容管理所对现场垃圾进行了初步现场评估，发现张某等5人非法倾倒垃圾，造成A、B两个区域的垃圾倾倒总量约为1800吨，其中70%为一般工业垃圾，30%为建筑垃圾。通过调查和专业机构评估，发现共倾倒了100多车垃圾，占地面积近2000平方米，污染清除和生态环境修复费用约400万元。

二、办理情况

案例45：贵阳市生态环境局作为赔偿权利人，与赔偿义务人召开生态环境损害赔偿磋商会议并达成共识，共同签订《生态环境损害赔偿协议》，明确由赔偿义务人平均分摊生态环境损害赔偿相关费用共计64万元，同时将迟延履行金在赔偿协议中明确进行了约定。经协商，赔偿义务人共同委托清镇市滨湖街道办事处对高家河生态环境损害代为修复。此后，双方将签订的《生态环境损害赔偿

[1] 参见贵州省生态环境厅官网：《贵州省发布5起2022年生态环境损害赔偿改革典型案例》，载https://sthj.guizhou.gov.cn/xwzx/tzgg/202210/t20221010_77741135.html，最后访问日期：2024年2月25日。

[2] 参见生态环境部官网：《生态环境部公布第三批生态环境损害赔偿磋商十大典型案例》，载https://www.mee.gov.cn/ywgz/fgbz/sthjshpczd/202310/t20231013_1043094.shtml，最后访问日期：2024年2月25日。

协议》向贵阳市中级人民法院申请了司法确认。经人民法院司法确认后，该案中一赔偿义务人未能按期履行《生态环境损害赔偿协议》明确的生态环境损害修复费用，贵阳市生态环境局依法向人民法院申请强制执行，并协调相关部门将该赔偿义务人缴纳的土地出让保证金作为本案生态环境损害修复费用。后该费用已履行完毕。

案例 46：2018 年 12 月，赔偿权利人指定奉贤区环境保护局开启具体的索赔工作。为了有效履行修复责任、加强修复监督，双方约定由赔偿义务人自行修复，并实施履约保证金制度，如果赔偿义务人未按要求完成修复工作，履约保证金将由地方政府用于代为组织修复工作。在适用缓刑的同时法院发布了"从业禁止令"，禁止赔偿义务人在缓刑考验期内从事与排污或处置危险废物相关的经营活动。后受损地块的清挖和垃圾分类处理等相关修复工作全部完成，并经过评估论证。

三、典型意义

案例 45：本案之所以被纳入生态环境损害赔偿典型案例，源于案件的处理方式与以往不同。本案首次采用了"迟延履行金+司法确认"的双重保护措施来防止赔偿义务人违约，对于不履行修复责任的赔偿义务人，通过双重打击，促使赔偿义务人承担责任。一是本案在《生态环境损害赔偿协议》中确定了迟延履行金，即赔偿义务人未按期履行给付金钱或其他义务时，则向赔偿权利人缴纳的款项。除此之外，该赔偿协议还经过了法院的司法确认，以保证协议得到强制执行，确保生态环境得到及时修复。

案例 46：首先，该案尝试实行履约保证金制度，赔偿义务人在修复生态环境后，根据环境损害评估情况缴纳履约保证金，修复过程中，相关部门对赔偿义务人的修复行为进行全程监督，属地政府负责管理履约保证金，有效保障了修复责任的履行。其次，探索了"从业禁止令"制度，禁止相关赔偿义务人在缓刑考验期内从事与排污或处置危险废物有关的经营活动，对强化犯罪分子的有效监管，防止生态环境损害的再次发生具有重要意义。最后，该案探索了生态环境损害修复责任与刑事责任的衔接。在刑事责任追究中，将赔偿义务人是否落实生态环境修复责任作为一个考量因素。[1]

四、核心法理

两案之所以被纳入生态环境损害赔偿典型案例，源于案件处理创新地探索应

---

[1] 北京大学汪劲教授对本案的点评。

用迟延履行金、履约保证金和从业禁止令等机制，防止赔偿义务人不履行生态环境损害赔偿磋商协议内容，确保生态环境有效修复。

（一）迟延履行金在生态环境损害赔偿案件的适用

迟延履行金是我国民事间接强制执行的一项基本措施，旨在防止被执行人拖延履行法定非金钱给付义务，并通过支付迟延履行金限制其财产，增加压力，促使其主动履行责任，以最大程度保护申请执行人的合法权益。迟延履行金作为法院在民事强制执行过程中的一种惩罚性强制措施，适用于被执行人未按照生效判决、裁定以及其他法律文书规定的期限履行金钱和其他义务。该措施由人民法院裁定，并要求被执行人支付迟延履行金以弥补申请人的损失，并对被执行人进行惩罚以警示其违法行为。迟延履行金的主要作用在于对被执行人施加压力，迫使其按期履行义务。其主要特征表现为：

第一，补偿性。迟延履行金主要是为了保护申请执行人的合法权益，当被执行人未按期履行义务时，申请执行人可以请求支付迟延履行金作为补偿。

第二，惩罚性。对于金钱债务，被执行人未在规定期限内履行义务的，应当加倍支付迟延履行期间的债务利息，即使没有实际造成损失也要承担迟延履行金。这是一种惩罚性措施，旨在加大惩罚力度，提高违法成本，促使被执行人自觉履行义务。

第三，救济性。迟延履行金制度在法律条文中明确规定，为申请执行人提供必要的法律救济权利。当申请执行人的权利无法得到及时有效的保护时，可以通过国家公权力救济自身的私权，并最大程度地减少私权受损。

（二）履约保证金在生态环境损害赔偿案件的适用

履约保证金是对当事人之间合同债务履行的一种担保方式。在生态环境损害赔偿案件办理过程中，赔偿权利人与赔偿义务人签订磋商协议后，为确保生态环境损害赔偿磋商协议内容获得完整履行，采用提前缴纳履约保证金的方式，保障生态环境损害赔偿磋商协议的履行，有助于及时修复生态环境，消除安全隐患。其主要特征表现为：

第一，担保性。履约保证金是对当事人之间合同债务履行的一种担保方式。赔偿权利人与赔偿义务人签订的生态环境损害赔偿磋商协议属民事协议的范畴，赔偿义务人提前缴纳一定的生态环境损害赔偿履约保证金主要是为了保障磋商协议的履行。当赔偿义务人不履行磋商协议或履行不完整时，赔偿权利人可以直接从履约保证金中扣除相关费用。

第二，救济性。缴纳履约保证金确保生态环境损害得到有效修复。为避免生态环境损害范围扩大，生态环境部门会同属地政府先行开展应急处置，同步启动生态环境损害调查和磋商。在案件办理过程中，一般是赔偿义务人表示愿意承担赔偿责任，有提前缴纳应急处置、环境修复等相关费用的意向。

（三）从业禁止令在生态环境损害赔偿案件的适用

禁止令制度，即为了防止生态环境损害的再次发生和扩大，法院裁判禁止相关赔偿义务人在缓刑期内从事与破坏生态环境有关的经营活动。法院为强化"预防性措施"的司法适用，有效化解生态环境资源纠纷，制定了生态环境侵权案件适用禁止令的相关规定，[1] 对生态环境资源侵权案件禁止令保全措施的法律属性、适用主体以及实施类型予以明确，同时规范了颁布禁止令所需要考虑的要素，[2] 有利于各方当事人环境权益保护。其主要特征表现为：

第一，从业禁止令在生态环境损害赔偿案件中的适用遵循"以修复为中心"的环境司法宗旨，以恢复性环境司法理念为依据。人民法院裁判被告刑事或民事责任时，一并作出生态环境司法禁止裁判。通过从业限制裁判预防损害人再次污染、破坏自然环境，将"预防为主"原则合理适用于生态环境资源具体案件司法裁判之中。

第二，从业禁止令在生态环境损害赔偿案件中的适用具有相关性的要求，即从业禁止令制度是禁止相关赔偿义务人在缓刑考验期内从事与排污或处置危险废物有关的经营活动，而不是绝对禁止赔偿义务人从事一切与生态环境相关的活动，对强化犯罪分子的有效监管，防止生态环境损害的再次发生具有重要意义。

案例 47

常州市某机车部件公司超标排放大气污染生态环境损害赔偿案[3]

一、案情简介

2020 年 8 月 25 日，接到群众投诉，常州市高新区生态环境局对常州某机车

---

〔1〕 参见《最高人民法院关于生态环境侵权案件适用禁止令保全措施的若干规定》。

〔2〕 参见《最高人民法院关于生态环境侵权案件适用禁止令保全措施的若干规定》第 3、5、6、10 条之规定。

〔3〕 微信公众号"江苏生态环境"：《江苏省生态环境损害赔偿"十大典型案例"展示（六）》，载 https：//mp. weixin. qq. com/s/CCpzSgWE_6HuFRz2sZBG7w，最后访问日期：2023 年 8 月 20。"重庆市涪陵区生态环境局与重庆某建设有限公司生态环境损害赔偿协议司法确认案"中也涉及环境损害赔偿金的管理，即赔偿义务人根据重庆市高级人民法院、重庆市财政局和重庆市生态环境局等部门制定的《重庆市生态环境损害赔偿资金管理办法》的要求，将生态环境损害赔偿资金直接上缴同级国库，纳入预算管理，由财政主管部门负责对缴入国库的生态环境损害赔偿资金进行专款专用核算管理，以提高资金收缴效率。详见微信公众号"重庆市高级人民法院"，《重庆法院公益诉讼与生态环境损害赔偿诉讼典型案例》，载 https：//mp. weixin. qq. com/s/5vjGtEXxQpCijp7YrZM5Sg，最后访问日期：2024 年 10 月 7 日。

部件有限公司进行现场检查，发现其发泡车间和涂胶车间正在生产，其产生的废气经"光催化氧化+两级活性炭吸附"装置处理后通过 15 米高的排气筒排放。废气监测结果显示，非甲烷总烃排放浓度为 254 毫克/立方米，甲苯排放浓度为 85.5 毫克/立方米，均超过污染物排放标准。评估结果显示，该公司的生态环境损害金额为 11.7 万元。

二、办理结果

常州高新区生态环境局工作人员主动上门为企业提供环境整治建议，并普及生态环境损害赔偿制度。涉事企业意识到超标排放对环境的负面影响，并同意进行生态环境损害赔偿磋商。常州市生态环境局与新北区人民检察院、属地镇政府合作，启动生态环境损害赔偿磋商，与企业签订赔偿协议。赔偿协议约定，赔偿义务人按要求将赔偿款项缴付至常州高新区财政局设立的生态环境损害修复专项资金账户。

三、典型意义

该案是常州市第一例成功磋商的大气污染损害赔偿案。该案处理过程中，常州高新区财政局设立了专户用于生态环境损害赔偿资金的缴纳，通过签署《共建常州市生态环境司法修复基地框架协议》，使赔偿资金被纳入基地的统一管理体系中，为资金管理提供了有力的保障。

四、核心法理

本案中，常州高新区财政局通过设立专户的方式，用于生态环境损害赔偿资金的缴纳，在法理上引入了生态环境损害赔偿金这一概念，拓展了生态环境损害赔偿金的来源，并在实践中指导生态环境损害赔偿金的管理和使用。

（一）生态环境损害赔偿金的涵义

2017 年出台的《改革方案》中未对生态环境损害赔偿金进行定义，在总结各生态环境损害赔偿试点省份经验的基础之上，2020 年财政部等出台了《生态环境损害赔偿资金管理办法（试行）》，其中对生态环境损害赔偿资金的定义为："生态环境损害事件发生后，在生态环境损害无法修复或者无法完全修复以及赔偿义务人不履行义务或者不完全履行义务的情况下，由造成损害的赔偿义务人主动缴纳或者按照磋商达成的赔偿协议、法院生效判决缴纳的资金"。[1] 因此，生态环境损害赔偿金应以货币形式出现，包括修复和赔偿费用。需要注意的是，在实际操作中，由于生态环境破坏过于严重，使得"修复"已经不可能实现。这种情况下常采取的是"替代性修复"，即通过在其他地方进行补植、恢复、重建等措施来实现被损害生态环境的原有功能。这种方式扩大了生态环境损害赔偿金的内涵，使其范围不再局限于责任主体造成的直接损失。这也是生态环境损害赔偿金数额巨大的原因之一。生态环境损害赔偿资金的主要特征有：

第一，独立公共性。环境利益是一种独立于个人利益、集体利益和国家利益的利益类型。这种利益由公众委托国家行使保护和索赔权利，所得利益归公众所有。因此，环境利益的公共属性不应与国家利益、集体利益混淆，在使用目的、使用程序和使用方式上应具备与其他利益区分的独立性。

第二，专项性。从损害救济的角度来看，生态环境损害与民事损害存在显著差异。生态环境损害赔偿所要救济的是受损害的生态环境本身，而不是某种财产损害，也不是因生态环境受损而引起的不特定多数人遭受的损害。在这个角度上，将生态环境损害赔偿资金的专项性分为两个层次。第一个层次是针对生态环境的专项救济。生态环境损害赔偿资金必须全额用于修复责任主体造成的生态环境损害，包括受损生态环境多样性、功能性等方面的损害。同时，由于生态环境损害的影响时间往往较长，这些资金还应该用于预防潜在损害。当然，为了获得生态环境损害赔偿资金，律师费、差旅费等费用也应包括在其中。但是，因责任主体对个人财产造成的损害不包括在生态环境损害赔偿资金的使用范围内，可以通过其他民事纠纷解决机制进行救济。第二个层次是针对个别生态环境损害赔偿案件的专款专用。虽然生态环境损害可能涉及较大的区域，但不同案件产生的赔偿资金应该分别使用，不宜混淆。针对责任主体造成的生态环境损害，需要评估实际损害范围，确定赔偿金额，并将所得资金用于修复受损的生态环境系统，这是处理生态环境损害赔偿个案的基本要求。

第三，专业性。生态环境损害赔偿资金的使用工作要求高度专业化，需要专业机构和专业人员评估环境损害，制定修复方案，实施生态环境修复，并持续追踪修复效果。以当前的生态环境损害评估工作为例，评估费用往往很高，评估指标可能涉及几十个甚至几百个，这也从侧面反映了生态环境修复、生态环境损害

---

〔1〕 参见《生态环境损害赔偿资金管理办法（试行）》第2条规定。此外，也有学者对生态环境损害赔偿资金进行定义，其中较为合理的定义是由于文轩教授提出的，即生态环境损害赔偿金是救济生态损害的货币化表现形式，是在生态环境受到损害后，造成生态损害的法律主体依法应支付的修复受损环境、赔偿生态服务功能损失所需的费用，其对应的诉讼请求既包括恢复原状，也包括赔偿损失。参见于文轩，《论我国生态环境损害赔偿金的法律制度构建》，载《吉林大学社会科学学报》2017年第5期。

赔偿资金使用工作的专业性。在实践中，具备生态环境修复能力和妥善管理赔偿金的主体主要包括政府的环保机构、较大型的环保组织如中国生物多样性保护与绿色发展基金会、自然之友、以及从事环境保护慈善信托的组织等。根据生态环境损害赔偿资金的专业性要求，该资金的管理主体主要限于上述较专业的组织。

（二）生态环境损害赔偿金的来源、管理与使用

1. 生态环境损害赔偿金的来源。根据生态环境损害事件的特点以及实践来看，生态环境损害赔偿资金不仅包括生态环境遭受损害后通过磋商、法院判决所获得的赔偿金，也包括其他的一些相关资金来源。在各地生态环境损害赔偿实践中，生态环境损害赔偿资金的来源种类不尽相同，一般都包含生态环境损害赔偿诉讼等案件中经生效判决、调解确定的生态环境损害赔偿资金，生态环境损害赔偿磋商一致确定的赔偿资金。除了这两部分外，各地对其来源进行了不同的补充和规定，如江苏、浙江、福建等省份将环境公益诉讼案件经生效判决确定的赔偿资金也纳入生态环境损害赔偿资金进行管理。此外，福建省在 2019 年出台的《福建省生态环境损害赔偿资金管理办法（试行）》以及浙江省 2018 年出台的《浙江省生态环境损害赔偿资金管理办法（试行）》将环境污染刑事案件的罚金或没收的财产（变卖所得）也纳入生态环境损害赔偿资金管理；江苏省、福建省还将社会组织、企事业单位或个人对生态环境损害修复的捐赠款纳入生态环境损害赔偿资金管理。

生态环境损害往往复杂、严重，很多情况下，修复难度非常大，需要的资金量也大，多元化资金来源相对于单一资金来源来说，对受损生态环境有效修复更为有利，因此很多省份使用"其他收入"对其他资金来源加以囊括（如福建省等），相关的资金来源都可用于生态环境的修复。

2. 生态环境损害赔偿金的管理。《改革方案》提出，要加强生态环境损害赔偿资金管理。在实践中，除了赔偿义务人有能力自行修复或由其委托第三方修复的案件外，在赔偿义务人无法自行修复或受损的生态环境无法修复等的案件中，要由赔偿权利人组织开展修复或者替代修复，赔偿义务人需承担相应的修复费用和其他相关费用，这些情况下，都需要由特定主体来对赔偿资金进行收缴、管理与使用。生态环境损害案件赔偿金额往往很大，如何有效管理和使用，以有利于生态环境的修复，是实践中必须解决的问题。各地在实践中陆续出台了一些相关文件和办法，取得了一些经验。实践中，资金的管理方式可分为上缴国库（如福建省、浙江省、贵州省等），由政府或者行政机关设立专户（如浙江省），交法院执行款账户，设立生态修复基金等几种方式。

将"非税收入"上缴国库是国家机关资金管理运作的通行做法。从各地出台的文件及实践可以看出，生态环境损害赔偿资金主要采用上缴国库的管理方

式，特别是在《改革方案》印发后，地方出台的资金管理办法中均采用该方式，如《福建省生态环境损害赔偿资金管理办法》规定，生态环境损害赔偿资金属于政府非税收入，纳入预算管理，暂列"非税收入-其他收入-其他收入（科目代码：1039999）"，全额缴入赔偿权利人指定部门、机构的同级国库。但从实践来看，上缴国库并由财政部门来管理赔偿资金的做法，也存在一些不利因素亟待解决，以有利于生态环境损害赔偿资金的有效利用和受损生态环境的及时修复。首先，财政资金的申报、分配和下达、拨付和使用、管理等都有严格的程序。如专项资金项目的申报必须符合规定的申报条件，需要先在发改部门立项，列入财政预算之后才能拨付。[1]《改革方案》规定的"赔偿义务人自行修复或委托修复的，赔偿权利人前期开展生态环境损害调查、鉴定评估、修复效果后评估等费用由赔偿义务人承担"，其中的生态环境损害调查、鉴定评估、修复效果后评估等费用按照目前财政专项资金的管理办法很难通过申报程序进行使用，这将导致这些合理的费用无法支出。上述存在的这些情况，会在一定程度上影响生态环境损害赔偿资金的有效利用。其次，地方政府在财政上的压力可能会使有些地方出现将生态环境损害赔偿资金挪作他用的可能。最后，资金上缴国库后由政府进行管理，不利于社会监督。[2]

生态环境损害赔偿的目的是使受损的生态环境得到及时有效修复，其中生态环境损害赔偿资金的有效利用是关键，探索建立方便有效的模式，破解生态环境损害赔偿资金使用、管理上的难题，是亟待解决的问题。为了确保可以尽快对受损生态环境进行修复，必须高效、快速地将资金落到实处，应确保使用程序尽可能简单、易行。

3. 生态环境损害赔偿金的使用。一般认为，为了预防损害扩大以及恢复生态环境原状等所产生的费用，应纳入生态环境损害赔偿金的使用范围。另外，相关的调查、评估、研究等所产生的合理费用也应纳入生态环境损害赔偿金的使用范围。有学者在研究中对生态环境损害赔偿的相关费用进行了分类，主要包括防范性措施费用、清除措施费用、修复性措施费用、附带损失的费用（主要包括损害的鉴定评估费用、监测费用、检测费用、修复措施的科研费用和其他因损害而产生的行政管理性费用）、象征性损害赔偿费等。[3]

---

〔1〕 罗光黔：《生态环境损害赔偿资金，由谁管？怎么管？——基于地方探索实践的一些思考》，载《中国生态文明》2018 年第 4 期。

〔2〕 罗光黔：《生态环境损害赔偿资金，由谁管？怎么管？——基于地方探索实践的一些思考》，载《中国生态文明》2018 年第 4 期。

〔3〕 竺效：《反思松花江水污染事故行政罚款的法律尴尬——以生态损害填补责任制为视角》，载《法学家》2007 年第 3 期。

在已出台的一些文件中，对生态环境损害赔偿资金相关的使用范围做出了规定。《改革方案》[1]《最高人民法院关于审理环境民事公益诉讼案件适用法律若干问题的解释》[2] 以及《若干规定（试行）》[3] 规定了生态环境损害赔偿金的使用范围。通过各省实践可以看出，生态环境损害赔偿资金一般包括污染事件发生后清除和控制污染的费用，后续的生态环境修复费用或替代修复费用，以及生态环境受到损害至恢复原状期间服务功能的损失补偿。其中，试点省份在《改革方案》规定的基础上对有关资金使用范围规定得更加详细和具体，如湖南省规定生态环境损害赔偿资金主要用于七个方面（见表8）。[4]

表8：湖南省生态环境损害赔偿资金适用范围表

使用范围	主要内容
生态环境损害应急处置费	控制生态环境损害事件发生时用于防止污染或生态破坏进一步扩大的应急费用，包括应急监测、应急处理与处置费用、专家指导费用等。
生态环境损害鉴定评估费	生态环境损害环境监测费用、现场勘查费用、专家咨询费用、报告编写费、报告打印费、管理费、税收等合理费用。

---

〔1〕《生态环境损害赔偿制度改革方案》规定，生态环境损害赔偿范围包括清除污染费用、生态环境修复费用、生态环境修复期间服务功能的损失、生态环境功能永久性损害造成的损失以及生态环境损害赔偿调查、鉴定评估等合理费用。

〔2〕参见《最高人民法院关于审理环境民事公益诉讼案件适用法律若干问题的解释》第19条："原告为防止生态环境损害的发生和扩大，请求被告停止侵害、排除妨碍、消除危险的，人民法院可以依法予以支持。原告为停止侵害、排除妨碍、消除危险采取合理预防、处置措施而发生的费用，请求被告承担的，人民法院可以依法予以支持。"

〔3〕参见《最高人民法院关于审理生态环境损害赔偿案件的若干规定（试行）》第12条第2款："生态环境修复费用包括制定、实施修复方案的费用，修复期间的监测、监管费用，以及修复完成后的验收费用、修复效果后评估费用等"。

〔4〕参见《湖南省生态环境损害赔偿资金管理办法（试行）》第5条规定："生态环境损害赔偿资金原则上用于生态环境损害地的生态环境损害修复及相关工作。跨行政区域的生态环境损害赔偿，按磋商协议或人民法院判决、调解生效的法律文书确定的赔偿资金分配要求支付给相应的市州，县市区人民政府，用于生态环境损害地的生态环境损害修复及相关工作。无法修复的，可由生态环境损害地人民政府结合本区域生态环境损害情况开展替代修复。使用范围主要包括：（一）生态环境损害应急处置费用；（二）生态环境损害鉴定评估费用；（三）生态环境损害修复费用（包括替代修复费用）；（四）生态环境损害修复期间服务功能的损失补偿费用；（五）生态环境功能永久性损害造成的损失补偿费用；（六）生态环境损害公益诉讼费用；（七）法律法规规定的其他相关费用。"

续表

使用范围	主要内容
生态环境损害修复费	包括生态环境损害修复可行性和施工方案编制费、现场勘查费、设计费、监理费、清除污染或生态环境修复（包括替代修复）施工费。
生态环境损害修复期间服务功能的损失补偿费	生态环境损害事件发生后至生态环境损害修复完成时，受损害事件影响，造成公共设施服务功能损失的补偿费用。
生态环境功能永久性损害造成的损失补偿费	生态环境损害事件发生后造成生态环境功能永久性损害时，给相关部门或单位的损失补偿费用。
生态环境损害公益诉讼费	由个人或组织提起生态环境损害赔偿公益诉讼的费用，包括律师代理费用等。
法律法规规定的其他相关费用	包括调查取证、专家咨询、生态环境损害修复及相关工作的审计费用、生态环境损害修复后的绩效评估与相应的环境监测费用。

（表格来源：湖南省人民政府官网[1]）

第四节　企业合规审查在生态环境损害赔偿案件中的适用

生态环境等部门将生态环境损害赔偿情况作为涉案企业承担法律责任的酌定裁量情节，根据损害赔偿实际情况从轻处罚，并将生态环境损害赔偿与企业刑事合规审查等结合起来，促进企业进行环境合规整改，对于有效改善当地生态环境具有积极作用。

---

[1] 湖南省人民政府官网：《湖南省人民政府办公厅关于印发湖南省生态环境损害赔偿管理有关制度的通知》，载 https://www.hunan.gov.cn/hnszf/szf/hnzh/2017_101252/2017nd1q_101909/szfbgtwj_98720/201802/t20180205_4940435.html，最后访问日期：2024 年 2 月 25 日。

案例 48

苏州市昆山某纸塑公司非法倾倒废有机溶剂生态环境损害赔偿案[1]

一、案情简介

2020 年 6 月 17 日，苏州市昆山高新区安环局接到群众反映，环庆路污水泵站发生故障。经排查，恒盛路与瑞科路交叉口多个窨井内发现类似油状物质，且刺激性气味明显。经鉴定，该油状物质为废有机溶剂，属于《国家危险废物名录》规定的 HW06 中 900-403-06 类危险废物。接到高新区安环局报告后，苏州市昆山生态环境局第一时间启动《昆山市突发固体废物污染环境事件应急预案》，联合属地政府以及应急、水务等部门迅速有效处置该突发环境事件。经核实，2017 年 1 月至 2020 年 6 月，昆山某纸塑公司主管及相关负责人员将生产过程中产生的废有机溶剂共计 253.26 吨，以每桶 300 元至 700 元不等的价格，交由无回收、运输、处置危险废物资质的蔡某（后被判处有期徒刑 3 年 6 个月，并处罚金人民币 10 万元），非法倾倒至昆山高新区恒盛路、瑞科路路口附近的雨水、污水窨井内。经鉴定评估，生态环境损害赔偿金额共计 525.45 万元（包含应急处置费用、生态环境损害费用和事务性费用）。

二、办理结果

2020 年 8 月 5 日，该公司主动缴纳 600 万元赔偿保证金，并主动自愿承担生态环境保护警示教育宣传费用 39.37 万元，并签署《监管意见书》，自愿承担环境污染和生态破坏责任，以缴纳生态环境损害赔偿金的方式，开展环境应急处置和替代修复，以实现环境民事公益诉讼的全部诉讼请求。同时，该公司承诺，将积极配合相关部门开展生态环境损害赔偿磋商工作，若保证金不足以支付环境应急以及替代修复费用，自愿承担超出的全部费用，直至该案环境污染问题得到彻底解决。后该公司根据赔偿协议履行了赔偿金缴纳义务，除应急处置费用、事务性费用外的生态环境损害赔偿金，已用于昆山市生态环境损害赔偿基地（高新区玉湖公园）建设，包括周边环境整治、绿化种植、宣传教育展示以及光伏车棚、储能、充电桩一体化项目建设。检察机关不再提起民事公益诉讼。

---

[1] 参见生态环境部官网：《生态环境部公布第三批生态环境损害赔偿磋商十大典型案例》，载 https://www.mee.gov.cn/ywgz/fgbz/sthjshpczd/202310/t20231013_1043094.shtml，最后访问日期：2024 年 2 月 25 日。

三、典型意义

该案入选全国第三批生态环境损害赔偿磋商十大典型案例，其典型意义主要在于：以案为鉴，通过案件倒逼企业承担社会责任，在办案过程中，寓普法于磋商，督促企业落实主体责任和提升社会责任意识，经深入宣讲法定义务和责任，赔偿义务人深刻认识到违法行为对生态环境的损害和所需承担的法律后果。案涉公司积极配合检察机关做好环保刑事合规审查，最终检察机关作出不起诉的处理决定，为推动立法层面将企业合规作为从轻、减轻或者免除处罚情节提供了现实案例。

四、核心法理

本案之所以被纳入全国生态环境损害赔偿典型案例，主要是源于该案件的处理不同于以往的"达成一致磋商协议""根据磋商协议进行生态环境修复"，而是采用了全新的方式，即推进行政处罚与企业刑事合规审查相统一，在引导或惩罚的同时，还激励企业开展自身合规建设，有利于鼓励企业主动承担社会责任。

（一）生态环境损害赔偿案件中的企业合规

该案件办案过程完整规范，检环合作，建立了环境民事公益诉讼与生态环境损害赔偿的衔接机制，探索了合规审查，创新性地引入多部门签订监管协议书，共同监督赔偿执行情况，实现多元共治，通过建设生态环境损害赔偿教育基地和开展建设太阳能充电桩等方式创新替代性修复，提升生态环境综合效益，既实现了生态修复责任的履行，也起到了较好的社会警示效果。

环境保护不仅依赖于事后的惩罚和赔偿措施，同时也应加强宣传和教育工作，帮助企业自觉地遵守环境法律法规，以此达到避免污染环境和破坏生态的目的。这可以通过向企业传达环境保护的重要性、提供环境法律法规的培训和辅导等方式来实现。企业在自觉意识到环境保护的重要性后，将更加积极地采取措施推动绿色发展，从源头预防污染和破坏生态的行为发生。

对企业涉嫌环境犯罪要综合考虑社会及生态治理效果，侧重经济处罚以及合规激励，充分发挥检察机关不起诉激励。企业在生产经营过程中造成环境污染的根本原因是追求经济利益。为此，有学者认为应加大对企业的罚金刑罚力度，针对其痛点，使违法行为的成本大于收益，从而减少趋利式违法行为。然而，迫使企业放弃违法行为并非最终目的，而是通过激励措施使其自觉合规，朝着绿色生态环保企业的发展方向努力。其中，关键的激励方式是暂缓起诉。认罪认罚从宽原则为暂缓起诉、为企业合规制度提供了法律和制度依据，通过企业认罪认罚，检察机关可以与企业达成不起诉或暂缓起诉协议，督促企业进行合规建设。另外，还可以通过检察建议的形式推进企业合规建设，如《最高人民检察院关于充分履行检察职能加强产权司法保护的意见》第8条、第11条、第14条均明确了检察建议对企业经营的重要性。[1]

（二）生态环境损害赔偿中企业合规的行刑衔接

不论是行政责任、民事责任还是刑事处罚，其所追求的目标都是对破坏生态环境资源保护的行为进行规制，或警示或惩罚潜在违法者。对于潜在违法者而言，预期的惩罚成本等于惩罚严厉程度与惩罚概率的乘积，因此，加强威慑力度需要两方面的努力：一是加大惩罚的严厉程度，包括加重处罚力度，限制缓刑、假释、减轻处罚适用等。二是提升惩罚的概率，可通过强化监管监测、畅通举报渠道等增加违法行为被发现的概率，建立行政、民事、刑事之间紧密衔接的处罚机制，避免监管空白。当生态安全犯罪问题达到刑事标准时，应坚持刑法的谦抑性原则，优先考虑采用行政处罚，当行政处罚能够实现生态恢复和教育惩罚的目的时，则无需动用刑罚；当然，对于确实符合刑罚条件的情况，必须依法采取刑事处罚。在启动刑事诉讼程序时，应根据情况进行处理：①对于相关行政主管部门已经对违法企业作出了履行生态修复责任的决定，或者违法企业自愿承担生态修复责任的情况，检察机关可采取企业合规激励的处理方式与企业达成不起诉或暂缓起诉协议。②对于之前未涉及生态恢复责任处罚的情况，检察机关可向相关行政机关提出检察建议，告知违法行为人或企业履行生态恢复责任可作为酌定从轻刑罚的依据，并在提起刑事附带民事诉讼时向被告人提出具体的生态恢复责任要求。

（三）生态环境损害赔偿案件中企业社会责任履行

企业社会责任包括基础社会责任和高级社会责任。其中，基础社会责任主要涉及经济和法律责任，高级社会责任则要求企业履行道德、伦理和慈善等社会义务。环境保护不仅依赖于事后的惩罚和赔偿，企业投资环境保护生态建设更有利于全人类的生存发展和美好生活，是企业积极履行高级社会责任的重要表现。企业通过加强宣传和教育工作，自觉遵守环境法律法规，构建和完善合规体系，有助于企业履行生态恢复责任。

基础社会责任涵盖初级和中级社会责任。初级责任是对股东和员工负责，包括提供回报以最大化股东利益，为员工提供合理报酬，保障员工权益，提供福利

---

[1]《最高人民检察院关于充分履行检察职能加强产权司法保护的意见》第8条："……采取检察建议等形式，帮助各类产权主体强化产权保护意识"。第11条："……积极运用检察建议、年度报告、专项报告等方式，督促产权登记、审批、监管、保护等部门完善制度机制，加强改进产权保护工作，增强预防工作整体效果"。第14条："……提出检察建议等方式加强对涉产权民事、行政案件的审判监督，有效保障产权主体的合法权益"。

待遇和教育培训。中级责任涉及客户、政府、社区和环境，如提高产品质量和服务水平以满足客户需求，诚信经营，稳定生产，为社区投资基础设施，促进社会和谐稳定，推动减碳降污，发展绿色经济。

高级社会责任主要表现为企业主动承担社会责任，如参与慈善和捐助等公益事业。企业的初级和中级社会责任主要涉及经济责任和法律责任，而企业的高级社会责任要求其履行道德、伦理和慈善等社会义务。因此，企业应积极参与公益事业，加大投入力度，改善社会弱势群体的生活环境和生活水平；以回报社会和服务社会为目标，使财富从社会中产生、回归社会；以更多样化的方式参与社会公益事业，实现更高层次的社会利益最大化，成为国家公益事业发展的重要力量。

本案赔偿义务人对赔偿权利人提出的生态环境损害赔偿金予以认可，还承诺用远高于赔偿金数额的资金升级改造污水处理设备，说明在承担生态环境损害赔偿责任的过程中，企业履行环境保护的社会责任被激发。环境保护不能仅依靠惩罚、赔偿等事后惩戒和救济措施，还要加强宣传、教育，帮助企业自觉守法，走绿色高质量的发展道路，从源头上预防污染环境、破坏生态行为的发生。

企业履行社会责任有两种方式，一是投入非生产领域，帮助解决一部分人群生活上的困难，使得他们短期受惠，即发挥"输血"功能；二是投向生产领域，如企业投资环境保护生态建设，有利于全人类的生存发展和美好生活，此为"造血"功能。为使企业履行社会责任从被动行为、短期行为转向主动行为、长期行为，需转变传统的企业履行社会责任方式（如将慈善捐助用于非生产领域，特别是消费领域），使企业履行的社会责任更多地投向生产领域。企业履行社会责任应实现短期受惠与长期受益相协调。

生态环境损害赔偿规范性文件精选

文件名	公布日期	发文机关
生态环境损害赔偿制度改革方案	2017 年 12 月 17 日	中共中央办公厅、国务院办公厅
关于推进生态环境损害赔偿制度改革若干具体问题的意见	2020 年 8 月 31 日	生态环境部、司法部、财政部、自然资源部、住房和城乡建设部、水利部、农业农村部、国家卫生健康委员会、国家林业和草原局、最高人民法院、最高人民检察院
生态环境损害赔偿管理规定	2022 年 4 月 26 日	生态环境部、最高人民法院、最高人民检察院、科学技术部、公安部、司法部、财政部、自然资源部、住房和城乡建设部、水利部、农业农村部、国家卫生健康委员会、国家市场监督管理总局、国家林业和草原局
最高人民法院关于审理生态环境损害赔偿案件的若干规定（试行）	2019 年 6 月 4 日公布 2020 年 12 月 29 日修正	最高人民法院
最高人民法院关于审理生态环境侵权责任纠纷案件适用法律若干问题的解释	2023 年 8 月 14 日	最高人民法院

续表

文件名	公布日期	发文机关
最高人民法院关于审理海洋自然资源与生态环境损害赔偿纠纷案件若干问题的规定	2017 年 12 月 29 日	最高人民法院
生态环境损害赔偿资金管理办法（试行）	2020 年 3 月 11 日	财政部、自然资源部、生态环境部、住房和城乡建设部、水利部、农业农村部、国家林业和草原局、最高人民法院、最高人民检察院
贵州省生态环境损害赔偿案件办理规程（试行）	2021 年 2 月 9 日	贵州省生态环境厅
湖南省生态环境损害赔偿磋商管理办法（试行）	2017 年 12 月 27 日	湖南省人民政府办公厅
江苏省生态环境损害赔偿资金管理办法（试行）	2018 年 10 月 4 日	江苏省人民政府办公厅
江苏省生态环境损害赔偿起诉规则（试行）	2018 年 10 月 4 日	江苏省人民政府办公厅

（扫描二维码，查看法律文件详细内容）

地方性生态环境损害赔偿规范性文件汇总表

省市	文件名称	公布时间
北京市	北京市生态环境损害赔偿制度改革工作实施方案	2018 年 6 月 28 日
	延庆县生态环境损害赔偿办法（试行）	2014 年 6 月 19 日
天津市	天津市生态环境损害赔偿制度改革实施方案	2019 年 2 月 27 日
	天津市生态环境损害鉴定评估管理办法（试行）	2019 年 2 月 27 日
	天津市生态环境损害赔偿磋商办法（试行）	2019 年 2 月 27 日
	天津市生态环境损害赔偿资金管理办法（试行）	2019 年 2 月 27 日
	天津市生态环境损害赔偿信息公开办法（试行）	2019 年 2 月 27 日
	天津市人民政府办公厅关于成立天津市生态环境损害赔偿制度改革工作领导小组等议事协调机构的通知	2018 年 6 月 19 日
河北省	河北省生态环境损害赔偿资金管理办法（试行）（已失效）	2020 年 2 月 13 日
	唐山市生态环境损害赔偿制度改革实施方案	2018 年 10 月 31 日
	唐山市生态环境损害赔偿资金管理办法（试行）	2021 年 7 月 12 日
	邯郸市人民政府办公厅关于成立邯郸市生态环境损害赔偿制度改革工作领导小组的通知	2018 年 4 月 19 日
河南省	河南省生态环境损害赔偿修复管理办法（试行）	2023 年 8 月 4 日
	周口市人民政府办公室关于成立周口市生态环境损害赔偿制度改革工作领导小组的通知	2018 年 11 月 7 日
	河南省生态环境损害赔偿制度改革实施方案	2018 年 7 月 16 日
	商丘市人民政府办公室关于成立商丘市生态环境损害赔偿制度改革工作领导小组的通知	2018 年 7 月 16 日

省市	文件名称	公布时间
山西省	生态环境损害赔偿案件线索筛查及调查办法（试行）	2022 年 12 月 30 日
	生态环境损害修复评估办法（试行）	2022 年 12 月 30 日
	生态环境损害赔偿专家库管理办法（试行）	2023 年 10 月 23 日
	太原市生态环境损害赔偿制度改革实施方案	2019 年 9 月 25 日
内蒙古自治区	内蒙古自治区生态环境损害赔偿工作规定（试行）	2022 年 1 月 21 日
	乌海市生态环境损害赔偿制度改革实施方案	2021 年 11 月 30 日
	呼和浩特市司法局关于建立生态环境损害赔偿专家队伍的通知	2021 年 11 月 4 日
	包头市生态环境损害赔偿案件办理规程（试行）	2021 年 11 月 3 日
	包头市生态环境损害赔偿制度改革实施方案	2019 年 12 月 12 日
辽宁省	辽宁省生态环境损害赔偿制度改革实施方案	2018 年 8 月 13 日
	沈阳市生态环境局生态环境损害赔偿案件办理工作规程	2022 年 5 月 30 日
	辽宁省生态环境损害赔偿磋商办法	2023 年 6 月 29 日
	辽宁省生态环境损害鉴定评估管理办法	2023 年 6 月 29 日
	辽宁省生态环境损害修复管理办法	2023 年 6 月 29 日
	辽宁省生态环境损害赔偿信息公开和公众参与办法	2023 年 6 月 29 日
吉林省	吉林省生态环境损害赔偿制度改革工作领导小组关于组织推荐省级生态环境损害评估专家库专家的通知	2021 年 6 月 24 日
	吉林市水利局水生态环境损害赔偿制度改革工作实施方案	2020 年 3 月 4 日
	白城市人民政府办公室关于成立白城市生态环境损害赔偿制度改革工作领导小组的通知	2019 年 7 月 2 日
	吉林省生态环境损害赔偿制度改革试点工作实施方案（已失效）	2016 年 12 月 8 日
	吉林省人民政府办公厅关于成立吉林省生态环境损害赔偿制度改革试点工作领导小组的通知	2016 年 5 月 24 日
黑龙江省	黑龙江省生态环境损害赔偿工作规定	2022 年 8 月 5 日
	黑龙江省生态环境损害赔偿资金管理办法（试行）	2018 年 12 月 21 日

省市	文件名称	公布时间
	黑龙江省林业和草原局关于更新黑龙江省林草系统生态环境损害赔偿工作专家库和第三方服务机构库的公告	2023 年 9 月 25 日
	黑龙江省关于推进生态环境损害赔偿制度改革若干具体问题的实施意见	2021 年 12 月 29 日
	齐齐哈尔市生态环境损害赔偿资金管理办法（试行）	2021 年 6 月 9 日
	齐齐哈尔市生态环境局关于加强生态环境系统生态环境损害赔偿工作的通知	2020 年 9 月 24 日
	黑龙江省人民政府关于成立黑龙江省生态环境损害赔偿制度改革工作领导小组的通知	2018 年 7 月 20 日
上海市	上海市高级人民法院关于审理政府提起生态环境损害赔偿民事案件的若干意见（试行）	2019 年 2 月 21 日
	上海市生态环境损害调查管理办法	2020 年 12 月 23 日
	上海市生态环境损害赔偿磋商管理办法	2020 年 12 月 23 日
	上海市生态环境损害修复评估管理办法	2020 年 12 月 23 日
	上海市生态环境损害赔偿信息公开办法	2020 年 12 月 23 日
	杨浦区生态环境损害赔偿制度改革工作实施方案	2020 年 12 月 31 日
	上海市生态环境损害赔偿制度改革实施方案	2020 年 11 月 10 日
	上海市人民政府办公厅关于成立上海市生态环境损害赔偿制度改革工作领导小组的通知	2018 年 3 月 9 日
江苏省	关于加强生态环境损害赔偿与检察公益诉讼衔接机制的实施意见	2022 年 8 月 3 日
	江苏省高级人民法院关于生态环境损害赔偿诉讼案件的审理指南（一）	2018 年 7 月 18 日
	自然资源领域生态环境损害赔偿工作指引	2023 年 9 月 25 日
	无锡市生态环境损害赔偿示范修复基地管理办法（试行）	2023 年 7 月 19 日
	无锡市生态环境损害赔偿制度改革实施方案（试行）	2018 年 12 月 31 日
	江苏省生态环境损害事件报告办法（试行）	2018 年 10 月 4 日

省市	文件名称	公布时间
江苏省	江苏省生态环境损害赔偿磋商办法（试行）	2018 年 10 月 4 日
	江苏省生态环境损害赔偿起诉规则（试行）	2018 年 10 月 4 日
	江苏省生态环境损害赔偿资金管理办法（试行）	2018 年 10 月 4 日
	江苏省生态环境损害修复管理办法（试行）	2018 年 10 月 4 日
	江苏省生态环境损害赔偿信息公开办法（试行）	2018 年 10 月 4 日
	江苏省生态环境损害赔偿制度改革实施方案	2018 年 8 月 30 日
浙江省	杭州市生态环境损害赔偿磋商管理办法（试行）	2020 年 9 月 28 日
	宁波市生态环境损害赔偿资金管理办法	2019 年 4 月 3 日
	浙江省生态环境损害赔偿资金管理办法（试行）	2018 年 9 月 10 日
	浙江省人民检察院关于服务保障生态环境损害赔偿制度改革的意见	2018 年 1 月 4 日
	绍兴市生态环境损害赔偿磋商办法（试行）（已失效）	2016 年 6 月 30 日
	浙江省生态环境损害赔偿管理办法	2023 年 3 月 31 日
	浙江省生态环境损害赔偿鉴定评估办法	2021 年 12 月 31 日
	浙江省生态环境损害赔偿制度改革实施方案	2018 年 5 月 23 日
	浙江省生态环境损害赔偿磋商管理办法（试行）	2018 年 10 月 31 日
	浙江省生态环境损害赔偿鉴定评估办法（试行）	2018 年 10 月 31 日
	浙江省生态环境损害赔偿修复管理办法（试行）	2018 年 10 月 31 日
安徽省	安徽省生态环境损害赔偿实施办法（试行）	2021 年 6 月 7 日
	安徽省生态环境损害赔偿资金管理办法（试行）	2021 年 6 月 7 日
	宣城市生态环境损害赔偿制度改革实施方案	2019 年 4 月 20 日
福建省	福建省生态环境损害赔偿资金管理办法（试行）	2019 年 12 月 13 日
	厦门市生态环境损害赔偿资金管理办法（试行）	2023 年 1 月 18 日
	厦门市水利局关于做好水利行业生态环境损害赔偿工作的通知	2022 年 10 月 26 日
	福建省生态环境损害赔偿信息公开管理办法（试行）	2020 年 1 月 3 日

省市	文件名称	公布时间
	三明市人民政府办公室关于成立三明市生态环境损害赔偿制度改革工作领导小组的通知	2019 年 12 月 31 日
	厦门市生态环境损害赔偿调查启动管理办法的通知	2019 年 9 月 23 日
	泉州市人民政府办公室关于成立泉州市生态环境损害赔偿制度改革工作领导小组的通知	2019 年 3 月 28 日
	福建省省级生态环境损害赔偿调查启动管理办法（试行）	2019 年 2 月 1 日
	福建省人民政府办公厅关于成立福建省生态环境损害赔偿制度改革工作领导小组的通知	2018 年 11 月 26 日
	福建省生态环境损害赔偿制度改革实施方案	2018 年 9 月 29 日
江西省	关于贯彻落实生态环境损害赔偿管理规定的实施意见	2022 年 12 月 29 日
	江西省生态环境损害赔偿与刑事犯罪侦查工作衔接实施办法	2023 年 9 月 8 日
	南昌市人民政府办公厅关于成立南昌市生态环境损害赔偿制度改革工作领导小组的通知	2018 年 11 月 5 日
	景德镇市人民政府办公室关于成立景德镇市生态环境损害赔偿制度改革工作领导小组的通知	2018 年 10 月 22 日
	江西省人民政府办公厅关于成立江西省生态环境损害赔偿制度改革工作领导小组的通知	2018 年 6 月 28 日
	江西省生态环境损害赔偿制度改革实施方案	2018 年 5 月 9 日
山东省	淄博市生态环境损害赔偿磋商工作办法	2021 年 8 月 1 日
	山东省生态环境损害赔偿资金管理办法（已失效）	2018 年 9 月 17 日
	青岛市生态环境损害赔偿资金管理办法	2021 年 4 月 13 日
	山东省高级人民法院关于办理生态环境损害赔偿协议司法确认案件的若干意见（试行）	2019 年 5 月 29 日
	山东省高级人民法院办公室关于加强生态环境损害赔偿案件审理工作的意见	2018 年 6 月 11 日
	山东省高级人民法院关于审理山东省人民政府提起生态环境损害赔偿案件若干问题的意见	2017 年 4 月 20 日

省市	文件名称	公布时间
	济南市生态环境损害赔偿资金管理办法	2022 年 12 月 29 日
	济南市生态环境损害赔偿磋商工作办法	2019 年 12 月 27 日
	济南市生态环境损害修复效果后评估工作办法	2019 年 12 月 27 日
	滨州市人民政府办公室关于成立滨州市生态环境损害赔偿制度改革工作领导小组的通知	2018 年 11 月 8 日
	青岛市生态环境损害赔偿制度改革实施方案	2018 年 9 月 25 日
	山东省生态环境损害赔偿磋商工作办法	2018 年 8 月 21 日
	山东省生态环境损害修复效果后评估工作办法	2018 年 8 月 21 日
	东营市人民政府办公室关于成立东营市生态环境损害赔偿制度改革工作领导小组的通知	2018 年 8 月 17 日
	济南市生态环境损害赔偿制度改革实施方案	2018 年 8 月 10 日
	烟台市人民政府办公室关于成立烟台市生态环境损害赔偿制度改革工作领导小组的通知	2018 年 7 月 20 日
	山东省生态环境损害赔偿制度改革实施方案	2018 年 6 月 20 日
湖南省	湖南省生态环境损害调查办法	2021 年 4 月 14 日
	湖南省生态环境损害赔偿磋商管理办法	2021 年 4 月 14 日
	湖南省生态环境损害修复监督管理办法	2021 年 4 月 14 日
	湖南省生态环境损害赔偿资金管理办法	2021 年 4 月 14 日
	湖南省生态环境损害事件报告办法（试行）	2021 年 4 月 14 日
	湖南省生态环境损害赔偿信息公开办法（试行）	2021 年 4 月 14 日
	郴州市生态环境损害赔偿工作实施办法	2023 年 1 月 18 日
	郴州市生态环境损害赔偿制度改革实施办法（已失效）	2021 年 12 月 2 日
	湘潭市生态环境损害赔偿制度改革实施细则	2021 年 11 月 22 日
	衡阳市生态环境损害赔偿制度改革实施方案	2021 年 12 月 20 日
	怀化市生态环境损害赔偿制度改革实施方案（已失效）	2021 年 12 月 16 日
	娄底市生态环境损害赔偿制度改革实施方案	2021 年 12 月 2 日

省市	文件名称	公布时间
	邵阳市生态环境损害赔偿制度改革实施方案	2021 年 9 月 6 日
	永州市人民政府办公室关于深入推进生态环境损害赔偿制度改革工作的通知	2021 年 7 月 13 日
	常德市生态环境损害赔偿制度改革实施方案	2021 年 4 月 13 日
	株洲市生态环境损害赔偿制度改革实施方案	2018 年 12 月 29 日
	常德市党政领导干部生态环境损害责任追究实施细则（试行）	2016 年 12 月 29 日
	湖南省人民政府办公厅关于成立湖南省生态环境损害赔偿制度改革试点工作领导小组的通知	2016 年 5 月 31 日
湖北省	十堰市生态环境损害赔偿案件办理暂行办法	2023 年 5 月 9 日
	鄂州市生态环境损害赔偿制度改革实施方案	2023 年 9 月 7 日
	武汉市生态环境损害赔偿制度改革实施方案	2019 年 12 月 20 日
	咸宁市人民政府办公室关于成立咸宁市生态环境损害赔偿制度改革工作领导小组的通知	2018 年 5 月 28 日
广东省	广东省生态环境损害赔偿工作办法（试行）	2020 年 8 月 17 日
	云浮市人民政府办公室关于成立云浮市生态环境损害赔偿制度改革工作领导小组的通知	2018 年 12 月 27 日
	揭阳市人民政府办公室关于成立揭阳市生态环境损害赔偿制度改革工作领导小组的通知	2018 年 12 月 14 日
	湛江市人民政府办公室关于成立湛江市生态环境损害赔偿制度改革工作领导小组的通知	2018 年 11 月 10 日
	惠州市人民政府办公室关于成立惠州市生态环境损害赔偿制度改革工作领导小组的通知	2018 年 9 月 29 日
	汕头市人民政府办公室关于成立汕头市生态环境损害赔偿制度改革工作领导小组的通知	2018 年 8 月 21 日
	珠海市人民政府办公室关于成立珠海市生态环境损害赔偿制度改革工作领导小组的通知	2018 年 8 月 16 日
	中山市人民政府办公室关于成立中山市生态环境损害赔偿制度改革工作领导小组的通知	2018 年 6 月 4 日

省市	文件名称	公布时间
	广东省人民政府办公厅关于成立广东省生态环境损害赔偿制度改革工作领导小组的通知	2018 年 4 月 3 日
广西壮族自治区	关于规范涉林行政执法与刑事司法公益诉讼生态环境损害赔偿衔接工作的意见	2022 年 12 月 5
	广西壮族自治区生态环境损害赔偿资金管理实施细则（试行）	2021 年 3 月 26 日
	罗城仫佬族自治县人民政府办公室关于成立罗城仫佬族自治县生态环境损害赔偿制度改革工作领导小组的通知	2022 年 3 月 25 日
	广西壮族自治区污染环境类小型生态环境损害案件调查、评估与赔偿规定（试行）（已失效）	2021 年 11 月 2 日
	广西壮族自治区生态环境损害赔偿磋商办法（试行）	2019 年 8 月 16 日
	广西壮族自治区生态环境损害赔偿鉴定评估管理办法（试行）	2019 年 8 月 16 日
	广西壮族自治区生态环境损害赔偿信息公开办法（试行）	2019 年 8 月 16 日
	广西壮族自治区生态环境损害修复管理办法（试行）	2019 年 8 月 16 日
	忻城县人民政府办公室关于成立忻城县生态环境损害赔偿制度改革工作领导小组的通知	2019 年 5 月 5 日
	来宾市兴宾区人民政府办公室关于成立兴宾区生态环境损害赔偿制度改革工作领导小组的通知	2019 年 3 月 25 日
	北海市铁山港区人民政府办公室关于成立铁山港区生态环境损害赔偿制度改革工作领导小组的通知	2019 年 1 月 28 日
	梧州市人民政府办公室关于成立我市生态环境损害赔偿制度改革工作领导小组的通知	2018 年 12 月 16 日
	柳州市人民政府办公室关于成立柳州市生态环境损害赔偿制度改革工作领导小组的通知	2018 年 10 月 20 日
	巴马瑶族自治县人民政府关于成立自治县生态环境损害赔偿制度改革工作领导小组的通知	2018 年 10 月 16 日
	灌阳县人民政府办公室关于成立灌阳县生态环境损害赔偿制度改革工作领导小组的通知	2018 年 10 月 9 日

省市	文件名称	公布时间
	南宁市良庆区人民政府办公室关于成立良庆区生态环境损害赔偿制度改革工作领导小组的通知	2018 年 10 月 9 日
	龙州县人民政府办公室关于成立龙州县生态环境损害赔偿制度改革工作领导小组的通知	2018 年 9 月 27 日
	东兰县人民政府办公厅关于成立东兰县生态环境损害赔偿制度改革工作领导小组的通知	2018 年 9 月 14 日
	南宁市人民政府办公厅关于成立南宁市生态环境损害赔偿制度改革工作领导小组的通知	2018 年 7 月 30 日
	德保县人民政府办公室关于成立德保县生态环境损害赔偿制度改革工作领导小组的通知	2018 年 7 月 20 日
	宁明县人民政府办公室关于成立宁明县生态环境损害赔偿制度改革工作领导小组的通知	2018 年 6 月 29 日
	河池市宜州区人民政府办公室关于成立宜州区生态环境损害赔偿制度改革工作领导小组的通知	2018 年 6 月 14 日
	广西壮族自治区生态环境损害赔偿制度改革实施方案	2018 年 6 月 14 日
	凤山县人民政府关于成立凤山县生态环境损害赔偿制度改革工作领导小组的通知	2018 年 6 月 8 日
	西林县人民政府关于成立西林县生态环境损害赔偿制度改革工作领导小组的通知	2018 年 5 月 25 日
	广西壮族自治区人民政府办公厅关于成立自治区生态环境损害赔偿制度改革工作领导小组的通知	2018 年 3 月 22 日
四川省	四川省生态环境损害赔偿工作程序规定	2023 年 10 月 30 日
	四川省生态环境损害赔偿磋商办法	2023 年 10 月 30 日
	四川省生态环境损害修复管理办法	2023 年 10 月 30 日
	四川省生态环境损害赔偿资金管理办法	2023 年 10 月 30 日
	四川省环境损害司法鉴定机构登记评审实施办法	2023 年 10 月 30 日
	凉山州人民政府办公室关于成立凉山州生态环境损害赔偿制度改革工作领导小组的通知	2020 年 10 月 23 日

省市	文件名称	公布时间
	巴中市人民政府办公室关于成立巴中市生态环境损害赔偿制度改革工作领导小组的通知	2020 年 10 月 10 日
	达州市人民政府办公室关于成立达州市生态环境损害赔偿制度改革工作领导小组的通知	2019 年 11 月 27 日
	雅安市人民政府办公室关于成立雅安市生态环境损害赔偿制度改革工作领导小组的通知	2019 年 8 月 20 日
	四川省人民政府办公厅关于成立四川省生态环境损害赔偿制度改革工作领导小组的通知（已失效）	2018 年 10 月 25 日
	四川省生态环境损害赔偿制度改革实施方案	2018 年 9 月 6 日
	甘孜藏族自治州生态环境损害赔偿制度改革实施方案	2019 年 10 月 17 日
贵州省	贵州省生态环境损害赔偿磋商办法（试行）	2017 年 12 月 7 日
	贵州省生态环境损害赔偿资金管理办法（试行）	2020 年 7 月 14 日
	贵阳市人民政府办公厅关于成立贵阳市生态环境损害赔偿制度改革工作领导小组的通知	2018 年 7 月 30 日
	安顺市政府办关于成立市生态环境损害赔偿制度改革试点工作领导小组的通知	2016 年 6 月 3 日
	贵州省高级人民法院关于审理生态环境损害赔偿案件的诉讼规程（试行）	2018 年 5 月 18 日
云南省	云南省生态环境损害赔偿资金管理办法（试行）	2021 年 7 月 19 日
	生态环境损害赔偿制度改革实施方案	2019 年 9 月 2 日
	保山市人民政府办公室关于成立保山市生态环境损害赔偿制度改革工作领导小组的通知	2018 年 11 月 20 日
	西双版纳州人民政府办公室关于成立西双版纳州生态环境损害赔偿制度改革工作领导小组的通知	2018 年 8 月 1 日
	大理白族自治州人民政府办公室关于成立大理州生态环境损害赔偿制度改革工作领导小组的通知	2018 年 6 月 15 日
	云南省人民政府办公厅关于成立云南省生态环境损害赔偿制度改革工作领导小组的通知	2018 年 5 月 7 日
	云南省生态环境损害赔偿制度改革试点工作领导小组办公室关于成立云南省生态环境损害鉴定评估专家委员会的通知	2017 年 3 月 8 日

续表

省市	文件名称	公布时间
西藏自治区	拉萨市生态环境损害赔偿制度改革实施方案	2020 年 10 月 19 日
陕西省	陕西省生态环境损害赔偿磋商办法	2022 年 8 月 26
	陕西省生态环境损害鉴定评估办法	2022 年 8 月 26 日
	商洛市生态环境损害赔偿制度改革实施方案	2019 年 12 月 26 日
	陕西省人民政府办公厅关于成立省生态环境损害赔偿制度改革工作领导小组的通知	2018 年 12 月 28 日
	陕西省生态环境损害修复管理办法	2023 年 12 月 29 日
	陕西省高级人民法院生态环境损害赔偿协议司法确认案件和生态环境损害赔偿诉讼案件审理指南	2022 年 9 月 16 日
	西安市生态环境损害赔偿制度改革工作实施方案（试行）	2020 年 9 月 8 日
甘肃省	甘肃省生态环境损害赔偿工作实施细则	2023 年 4 月 11 日
	关于生态环境损害赔偿与检察公益诉讼衔接协作的工作规定	2022 年 2 月 24 日
	甘肃省生态环境损害赔偿资金管理办法（试行）（已失效）	2020 年 4 月 23 日
青海省	青海省生态环境损害赔偿资金管理实施办法（暂行）（已失效）	2020 年 9 月 11 日
	海东市人民政府办公室关于成立海东市生态环境损害赔偿制度改革工作领导小组的通知	2019 年 1 月 3 日
	西宁市人民政府办公厅关于成立西宁市生态环境损害赔偿制度改革工作领导小组的通知	2018 年 8 月 16 日
	青海省人民政府办公厅关于成立青海省生态环境损害赔偿制度改革工作领导小组的通知	2018 年 6 月 26 日
宁夏回族自治区	银川市生态环境损害赔偿磋商管理办法（试行）	2022 年 8 月 22 日
	关于落实生态环境损害赔偿制度职责分工的通知	2022 年 9 月 26 日
	宁夏回族自治区生态环境损害赔偿资金管理办法（试行）	2022 年 7 月 21 日
	银川市人民政府办公室关于成立银川市生态环境损害赔偿制度改革工作领导小组的通知	2021 年 8 月 25 日

省市	文件名称	公布时间
	银川市生态环境损害赔偿制度改革实施方案（试行）	2021 年 3 月 23 日
	宁夏回族自治区生态环境损害赔偿磋商办法（试行）	2019 年 10 月 9 日
新疆维吾尔自治区	新疆维吾尔自治区生态环境损害调查办法	2023 年 11 月 24 日
	新疆维吾尔自治区生态环境损害赔偿磋商办法	2023 年 11 月 24 日
	新疆维吾尔自治区生态环境损害修复管理办法	2023 年 11 月 24 日
	新疆维吾尔自治区生态环境损害赔偿信息报送和公开办法	2023 年 11 月 24 日
	吐鲁番市生态损害赔偿调查办法（试行）	2021 年 8 月 16 日
	吐鲁番市生态环境损害赔偿磋商办法（试行）	2021 年 8 月 16 日
	吐鲁番市生态环境损害修复管理办法（试行）	2021 年 8 月 16 日
	吐鲁番市生态环境损害赔偿信息公开办法（试行）	2021 年 8 月 16 日
	吐鲁番市生态环境损害赔偿资金管理办法（试行）	2021 年 8 月 16 日
	新疆维吾尔自治区生态环境损害赔偿资金管理实施细则（试行）	2021 年 6 月 10 日
	吐鲁番市人民政府关于成立吐鲁番市生态环境损害赔偿制度改革工作领导小组的通知	2018 年 7 月 26 日
	新疆生产建设兵团生态环境损害赔偿制度改革实施方案	2018 年 7 月 6 日
海南省	海南省生态环境厅关于贯彻落实《生态环境损害赔偿管理规定》有关措施意见的通知	2022 年 6 月 21 日
	三亚市生态环境损害赔偿制度改革实施意见	2021 年 12 月 24 日
	海南省生态环境损害赔偿启动和磋商工作规则	2020 年 4 月 15 日
	海南省生态环境损害赔偿信息公开办法（试行）	2020 年 4 月 15 日
	海南省生态环境损害赔偿资金管理办法	2020 年 1 月 17 日
重庆市	重庆市生态环境损害赔偿鉴定评估管理办法	2019 年 12 月 11 日
	重庆市生态环境损害赔偿信息公开办法	2020 年 12 月 29 日
	重庆市生态环境损害赔偿制度改革实施方案	2018 年 9 月 11 日
	重庆市生态环境损害修复管理办法	2019 年 9 月 26 日